［図説］

人魚の文化史

神話・科学・マーメイド伝説

Merpeople: A Human History

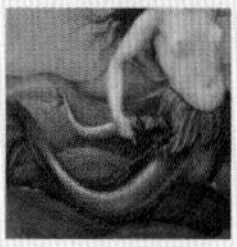

ヴォーン・スクリブナー
Vaughn Scribner
川副智子＋肱岡千泰［訳］

原書房

日々、セイレンの歌でわたしを魅了してやまないクリステンへ

［図説］人魚の文化史——目次

［図001］アーサー・ラッカム画「クラーク・コルヴィルとマーメイド」、『英国バラッド集 *Some British Ballads*』(1919年)より。

序文

人魚《マーピープル》はいたるところに存在する。世界一の知名度と売上を誇るコーヒー・チェーンはマーメイドをロゴマークにしていて、人魚を主役にした映画やテレビ番組も多い。北アメリカの「マーメイド大学」には、子どもが——希望すれば大人も——参加できる「マーメイド養成講座」がある。しかし、わたしたちの人魚への執着は今に始まったことではない。いつの時代のどの地域でも、人はマーメイドやマーマン〔男性の人魚〕を探し求めずにはいられないらしい。本書『〔図説〕人魚の文化史』の趣旨は、この普遍的な反復に着目し、人魚をとおして、地球上でもっとも謎めいた予測不能で危険な生き物、すなわち人間への理解を深めることにある。

人魚の表象は、時代と地域を超えて見つかるが、本書では、紀元前一〇〇〇年頃から現在にかけての西洋の人々のマーメイドとマーマン（トリトンともいう）に対する認識の変化が、神話や宗教、科学、不思議な事象、資本主義についての理解をどう深めたかを分析していこう。イングランドの大聖堂の壁を飾る彫刻であれ、アメリカの映画館のスクリーンに映し出される映像であれ、人魚の像は西洋の人々を魅了してきた。だが、この生き物は石壁や銀幕に収まる存在ではない。なぜ人間はこの奇妙な雑種《ハイブリッド》生物に心を奪われるのかを考えるとき、こうした物理的な像に目を向けるだけでは、人魚がもつ重要性のほんの一部しか理解できない。マーメイドやトリトンは、それを生み出した欠点だらけの人間に似て、変化しやすい多面的な存在であり、同じくさまざまに変化する観念形態《イデオロギー》と強く結びついているのだ。

もちろん、西洋の人々が地の果てまで追いかけたハイブリッド生物は、人魚のほかにもたくさんいる。ユニコーンやスフィンクス、ケンタウロス、グリフィン、サテュロスなど、挙げればきりがない。中世からルネサンス期、近代のはじめまで、長きにわたって思想家はこれら神話上のハイブリッド生物に夢中になり、一八世紀末から一九世紀初頭には、科学者がオポッサムやカモノハシ、カンガルーなどの奇異な生物と格闘した。哲学者や宗教的指導者にとって、ハイブリッド生物は希望と危険、恐怖と不思議を同時にあらわしていた。人知のおよばぬ異形の領域に属するものは、それゆえに人間を混乱と破壊に満ちた無秩序な世界へ招き入れるように感じられたのだろう。だがその一方で、日ごとに正体を現す不思議に満ちた世界のなかでの人間の位置づけを理解する手がかりだったのかもしれない。[★01]

本書において、怪物理論やハイブリッド生物研究の知見は不可欠だ。自然界の説明としては違和感があるかもしれないが、人間の本質の解明にはおおいに役立つ。歴史学者エリカ・ファッジは近年こんなふうにいっている。「動物について知ることは、例外なく人間を知ることである……逆説的ないい方をすると、人間は人間であるために動物を必要としている」。これ以前にもハリエット・リトヴォが「動物の分類を見れば……分類の対象と同じくらい、分類した人間のことがよくわかる」と述べている。[★02] であるなら、神話に出てくる半身が人間で半身が動物の生き物について知ることは「例外なく人間を知ること」で、人魚の分類を見れば「分類した人間のことがよくわかる」わけだ。結局のところ、人魚は単純に動物だとか怪物だとかいいきれる存在ではない。ただ、その一部は人間なのだ。だから人魚の議論をする過程で、西洋の思想家たちは、動物であることの定義はもちろん、人間であることの定義についても折り合いをつけるしかなかった。では、そのような生き物は、人間の起源に関する見解をどう変えたのか？　分類の概念や、地球における人間優位の考えにさえ変化を与えただろうか？　これらはけっして軽視できない問いだった。

人魚は、そのハイブリッド性ゆえに科学と神話学の両方の分野で扱われてきた。マーメイドもマーマンも、一般の人々には科学論文より寝る前の読みきかせにふさわしい架空の生き物だが、一部の人にとって、人魚は科学と神話学の究極的融合の象徴だ。科学が発展しても不思議な事象や神話にまつわる観念がしぶとく生き残っているのを見てもわかるように、もっと知識を得たいという生来の欲求が、むしろ人類を奇妙な――たいていは驚愕するような――最前線の研究や内省へと導いてきた。人間と人魚のかかわりを見れば、統制と分類を試みるのみならず、新たな発見を求めてやまない人間の姿が明らかになるだろう。人類がたえず格闘してきた奇怪なハイブリッド生物

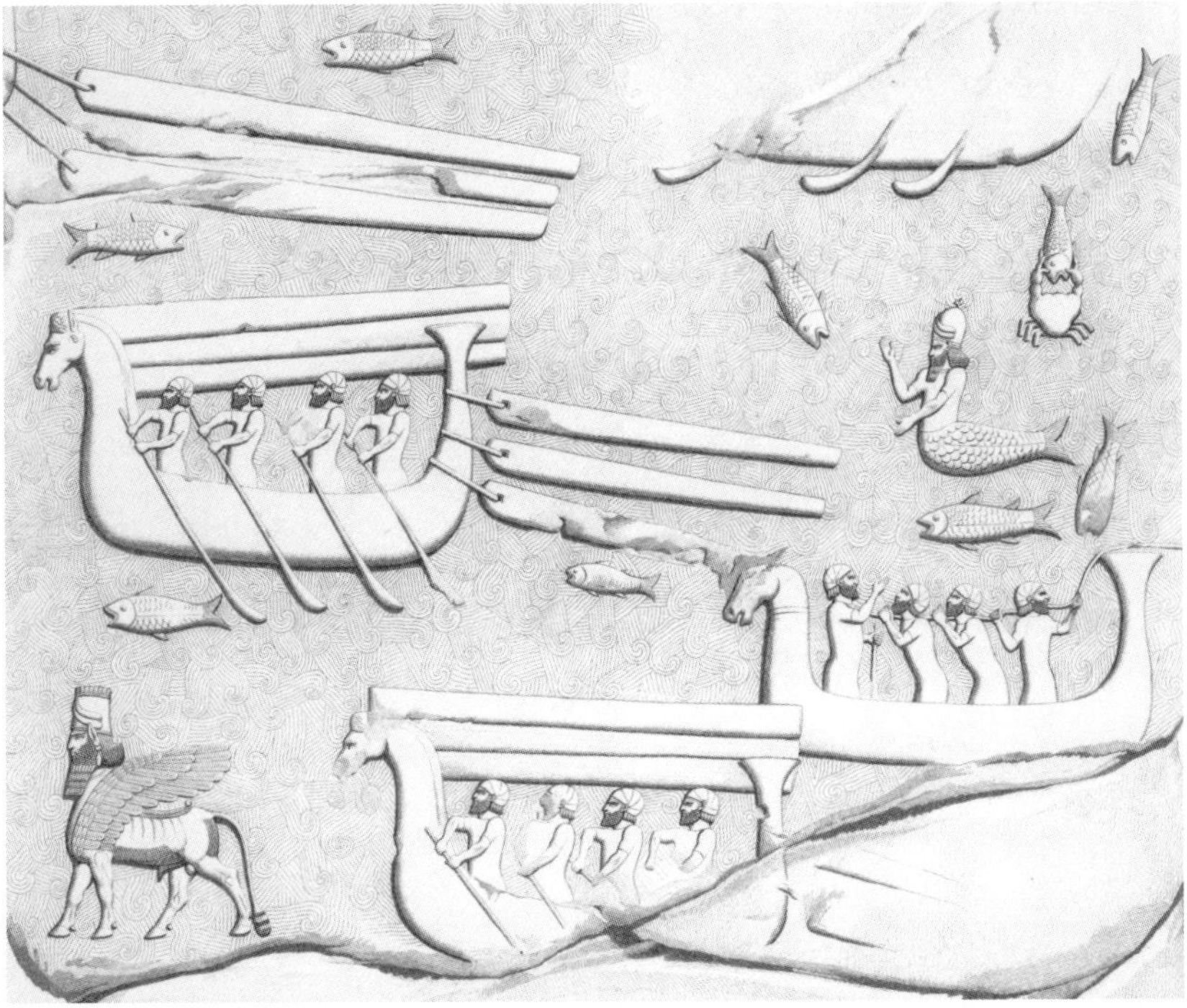

［図002］「船団を祝福するオアンネス」、コルサバードのサルゴン二世の宮殿の廃墟でポール＝エミール・ボッタにより発掘された紀元前8世紀の彫刻。ポール＝エミール・ボッタ著『ニネヴェのモニュメント *Monument de Ninive*』（パリ、1849年）に掲載の複製。

と同じく、人間自身も不思議と秩序、文明と野蛮のあいだで、危ういバランスをなんとか保ってきたのである。

この微妙な均衡がなによりはっきりと見られるのが、初期のキリスト教会による膨大な数のマーメイドやトリトン（マーマンの起源）の表象だろう。第一章で詳述するが、マーメイドやマーマンの漠然としたイデオロギーは、古代の海神に由来する。今はマーメイドの人気が圧倒的だが、はじめに優勢だったのはむしろマーマンのほうだ。紀元前五〇〇〇年に遡れば、バビロニア人の魚神オアンネスがいる［図002］。他方、ペリシテ人やアッシリア人、古代イスラエル人は、マーメイド用に「女性版の原型」をつくりだしている。オアンネスの女性版、豊饒の女神アタルガティスがそれだ。アタルガティスが愛と肉欲の危険を象徴していた点は注目に値する。この三つの概念の関連性が、のちにキリスト教によって全面的に利用されることになる[★03]［図003］。

オアンネスとアタルガティスにつづいて、異教による人魚の表象がつぎつぎ現れた。古代ギリシャにはアフロディテ、古代ローマにはヴィーナス。紀元八〇年頃には、古代ローマの大プリニウスが神秘的な半人半魚の海生生物について記し、ギリシャ神話にはポセイドンとその妻アムピトリテが登場し、オデュッセウスはあの有名な航海の途で、海の女神の空飛ぶ娘たちハルピュイアと運命的な遭遇をする。そして奇妙なことに、このハルピュイアやギリシャ神話の「スキュラ」のような、半女半魚のマーメイドとは似ても似つかぬハイブリッドの怪物から、現代のマーメイド像が生み出されるのだ。スキュラやホメロスの描いたハルピュイアなどの怪物のイメージは、画家や作家の舵取りにより時の流れのなかで変容され、女性らしさを強調した姿（多くは裸）で妖艶に誘惑の言葉をささやく現在のマーメイド像ができあがっていった。このように、マーマンの起源はギリシャの神であるのに対して、マーメイドの主な起源は、男のもつ性欲と権力欲を利用して男に破滅をもたらそうとする恐ろしい怪物だった。のちに初期のキリスト教会が人々に示すように、マーメイドに性と欲情と権力の寓意が含まれているのは単なる偶然ではない[★04]。

紀元三世紀から五世紀頃より、キリスト教会の指導者は古代の異教の象徴である人魚の形を変えつついっせいに取り入れ、敬虔な信仰や自制といった教えを伝えるために利用した。昔からレイプや暴力と結びつけられてきたのはマーマンのほうだったが、初期のキリスト教会には女性性《フェミニニティ》を貶《おとし》めるという任務があったので、男性の化け物は無用だった。マーマンに意識を向けるよりも、聖職者はホメロスの描いたハルピュイアを自分たちが利用しやすい観念に変えようとした。そのなかで、性的な雰囲気やイメージを強調し、独自のマーメイドの表象をつくりあげた。★05

この過程で重要なのは、人魚の肉体の表象の仕方だった。現代のわたしたちが思い描くマーメイド像は、初期のキリスト教の聖職者がつくりあげたこの謎の生き物そのままだ。伝統的なマーメイド像といえば、腰から上が人間の女性の姿をした半女半魚、長い髪をなびかせ、裸の

［図003］「海を統べるデルケト（またはアタルガティス）」、アタナシウス・キルヒャー著『エジプトのオイディプス *Oedipus Aegyptiacus*』（1652年）より。

［図004］1490年以降、ドーセットのシェアボーン寺院、扇形ヴォールトの天井から礼拝者を見下ろす古典的セイレン。片手に鏡、もう一方の手には櫛をもっている。

胸をあらわにし、片手には鏡、もう一方の手には櫛をもっている［図004］。これは、キリスト教会の指導者にとって不思議と危険を示すのにうってつけのシンボルだった。聖職者は、神が「自ら定めた自然の法則を変えられる」存在であると顕示するために、そんな「化け物」を利用するのみならず、異教のシンボルを使ってとくに女性性の価値を下げようとした。その結果、露骨に性的なマーメイドの表象が、教会建築の彫刻や動物寓話集や彩飾写本にあふれた。初期のキリスト教会や中世の芸術作品において、裸体表現、とりわけ性欲をかき立てるものとしての裸はめずらしいものだった。だからこそ、トップレスの女性（おまけにうろこに覆われた魚の尾をもつ）であるマーメイドは、見る者にひと目で衝撃を与えたにちがいない[★06]。

実際、教会の彫刻家たちは、マーメイドの像を制作するにあたって、尾を二股に「広げ」させ、生々しく生殖器——あるいは、ヴェシカパイシス（ラテン語で「魚の嚢」の意［先がとがった楕円の模様で、キリストの標章として用いられた］）——を露出させることが多かった[★07]［図005］。マーメイドが手にしている小物もさまざまなものを象徴している。鏡と櫛は虚栄心をあらわし（もちろん、体とその外にある魂の二元性もあらわす）、髪がなびくさまは豊饒をあらわす。櫛のかわ

［図005］サリオド城の塔の内部に彫られた二股のセイレン（13世紀初頭）、イタリア、ヴァッレ・ダオスタ。

りに魚をもつものもあり、その場合は魚が象徴する初期のキリスト教との結びつきをより強調したのだろう。[★08] 中世（紀元五世紀から一五世紀）には、ヨーロッパじゅうのキリスト教徒が、露骨に性的なマーメイドの装飾がほどこされた空間で祈りを捧げていた。キリスト教会の指導者は、そのあいだにも多くの文章や絵画や彫刻をとおして、この奇妙な生き物についての知識を広めていった。こうしていたるところに存在するようになった結果、一般の人々もマーメイドを受け入れて、その存在を信じるようになった。

　初期のキリスト教会では、マーマンはマーメイドほど人気の高いシンボルとはいえなかった。教会建築の彫刻にマーマンの姿を見かけたとしても、必ずといってよいほどマーメイドと対になっている[★09]［図006］。こういった表象の仕方は、初期のキリスト教や中世の人魚のイメージと関連が深い。このイメージはとくに彩飾写本や動物寓話集をとおしてはぐくまれたもので、マーマンはたいていマーメイドのパートナーとして描かれる。単独で描かれるのは、マーメイドのほうがずっと多い。そのうえ、マーメイドの美しい（だからこそ危険な）女性の姿とは異なり、作家や挿絵画家はマーマンを、マーメイドの目をみはるような

［図006］「太鼓をもつマーメイドとマーマン」（14世紀初頭頃）、エクセター大聖堂のミゼリコード。

女性らしさとの対比のために醜い生き物として描いたり、キリスト教の敬虔さを象徴するものとして描いたりした。

神話と伝承がつくったハイブリッド生物であるマーメイドが象徴していたのは、自ら雑種になろうという初期のキリスト教会の意志だった。つまり、進んで異教の信仰体系をキリスト教の信仰体系と混ぜ合わせようとしていた。そこには、信徒の数を最大限に増やそうという、より大きな目論見があった。キリスト教会は異教のシンボルを自らの聖空間に意図的に取り入れ、適応させることで、「野蛮」とされるものと文明の断絶を、過去と現在の隙間を埋めようとした。この策はかなりの効果を上げ、中世のキリスト教の教義のなかで女性の聖性をあらわすものはしだいに隅へ追いやられた。[★10] だが、思わぬ副作用があった。教義の下支えとしてこのハイブリッドの怪物を利用しているうちに、その怪物にお墨付きを与えてしまったのだ。こうしてそのあと時代を超えて人魚の存在が信じられ、受容される土台を築いたのである。

人魚の太古の起源を簡潔にふり返った第一章が、扱う時間の幅もテーマも広範におよんでいるのに対して、第二章では、対象とする時代を限定し（一四五〇年－一七〇〇年頃）、「発見時代［大航海時代］」が、西洋の人々と人魚との切っても切れない長年の関係や文化的伝統をより強固なものにしたさまを見ていく。コロンブスが航海に出た一四九二年にはすでに、西洋人の生活に人魚が存在しはじめてからずいぶん時が経っていた。とくにヴェネチアやジェノヴァなどの豊かな港町では、マーメイドをモチーフにした美術工芸品があふれ、墓碑や書物、彫刻、食器にいたるまでさまざまなものにマーメイドがあしらわれた。東へ西へまだ見ぬ土地に進出した当時の人々が、マーメイドやトリトンを発見できるのではと期待に胸をふくらませたことは想像に難くない［図007］。生まれてからずっと、この謎多き生き物に囲まれて生活してきたのだから。[★11] ここで重要なのは、「発見時代」以前の西洋人にとって、世界の中心といえばエルサレムだったということだ。これが宗教上の伝統的な考え方で、エルサレム

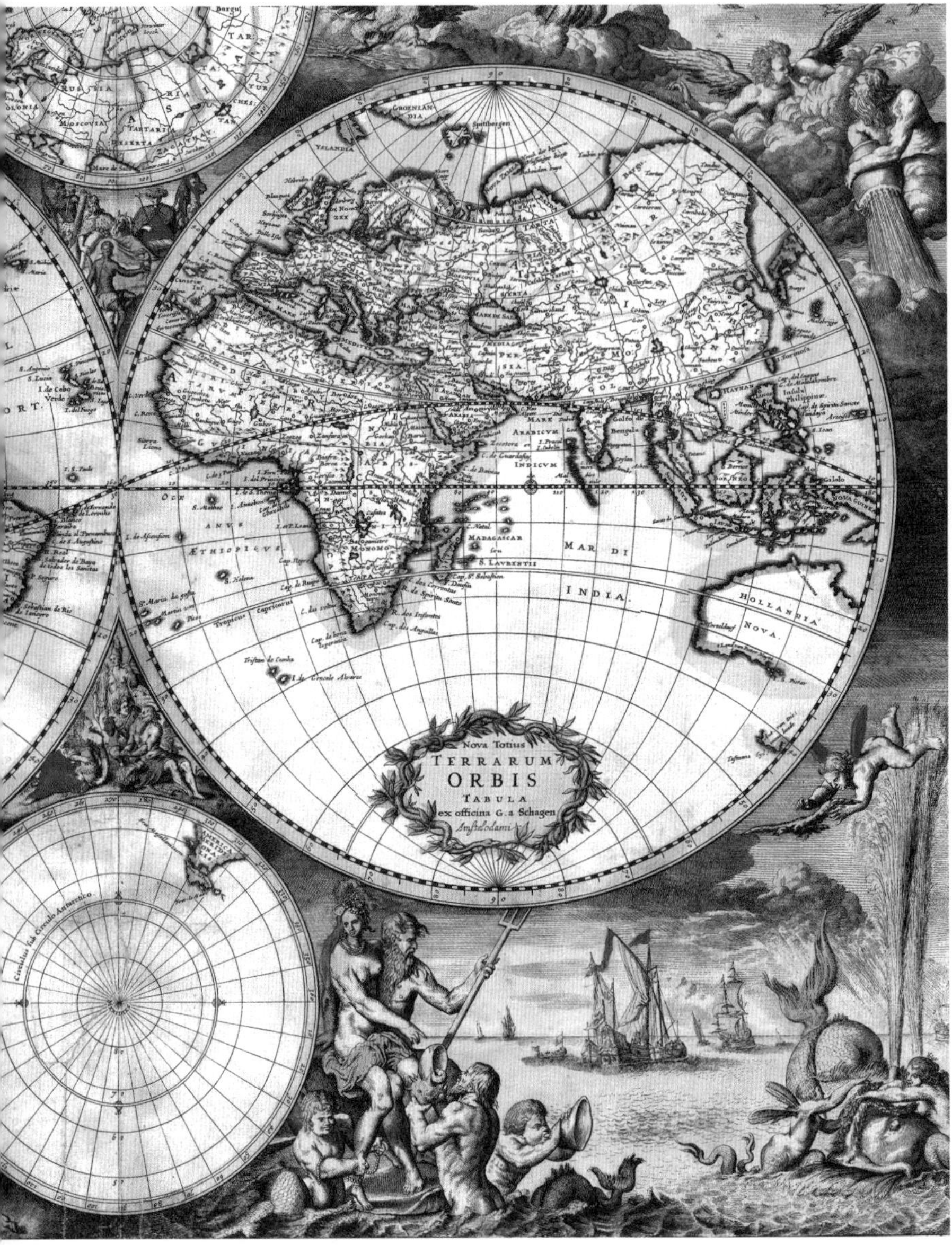

［図007］ヘリット・ルーカス・ファン・スハーヘン作『全世界新地図 *Nova Totius Terrarum Orbis Tabula*』(1682年)、四大元素(火、空気、水、土)をあらわす銅版画。

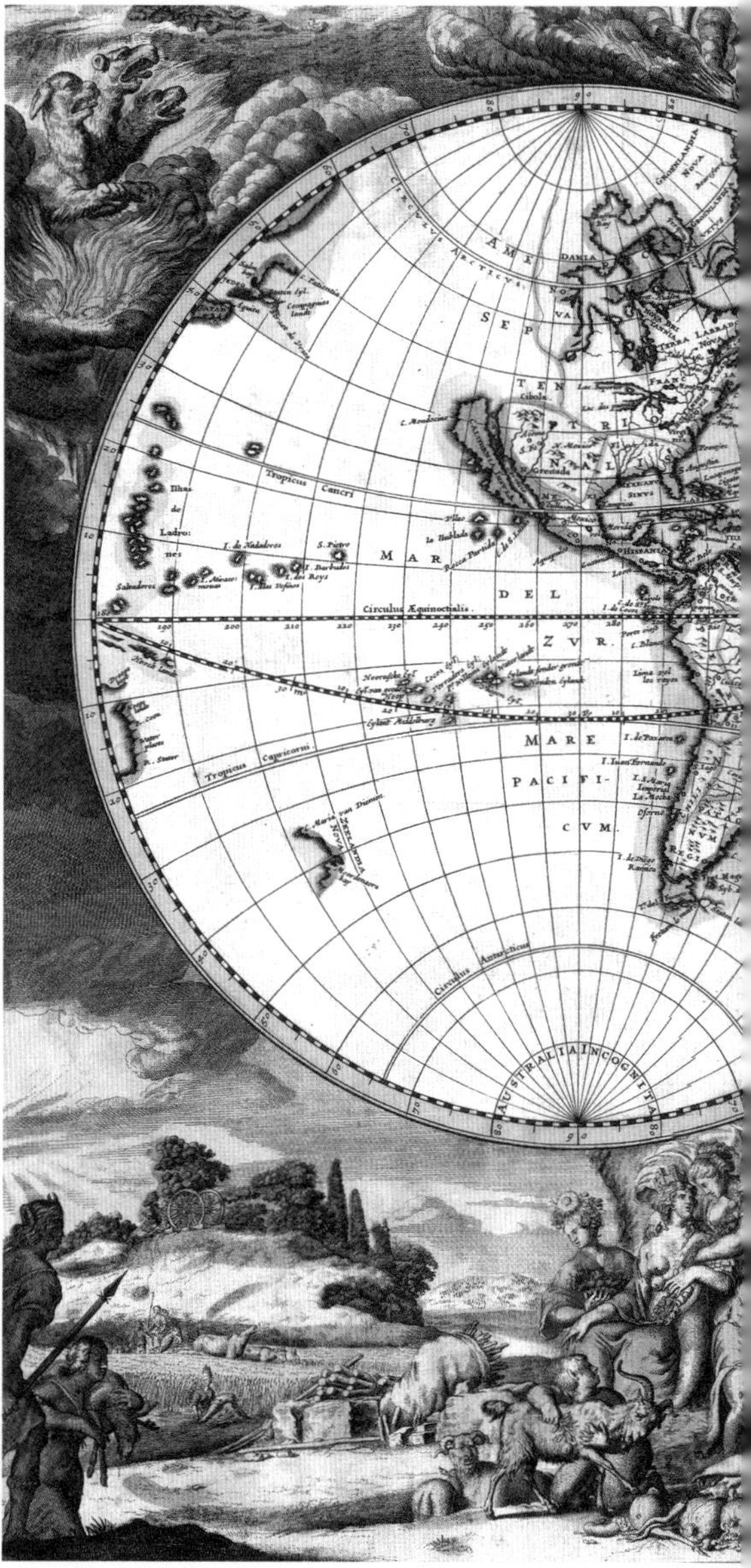

から遠く離れれば離れるほど、世界は奇怪で危険なものになる。近代のはじめに生きた西洋の人々の多くはこう思った。もしも、どこかに人魚がいるとしたら、それは魑魅魍魎《ちみもうりょう》が跋扈《ばっこ》する地球の果てにちがいない、と。

西洋諸国が、経済、宗教、領土の面で勢力の拡大をもくろみ、太平洋や大西洋の各地域と結びつきを強めていくにつれ、人魚の目撃譚の数は急激に増加する。人魚との遭遇がとりわけ多かったのは、大西洋や「新世界」たるアメリカ大陸の海岸で、著名な探険家たちも、人魚をまじえてその奇妙な——そして金のにおいのする——環境を理解した。中世においては、マーメイドやトリトンに遭遇する物語といえば、肉欲や虚栄心、信仰について教訓を与えるためのものだったが、近代初期の探険家たちは、これにキリスト教の教義を伝える以上の役割を与えた。彼らの「人魚見聞録」には、未知なる地への探険や、経済的成長、国家の拡張という新たな観念が反映されていった。[★12]西洋の各国はそれぞれに人魚との遭遇譚をもち、自分たち独自の世界観を主張しようとした。新世界は怪物であふれ、ヨーロッパ人はなんとかその秘密を解き明かそうとした。発見時代とは、人魚の存在が公認された時代だった。

人魚の目撃譚が急増し、ヨーロッパのキリスト教国が南北アメリカ大陸の植民地化を進めるうちに、西洋の地図製作者は、いよいよこの奇怪な新大陸を地図に描かなければと考えはじめた。新世界の地図を正確につくりなおすという目的だけでなく、そこには当然、ヨーロッパの権力を世界に示す狙いもあった。さらに重要な狙いは、新世界をヨーロッパの帝国主義に都合のよいサイズにまで縮小しつつ、魅惑的なチャンスの転がる地だと喧《けん》伝《でん》することだった。そういうわけで、南北アメリカ大陸や「極東」のような「未知」または「異質」の地を囲む海には、人魚の絵がよく添えられた。これは手違いでもなければ、地図の製作者がちょっと空想にふけってしまったのでもなく、世界を表現する手法が進化する過程で意図的に人魚を描き入れたものだ。新世界の奇妙な性質を知らせようとし、地図を見る人に人魚と遭遇する可能性まで暗示したわけだ［図008］。地図に描かれたマーメイドを見て、人は探険に出ればマーメイドに会えるはずだと刷り込まれ、地図製作者はますます人魚を地図に描くようになった。[★13]

いろいろな意味で、「発見時代」は人魚とのかかわりが生まれた時代ともいえる。第三章で解説するように、このような「奇妙な事例」の激増は、西ヨーロッパの啓蒙時代（一七〇〇年－一八〇〇年頃）にはいり、科学と不思議の合流をもたらした。一八世紀の西洋では、優秀な頭脳をもつ人々が膨大な時間と労力をかけて人魚を探し出し、描いたり分析したりした。彼らの奮闘ぶりを見れば、「啓蒙時代」が単に合理主義と科学の時代だったとはいえないとわかる。当時の西洋の思想家は、先人の神話や空想でできたコートを脱ぎ捨てたわけではなかったのだ。むし

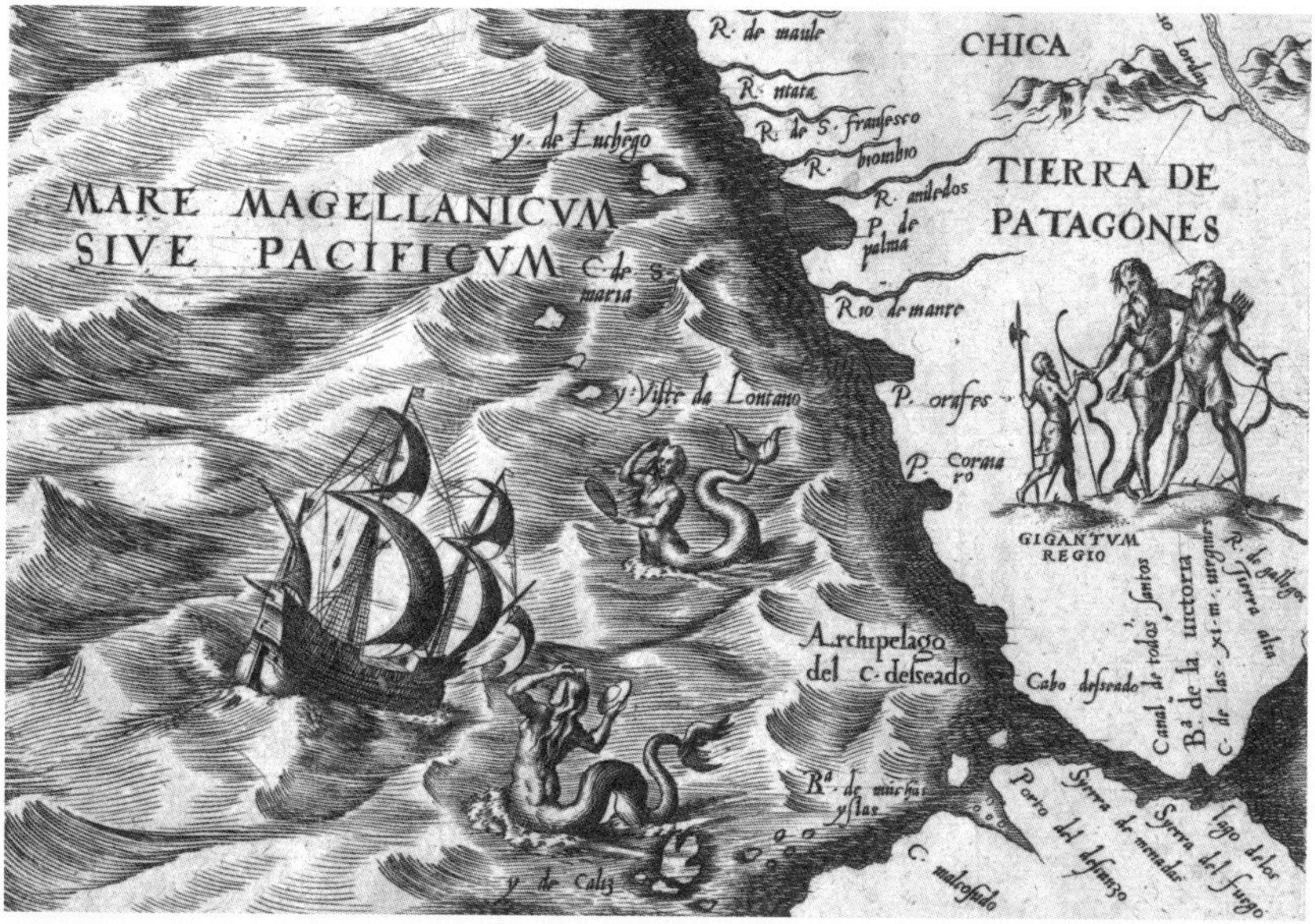

［図008］「南アメリカのマーメイドたち」ディエゴ・グティエレスとヒエロニムス・コック作『アメリカあるいは第四の大陸のもっとも正確で新しい地図 *Americae sive quartae orbis partis nova et exactissima descriptio*』（1562年）の詳細。

ろ、めまぐるしい変化と発展の時代にあって、かつてないほどやすやすと自然の驚異を受け入れたとさえいえるかもしれない。以前よりずっと多くの道具を自由に使って、科学的な分析や理論の構築に挑めたからだ。

一八世紀末にはすでに、社会的地位のある博識家が「生きた」人魚を数多く描き、珍奇なコレクションの棚にマーメイドの手の標本を飾っていた。人魚を捕獲しようと資金を集めて世界各地へ探険にでかけ、人魚という存在について、当然ながら身体構造や暮らしぶりについても、さまざまに分析して記事や論文を書いた。啓蒙時代の思想家のこうした努力は、つまるところ、広い世界とそのなかで自分たち人間がしめる位置をもっと深く理解したいという現在進行形の願望だった。

人魚研究の数こそ増えたとはいえ、ヨーロッパの哲学者、科学者、解剖学者の大半は、いまだ人魚の実在について懐疑的だった。にもかかわらず、一九世紀のはじめ、人々の人魚熱は頂点に達した。当時の新聞を見れば、その熱狂ぶりがよくわかる。一九世紀前半の西洋では、目撃情報や標本、展示会や研究についての記事が地元紙に少なくとも月に一度は掲載され、ついに人魚の謎が解き明かされるのだと読者は期待した。実業家は未踏の地に進出し、科学者はよりいっそう正確に世界を分類して秩序立て、情報伝達手段もかつてないほど発達した。当然ながら、新聞は人々の渇望を満たすことに嬉々として励んだ。ほとんど確証もないまま人魚の記事を掲載し、この未知の生き物を信じたいという気持ちをあおった。実物を見せて熱狂に油をそそぐ者も現れた。たとえば、アメリカ人の船長サミュエル・バレット・イーデス

The
MERMAID.
Drawn from Nature
By E. Purcell.

［図009］E・パーセル画「豪華なクッションとカーテンの上のグロテスクなマーメイド、ふたつの貝のフレームつき」カラーのリトグラフ（1822年）。

は、東インド諸島で捕獲したマーメイドの身体標本を公開した(実際には、日本の職人が西洋市場向けにつくった偽物だったが)。一八二二年、ロンドンじゅうの人々がイーデスのマーメイドをひと目見ようと詰めかけ、似たような標本が出まわった[図009]。新聞各紙はこの謎の生き物に関連した広告や調査記事、評論や解説を飽きることなく掲載しつづけた。これでついに、謎が解明されたのだろうか？★14

[図010]「いかさまはまだ終わっていない！　アメリカ、オレゴン州、シーサイドのリプリーズ・ビリーブ・イット・オア・ノット博物館は現在も“フィジーのマーメイド”を展示中。実際にバーナムがもっていたものといわれている(もちろんちがう)。だが、19世紀の“腹這い型”のフィジーのマーメイドであることは確か」

答えは否だ。アメリカの興行師P・T・バーナムが登場したからだ。華々しい功績(たいていは目くらまし)で世界にその名を知らしめるバーナムは、一八四二年、悪名高き「フィジーのマーメイド」(実はイーデスのマーメイドをアメリカの観客用にアレンジしただけ)によって、西洋人の人魚信仰を一気に盛り上げ、そしてうち砕いた。バーナムのマーメイドは、北アメリカ各地での宣伝、一般公開、科学的検証を経て、人類が出会ったどのマーメイドよりも有名になった。だがこれが、長きにわたる人魚論争の幕引きにもつながった。ただの「ペテン」だとばれてしまったのだ。白日のもとにさらされたバーナムのインチキは、科学的な分類や進化論研究の進展ともあいまって、マーメイドやトリトンを現実に存在する生き物だと何世紀も信じてきた人々の目を覚まさせた［図010］。西洋各国に残った人魚の民話は、単なる空想物語へと格下げされ、バーナムとその伝説のマーメイドも憶測をよぶどころか、ただの笑い話となった。★15

人魚は実在するという一般の、ひいては学界の認識を改めさせようとする科学者の努力はあったにせよ、一九世紀の学術研究はこの得体の知れない生き物との蜜月を最後までつづけた。たしかに当時の中心的な思想家は、マーメイドやトリトンをアザラシやマナティ、ジュゴンの見まちがいだと主張しようとし、リンネの分類体系やダーウィンの進化論の有効性を論じようとしたが、人魚はあいかわらず科学的な分析の中心にいた。一九世紀末には、西洋の歴史学者が人魚の長い歴史に焦点をあてた書物を発表しはじめ、水族館や動物園はマナティやジュゴンを「本物のマーメイド」として宣伝した（これらの動物は現在もセイレンに由来する「Sirenia（海牛目）」に分類されている）★16［図011］。もちろん、こうした科学と神話の重複は、マーメイドとトリトンについていえば目新しいこと

［図011］パーシー・マッコイド画「現実的かつ理想的。動物園の新入りマナティを見た弊紙の画家の着想」、〈ザ・グラフィック〉紙（1889年5月18日）の挿絵。

ではなかった。このように境を曖昧にする人魚の力こそ、紀元三世紀以来、西洋の人々が受け入れてきたものだ。世紀の変わり目にいたり、科学と驚異、過去と現在のひどくぼやけた交点をあらわすために今までとはべつの変数を用いたにすぎない。

とはいえ、二〇世紀にはいると、西洋文化における人魚の実在に対する信仰はほぼ消え去った。だが、マーメイドやトリトンへの関心が薄れたわけではない。むしろ、第五章で述べるように、人魚、なかでもマーメイドは、性、メディア、資本主義、利益をあらわす重要なシンボルになっていった。不信の時代へ移行してもなお、面白いことに(ある意味では皮肉なことに)、人々はマーメイドにあの官能的なセイレンとしては最高の人気を与えたのである。

マーメイドが商業面で人気を獲得できたのは、性や欲情や不思議な事象との長い関係のおかげだった。初期や中世のキリスト教会が、欲望に対する警告のために利用したこのマーメイドの性的イメージを、二〇世紀のメディアは市場獲得の目的に利用した。とりわけアメリカの資本主義社会の未来が最高に輝いていた第二次世界大戦後、マーメイドは利益を生み出す広告塔として、広告主から映画製作者、興行師に芸術家までをも虜《とりこ》にした。キリスト教会が貶めるためにつくりだした危険な存在を、アメリカのメディアはまさに欲していた[図012]。何世紀もかけてはぐくまれた人魚の性的イメージをメディアが商業的に利用する一方、マーメイドはポストモダンのフェミニストの言説における、ある種のアイコンにもなった。

二〇世紀後半にはいると、マーメイドは(マーマンもある程度)学問の対象としてふたたび脚光を浴びはじめた。ただし、まったく新たな観点から。現代の学者は、近代初期やヴィクトリア朝の先人のように、人魚が実在するか否かを論じるのではなく、マーメイドという象徴を糸口にして、女性性、ジェンダー、クィアの研究の複雑な観念を繙《ひもと》くことに挑んだ。

［図012］ピート・ホーリー画、ジャンセンの印刷広告。《エスクワイア》誌（1951年6月1日）掲載。

第六章では、人魚というひとつのレンズをとおして見れば、人間のありさまが今までより深く理解できるということを示して、本書の締めくくりとしたい。いつの時代も地球のどこでも、人間は一貫して歴史、地形、文化、宗教に関連して、水神やハイブリッド生物を自分たちの生活に結びつけてきた。アフリカ人は「マミ・ワタ」(母なる海の意)を崇めていたし、日本人は昔から「ニンギョ」(人魚)と交流してきた。中国人は「メイレンユー」(美人魚)を追いつづけ(収集もしてきたといわれている)、ロシア人は「ルサールカ」(水の精またはマーメイド)に思いをはせた。インドや東アジアにも、魚の尾をもつ多種多様な神がいる[図013]。

人間がつくった現代の人魚像は、何世紀にもおよぶ選択、適応、再生の産物だ。初期のキリスト教会はアタルガティスやオアンネスといった古代中東の水神を取り入れ、自分た

[図013]『ラーマキエン *Ramakien*』のハヌマンとスワンナマッチャを描いた、タイのバンコクにあるワット・プラ・ケオの壁画(1782年)、図108に全体像あり。

ちの宗教上の信条に適応させた。西洋の人々はこの人魚像を、植民地化、経済活動、文化交流などの複雑な過程をとおして、世界各地に着々と伝播させていった。多様な文化圏の人々がその人魚像を、もとからその地にある水神や宗教、生活様式にまつわる考え方に取り入れた。この過程が現在にいたるまで繰り返され、人魚は、おそらくは世界の誰もが知る、もっとも愛すべき空想上の生き物となったのだ。[★17]

中世のマーメイドがそのほっそりした手にもっていた鏡のように、人魚は、神話や宗教、科学や資本主義に対する人類の思考の変化を象徴的に映し出す。本書に書かれているとおり、わたしたちと人魚の関係は、時の流れとともに潮の満ち干のごとく変化するように思われる。だがどれほど変化しようとも、人は知と力の限界を試そうとしてマーメイドやトリトンのもとに必ず戻ってくる。[★18]人間であるということは、矛盾するものをあわせもつ複雑でハイブリッドな存在であるということだ。この危うい均衡を保ちつづける営みを明らかにするのに、人間のこしらえた、曖昧でたえず揺れ動いてきた人魚像ほどふさわしいものはないだろう。

イングランドのエクセター大聖堂。丸い天井の教会内部に流れこむ光と奥まった暗い部分の対照に、男の目が慣れてくる。一四世紀後半、この執事《デアコノ》は人生のほとんどを、ときに抑圧的でも居心地のよい、イングランド教会の囲いのなかですごしてきた。だが今日は、彼の目も心も、神に集中しきれない。それどころか、どちらも大聖堂のなかのセント・ポール礼拝堂にひそむ怪物を探している。らんらんとした目がせわしなく動きまわり、丸天井の突起にある小さな彫刻に吸いよせられる。この怪物のことはよく知っている。官能的な姿が夢に現れるだけでなく、聖書を読むときも頭から離れない。それは彼を誘惑し、許しがたい弱点を試すのだ。一瞬、誰かが大聖堂にはいってきて、そばの扉へ近づく足音が聞こえた気がする。だが、礼拝堂の聖なる空間には誰もいない——ここに存在するのは、自分と、つのりゆく罪悪感だけだ。執事は天井の怪物を見返す。流れるような長い髪、豊かな乳房、見事な線を描く体が誘い込もうとする。その顔に浮かぶ微笑みは、昔知り合った女への思慕をかき立てる。愚かしい考えだ。彼は自分にいいきかせる。結婚できない執事が誰かと結ばれる可能性などありはしない。それに、あの女はとうにべつの男と結婚した。それでも、なぜかこの怪物にしたがいそうになる。礼拝の場所で彼女の体が示す官能はあまりにあからさますぎるけれど、屈託がない。が、今度はほんとうに誰かの足音が聞こえる。彼は写本を手にその場を立ち去る。またすぐに戻ってきてしまうだろうと、恥じ入りつつ認める。石に刻まれたマーメイドは、逃げる男を見守りながら、その耳にセイレンの誘惑の歌を吹き込んでいるようだ。[★01]

［第一章］

中世の怪物

中世の人魚は、西洋の人々の宗教と性と権力に対する解釈を明確に形づくり、映し出すものだった。これを主導したのはキリスト教会だ。教会は「異教」(キリスト教以外の宗教)のなかにあった人魚の数々の概念をいっせいに取り入れ、変容させ、利用することによって女性らしさを貶め、そのうえで、キリストのもとにできるだけ多くの信徒を集めようとした。興味深いことに、この試みはいささか成果を上げすぎた。キリスト教会の指導者のメッセージを神の教えととらえる信徒が増えた中世には、教会が入念に積み上げた人魚のイメージを、女性の肉体がはらむ危険にとどまらず、人魚の実在を裏付ける証拠と考える人も増えていった。こうして教会は、マーメイドやマーマンという神秘的なハイブリッド生物の存在を世間に信じさせ、現代のわたしたちが思い描く人魚のイメージまでこしらえた。教会がマーメイドやトリトンを取り入れた事実は、結局のところ、つながりを求めて自ら雑種《ハイブリッド》になろうという彼らの意思を明らかにするだけでなく、神話や不思議な事物を利用して、キリスト教の教義を広める努力をしつづけたことも示しているのだ。聖堂で祈りを捧げる人間たちと同様に、初期のキリスト教会による人魚の表象を特徴づけていたのは、ハイブリッド性と矛盾と権力闘争だった。

しかしそもそも、初期のキリスト教会は、このような人魚の概念をどこからもってきたのだろうか?　この問いに答えるのは簡単ではない。マーメイドとトリトンの太古の起源は、いくら解明を試みても謎に包まれたままだ。ただ、人魚の記述はマーマンに始まり、しばしば人間の知と権力への飽くなき探求と結びついていたことはわかっている。紀元前五〇〇〇年頃、アッカド人の崇拝する海神に半人半魚のエアがいた。バビロニア人はエアを自分たちの神として採用し、光と知恵と文明をあらわす神オアンネスとした。紀元前四世紀の学者は、オアンネスは「理性をもった動物」で、人間に「文字と学問とあらゆる技術を教え」……「やわらかなふるまいを身につけて人間が人間らしくいられるように指導した」と記している。ここからわかるように、エアとオアンネスは、いにしえの昔から人間が抱きつづけた海への憧れと、向上のためのたゆまぬ努力を象徴していた。[★02]

時が流れても海神に対する崇拝はつづいた。ペリシテ人には、魚の尾をもつ不滅の神ダゴンがいた。旧約聖書に登場するダゴンは、最後にはイスラエルの神ヤハウェの力に屈する。歴史学者ヘンリー・リーによれば、初期のキリスト教徒の多くは、ノアを「人類の第二の父であり、大洪水以前からあった技術と学問を守り、教える者」と認めていて、ノアを半人半魚として描くことも多かった。ポセイドンやネプチューンのようなギリシャ、エトルリア、ローマの海神と同じく、ノアも、さまざまな点でエアとオアンネスの延長にすぎなかった。西洋人はそもそものはじめから、知識と文明と宗教を司る者としてマーマンを見ていたのだ。[★03]

では、マーメイドはどうだろう？　現代のわたしたちが人魚と聞いてぱっと思い浮かべるのは、たいていマーメイドだ。しかし、古代の人々にそんな思考はなく、マーメイドはトリトンの添え物として描かれるのが普通だった。たとえば、オアンネスの妻は海の女神アタルガティスだが、彼女が夫と同種の力を発揮することはない。マーマンが知識と向上の神々を起源とするのに対して、現代のマーメイドはもっと危険な形から始まっていた。

マーメイドの醜い起源をたどるときに避けてとおれないのが、ギリシャ神話の怪物スキュラ、そしてホメロスの『オデュッセイア』（紀元前八世紀）（一九九四年、岩波文庫ほか）に登場するセイレンだ。海に棲むこの女たちは、どちらも不気味な怪物で、人間の男に苦悶の死をもたらそうとする。ここで重要なのは、スキュラもセイレンも、現代のわたしたちが思い浮かべる半人半魚のマーメイドとは似ても似つかぬ姿をしている点だ。ホメロスの描くスキュラは、「不気味な声で吼え……足は十二本、いずれもぶらぶらと垂れており、頗る長い頸が六つ、その一つ一つに、見るも怖ろしい首が載《の》っていて、ぎっしりと詰った歯が、黒き死の恐怖を漲《みなぎ》らせて三列に並んでいる」(『オデュッセイア』、岩波文庫、一九九四年、松平千秋訳)。スキュラは、どう見ても乙女《メイド》ではなかった。悪名高きセイレンに関しては、ホメロスは外見を描写せず、死と破壊を司る彼女たちが、オデュッセウス一行におよぼす危険を強調するにとどめた。ただし、セイレンの「誘惑の言葉〔英語で「siren song(セイレンの歌)」という〕」の約束するものが、セックスではなくむしろ無限の知であることを忘れてはならない。ホメロスはこうして人に向上を授けるというエアの約束を死の約束に変えてしまった。紀元前三世紀にはいると、ロドスのアポロニオスが、セイレンに姿形を与え、「見たところ　なかば鳥の、なかば乙女の姿であった」と描写している(『アルゴナウティカ——アルゴ船物語——』、講談社文芸文庫、一九九七年、岡道男訳)。ここでも、セイレンは美しい半女半魚ではなく、鉤爪と翼をそなえた鳥女だった。★04

　これら古代の海の女怪物像を目のあたりにすると、疑問に思わずにはいられない——どのようにして、もっというならなぜ、初期のキリスト教会はこんなおぞましい動物を自分たちの神聖な空間に招き入れたの

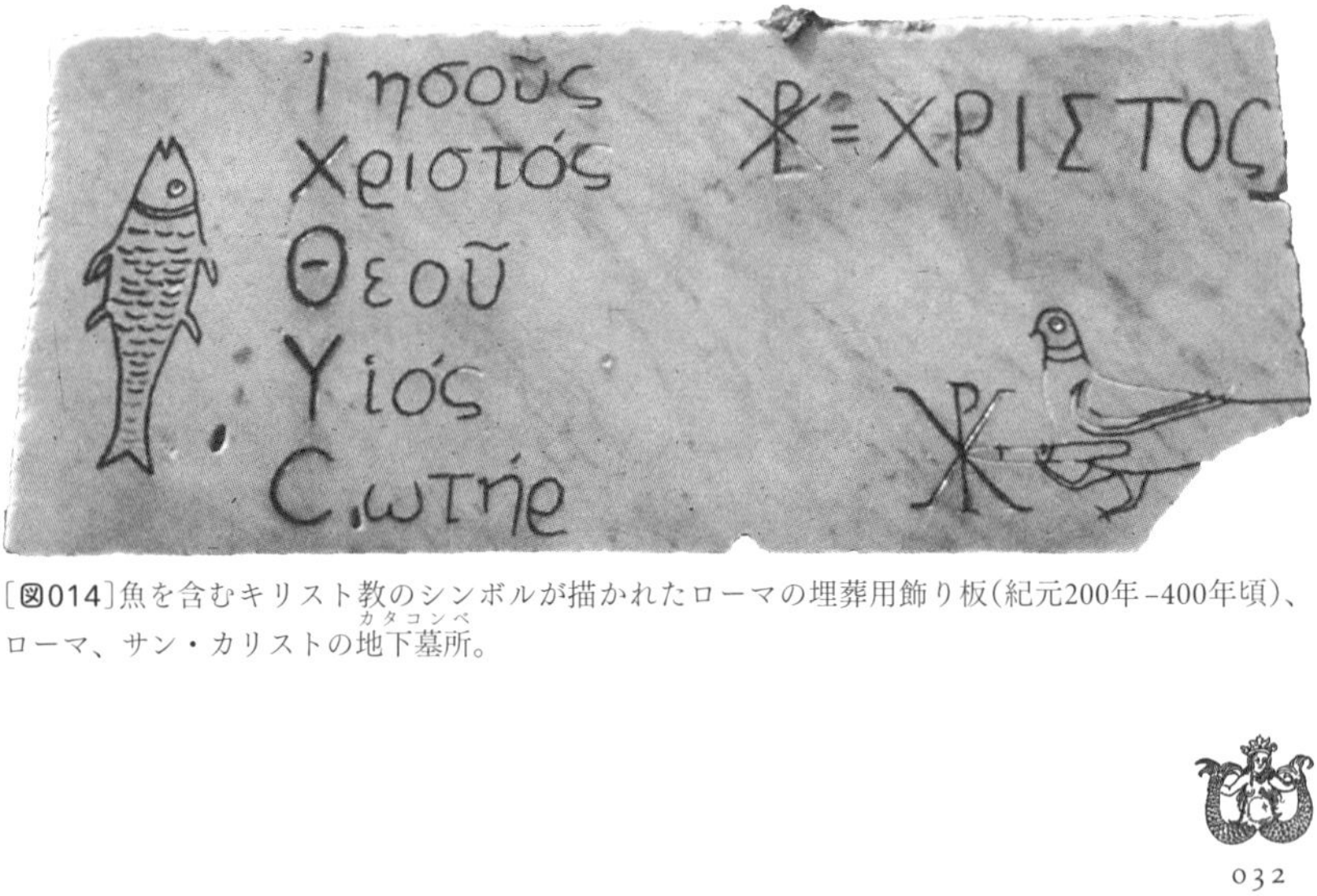

［図014］魚を含むキリスト教のシンボルが描かれたローマの埋葬用飾り板(紀元200年–400年頃)、ローマ、サン・カリストの地下墓所《カタコンベ》。

か？　どうしてこの怪物がキリスト教の救済の物語に適合できたのか？　向上と文明を誇る組織が、なぜ野蛮にちがいない異教の生き物をあえて仲間にしたがったのか？　答えは、この見知らぬ怪物のハイブリッド性にある。古代の人々が自らの目的に合わせて人魚を取り入れ、適応させたのとまったく同じように、初期のキリスト教会もこのハイブリッド生物を利用して、他との融合をはかり、それによって自分たちのメッセージをできるだけ多くの人に広めようとした。教会のこの旅は、マーメイドとトリトンが古代の歴史という仄暗い海から、近代の性と宗教と権力の表象として着々と姿を現すにつれて、西洋人と人魚の関係を永久に変えることになる。

［**図015**］『陸に吐きだされるヨナ *Jonah Cast Up*』（280年–290年頃）、大理石彫刻。

　初期のキリスト教会による人魚の解釈は、太古の先例と変わらず漠然としていた。紀元二世紀から五世紀にかけて、ローマのキリスト教徒は、魚の記号を入信の証として用いていた。今日でも、ローマの地下墓所《カタコンベ》を訪れる者は、細い地下道のあちこちに刻まれた魚に遭遇するだろう［図014］。初期のキリスト教の信仰体系は、ほかにもさまざまな形で海と強いつながりがあった。大洪水を生きのびたノア（前述したようにマーマンとしても描かれた）から、魚（または鯨）に呑みこまれたヨナにいたるまで、聖書の記述によれば、人間はいつも水のすぐ近くに存在していた。実際、最古のヨナ像とされる紀元三世紀のローマの彫刻も、下半身を魚の怪物に呑みこまれているように見える［図015］。中世におけるキリスト教会の人魚の利用に直結したとはいいきれないが、これらの怪物の影響で、キリスト教徒が人と魚のハイブリッドを描きつづけたのはほぼまちがいないだろう。

人間と海の長い関係を語るだけでなく、初期のキリスト教会は異教のシンボルを嬉々として取り入れた。これは実用主義に基づく意識的な選択だった。何千年もほかの神を崇めてきた人々から支持を得ようとするなら、相手の古くからの教義について多少なりとも知識があることを示す必要があった（最終的

［図016］ミゼリコードのグリーンマン（14世紀頃）、リンカンシャー、ボストンのセント・ボトルフ教会。

には、異教のしきたりを抑えこむためだとしても)。そこで、中世の教会建築に多用されたのが「グリーンマン」の彫刻だ。たいていは男性の顔の形だが、顔自体が葉に覆われていたり、口や顔のほかの穴から葉が生えていたりする[図016]。おそらく、昔から伝わる自然の再生と豊饒さの象徴なのだろう。キリスト教会の指導者も、聖書の物語や典礼の日課をとおして自然の再生や豊饒さという同じテーマを受容していたのは明らかであり、だからこそ、彼らはいっそう熱心にこのシンボルを自分たちの神聖な空間に取り入れようとした。恐ろしさと不気味さと不思議さを同時にもつグリーンマンは、中世の教会建築に大昔のヨーロッパとの関連性を提供し、さらには、礼拝者にキリスト教徒の将来を真剣に考えるよううながした。現在でも、中世に建てられた教会を訪れる人やそこで祈る人は、この奇妙な彫刻に目をとめるだろう。グリーンマンは、わざと人の心を乱し、立ち止まらざるを得ないようにデザインされている。★05

グリーンマンという男性的な表象は、中世のキリスト教会が、男性優位の顕示と女性らしさの侮辱を同時におこなおうとしたことを教えてくれる。歴史学者ローズマリー・ラドフォード・リューサーによれば、中世前期、教会の指導者はキリスト教の父=子の関係を強調しはじめた。つまり、天国にあっては神とイエスの関係が絶対のもの、地上にあっては「洗礼を受けて神の息子となった」キリスト教徒がキリスト教を先導すべきというわけだ。この「神=仲介者レベルでの父子関係が、仲介者=人間レベルで繰り返され」、神からイエスへ、そして聖職者と信徒へと、キリスト教における男性を前面に押し出した。イエスのイメージでさえ、初期のキリスト教の時代から中世にかけて少しずつ変化した。聖書にはイエスの容姿についての記載がひとつもなかったため、グレコローマン時代初期のイエスの図像は、異教の神アポロンをモデルとして描かれている。イエスは短い巻き髪(当時の貴族の男性のスタイル)の陽気な少年で、しばしば使用人を使って奇跡を起こす。さらに興味深いことに、異教の神には男性も女性もいたため、初期のキリスト教のイエス像には、男性にも女性にも見えるものがたくさんある。

［図017］アリアーニ洗礼堂の天井のモザイク（紀元400年–500年頃）、イタリア、ラヴェンナ。

女性的な尻に、心なしかふくらんだ胸、美しい顔をしているのだ［図017］。苦悶の表情を浮かべた、まちがいなく男性とわかるイエスは中世の、すなわち罪が幅をきかせ、キリスト教会が過去の異教のもつ女性の聖性から距離をとりたいと願った時代の産物だった。[★06]

教会の指導者は、この男性的な目標を達成しようと、多彩ないにしえの物語も自分たちの父権的な物語に適応させはじめた。ホメロスの『オデュッセイア』は、セイレンという女性の危険性を排除する者としてオデュッセウス（ラテン名ではユリシーズ）を描いた点で、おおいに教会に貢献した。歴史学者ジャクリーン・ルクレ＝マルクスが述べたように、「宗教上の美徳は、ほぼ例外なく悪徳の反対と定義される。この観点からすれば、美徳の申し子ユリシーズと悪徳の化身セイレンは、二律背反的であると同時に相補的な要素のように思える」。さらに、この危険な女性的生き物に立ち向かうべくユリシーズが自らを縛りつけた船の帆柱は、キリスト教の十字架に見立てられるようになった。★07 時空を超えて教会のメッセージを轟かせるため、男には自身の反対のものとしての女が必要だったのだ［図018］。

男性こそ有徳の指導者だと主張することに力をそそぎつつ、中世前期のキリスト教会は、女性らしさを隅に追いやって貶める道を探っていた。リューサーは、中世の教会の指導者のメッセージに「女性的なものに対する激しい葛藤」を見いだし、こう述べている。「女性は悪徳と結びつく肉欲とともに、剛健な男性らしさの前では卑下すべき柔弱さを象徴していた。修道士と司教という男性＝男性の関係においてさえそうだった」。教会の指導者がイエスの母マリアの表象を少しずつ変え、神とイエスの男性的な関係においてマリアをより受動的で従順な存在にしていった経緯も、リューサーは調査した。ここでは彼女の詳細な

［図018］「セイレンの攻撃に際し、船の帆柱に自らを縛りつけたオデュッセウス」、ギリシャの「セイレンの壺」の細部装飾（紀元前480年－前470年頃）。

分析はさておき、はるか昔の著述家にも発言の機会を与えよう。『シラ書』にこんな一節がある。「男の悪行は、女の善行よりましだ★08」(『聖書』、日本聖書協会、新共同訳)。初期の教会の指導者にとって、女性とは、肉欲と弱さと男の堕落をあらわすものだった。だがイエスの母で、それゆえ地上の善を体現するマリアは、女性らしさを貶めるためのマスコットにはふさわしくなかった。教会の指導者は、高潔な男性と相対する、女性的で肉欲にまみれた危険な存在を求めていた。そこに現れたのがマーメイドである。

セイレンとは対極にある美徳の存在としてユリシーズをシンボルに用いることは、初期のキリスト教会の指導者がすでに始めていたが、マーメイドのイメージは中世まで登場していない。中世にはいると、聖職者は古代ギリシャや古代ローマのスキュラやセイレンの描写を変え、彼らが考えるところの、死と権力と性をさらにおぞましいものに具現化した。つまり、女性の裸身に(もちろんハイブリッドの)。中世の解釈では、スキュラもセイレンももはや「奇怪な頭」や鳥の体をもたなくなっていた。それでも、乳房をあらわにし、髪を波打たせ、二股の魚の尾を広げて意味深長な微笑を浮かべた姿は相当に衝撃的だった。中世のはじめには、聖書に関連するイメージ(胸をはだけた十字架のイエスなど)をとおしてヌード表現が根付きはじめたものの、裸体の描写が一般的になり、キリスト教会に広く受け入れられたのはルネサンス期にはいってからだ。となれば、中世に現れたマーメイドが見る者に衝撃を与えたことは想像に難くない。この衝撃こそ、多くの挿絵画家が望んだものであり、異教=キリスト教のシンボルはグリーンマンとともに、中世の教会の室内装飾を特徴づけるようになった。神聖な空間を蠱惑《こわく》的な絵や彫刻で飾る以上に、肉体の誘惑を効果的に示す方法があるだろうか？★09

キリスト教会は「中世盛期」(八〇〇年–一三〇〇年)に西洋社会で強大な力を手にしていた。初期のキリスト教への改宗者を示す正確な数値は残っていないが、紀元五世紀から六世紀にかけて、キリスト教がアイルランドに根を張ったことはわかっている(おもにガリアやローマから伝わった。のちにアイオナ島を拠点とするアイルランド出身の布教者によってグレートブリテン島もキリスト教化した）。聖パトリックら布教者の尽力で確立したアイルランド独自のキリスト教は、つぎの数世紀で、残りのブリテン諸島と北ヨーロッパおよび地中海世界全体に広まった。[★10]キリスト教を歓迎する空気が高まったのと同時期に、教会の指導者は自分たちの用いるイメージやメッセージに人魚を使いだした。これは単なる偶然ではない。教会の指導者が西洋世界でかつてないほど強大な力をもったように、この宗教的・文化的な流行もまた、キリスト教の布教という明確な目的に新たな要求を突きつけたのだ。聖職者や布教者が独力で社会的・政治的リーダーの地位を築くなか、キリスト教会は進むべき道をはっきりと示し、同時に、信徒の宗教的な過去も活用しなければならなかった。こうして男性性《マスキュリニティ》と女性性《フェミニニティ》、不思議な事象や危険といった論点が、キリスト教の重要な教義として表面化した。人魚——人類の異教の過去に属する生き物——は、これらの事柄について深く考えるのにうってつけの〝器〟〔聖書の慣用から、ある目的に適う人の意〕となった。

紀元八〇〇年頃、この点で先頭に立ったのはキリスト教徒の挿絵画家をはじめとする画家や彫刻家だった。彼らはケルト神話やゲルマン神話にある水の女神の概念を融合して、魚の尾をもつマーメイドを創作した。[★11]ホメロスの『オデュッセイア』が、セイレンは鳥に似た生き物だとほのめかしていることは無視された。恐ろしいセイレンやスキュラはもはや用なしだったから、教会おかかえの画家たちは原典にこだわる必要がなかった。彼らが描かなければならないのは、当時の人々の心をもっとも効果的に揺さぶるような、息を呑むほど美しく刺激的な女性の姿だった。とはいえ中世に生きる人にとって、それはやはり、さまざまな意味で恐ろしい存在だった。

中世のキリスト教でとくにこの方策をとったのは彫刻家だ。彼らは教会建築の天井に、コーベル〔桁や梁などの受け材〕に、突起装飾に、ミゼリコード〔起立時に支えとなる折りたたみ式の椅子の裏の突出部〕に、柱のあちこちに、官能的で立体的なマーメイドを繰り返し彫りつけた（ときにはマーマンが慎ましく添えられた）。少なくとも五十五体のマーメイドの彫刻がブリテン諸島の教会を飾り、一二世紀にできたイングランドのエクセター大聖堂には石に彫られた人魚像が複数ある。フランスからイングランド、イタリアまで、中世の教会の彫刻家は控えめとはいいがたいメッセージの伝達者としてマーメイドに頼りだし、しかも、堂々とそれをやってのけた。面白いことに、グリーンマンの特徴である葉を人魚のハイブリッド性とかけ合わせて、葉の形をした流れるような尾をもつマーメイドまでつくった。いろいろな意味で、グリーンマンとマーメイドは衝撃的な一枚のコインの裏と表だったのだ。マーメイドの彫刻は、天井のコーベルから見下ろすものであれ、ミゼリコードで礼拝者を驚かすものであれ、中世のキリスト教の布教活動に不可欠な要素となった。[★12]

　中世の彫刻家は、自分が彫ったマーメイドに一連のメッセージを託して見る者に届けた。フランス人の典礼学者デュランデュ司教は一三世紀にこう述べている。「教会建築の絵画や装飾は……信者に向けた聖書の朗読と文章である。書物が文字を読める者に与えるものを、教会の絵画は、見ることしかできない無学の者に与えるのだ」[★13]。確かに中世の聖職者はマーメイドの姿をとおして「無学の者」にさまざまなメッセージを伝えようとしたが、彼らの究極の目標はいぜんとして女性らしさを隅に追いやることに限られていた。そのため、欲情をそそる危険で性的な存在として、上半身が裸で、髪を長く垂らし、二股の尾をもち、魚か鏡を手にしたマーメイド像が繰り返された。イングランド南部、エクセター大聖堂のセント・ポール礼拝堂とアダーベリーのセント・メアリー教会に、代表的なふたつの彫刻がある。ひとつ目は、まさに現代のわたしたちが思い描くマーメイドの姿――長く垂らした髪、目立つ乳房、均整のとれた上半身――をしている［図019］。きっと中世の人々の目を釘づけにしただろう。美貌で見る者を虜にしながら、左手に握った魚で、いつでもおまえの魂を盗めるのだと思い出させている（前述のように、魚は最初期のキリスト教で希望と救済の記号であり、魂あるいはヴァギナをあらわすのではないかと考える学者も多い）。

　ふたつ目のマーメイドの立体彫刻は、女性の肉欲と危険をさらにはっきりと表現しているかもしれない［図

［図019］エクセター大聖堂内セント・ポール礼拝堂の天井にある突起装飾のマーメイド（14世紀初頭頃）。

［図020］アダーベリー、セント・メアリー教会のフリーズのマーメイド彫刻（紀元1300年－1500年頃）。

020」。エクセター大聖堂のマーメイドがややのけぞった姿勢で、もっと近づいてよく見るよう人に誘いかけているのに対して、こちらのアダーベリーの教会のマーメイドは、いっそう大きな乳房と顔を見る人に向かって突き出す格好だ。長い髪は同じだが、前のめりになった勢いからか、うしろに流れている。もっと目を引くのは、尾を両側に開いて生殖器を見せていることだ。これによってあらわされるのは、女性的な姿形がもつ究極の力——と危険——だ。三つ目のマーメイドの彫刻は、アダーベリーのさらに上をいく露骨な性的表現の領域にはいっている。中世に建てられたスイスのサン＝ティエボー教会にある長椅子の装飾のマーメイドも二股の尾を広げ、そのうえヴァギナに魚が挿入されるのを迎え入れている。現代のわたしたちの目は素通りするかもしれないが（「ただのマーメイドと魚だろ？」）、中世の人々はこんな性的な像があれば見入ってしまっただろう。目の前にあるのは、女性の性欲を象徴するマーメイドで、しかもそのヴァギナにはキリスト教会の象徴である魚が挿入されている。キリスト教のシンボルを汚す女性らしさの表現としてこれ以上のものはない。控えめにいっても、かなりの衝撃を与えたはずだ。★14

　エクセター大聖堂、アダーベリーのセント・メアリー教会、サン＝ティエボー教会のマーメイドは、西ヨーロッパにあるキリスト教会の何百もの（何千とはいえないまでも）マーメイド彫刻のうちのたった三例にすぎない。★15そしてこの三つは、あからさまに性的な姿をしたマーメイド彫刻の典型ではあるが、同世代のマーメイド全員の代表というわけではない。ときに彫刻家はマーメイドの隣にマーマンを彫った。そのような場合はたいてい、マーメイドの表現がもっと抑制される。つまり、男性とのかかわりをとおして「飼いならされた」わけだ。★16異教の宗教的イデオロギーとの長い関係を証明するように、ケルト人やピクト人が残した十字架にマーメイドを見かけることもある。一三八〇年頃、スコットランドのキルキヴァンの教会の外に立てるためにつくられた「キャンベルタウン・クロス」には、キリスト教と異教のシンボルの合流が見られて興味深い。ケルトの十字架の形は、初期のキリスト教会のハイブリッド性を内包する一般的なアイコンだっただけでなく、十字架の上端には、異教とキリスト教のハイブリッドのシンボル、マーメイドがいる［図021］。高さ約三メートル（十一フィート）のこの石の十字架には、入り組んだケルトの葉の模様が刻まれている（典型的なグリーンマンや、尾を葉の形に変えられた多数のマーメイドの彫刻と同様に）。しかし、実際にはこの十字架は異教とはほとんど関係がない。制作者であるキリスト教の聖職者の名がラテン語で銘刻されているし、そもそもキリスト教の教会の入り口を示すためにつくられたものだ。現在も、この十字架とそこに刻まれたマーメイドは新たな設置場所のキャンベルタウンの中心街で見ることができる。

キリスト教会は、危険だと見なす女性の欲望と性と力の効果的なシンボルとしてマーメイドを利用する一方で、各地の教会で人気の高いマーメイドの彫刻から少しでも多く象徴的な意味合いを引き出そうとした。教会にかよう信徒がマーメイドから死をもたらす「セイレンの歌」を連想することに気づいた教会の指導者は、世俗の音楽の危険性や、そのリズムにこめられた女性のやわらかい罠を信徒に思い起こさせるためにも、マーメイドの彫刻を利用した。近年、学者のインナ・ナロディツカヤとリンダ・フィリス・

［図021］キャンベルタウン・クロスの細部装飾の「マーメイド」、14世紀末の十字架彫刻、緑泥石片岩、『スコットランドの石材彫刻 *Sculptured Stones of Scotland*』第2巻（1867年）の図より。

オースタンがこう主張している。「セイレンはたいてい水中に棲み、人を惑わす危険な女で、その歌声が聴く者を虚空に包みこむとしてきた西洋文化圏では、何もない空間も音楽という実体のない技術も女性的なものと考えられることが多かった」。とすると、エクセター大聖堂にあるマーメイドとトリトンのペアの彫刻が太鼓を両側からもっているのも不思議ではない。イングランドのリンカンシャー州のセント・ボトルフ教会にもダブルパイプを演奏するマーメイドの彫刻がある。マーメイドの歌の危険性をはっきり悟らせるべく、一六〇〇年のイングランドで書かれた詩は「乙女の声と気取ったリズムで歌ってはいけない」と男たちに警告している。その「セイレンの調べ」のせいで女にまちがわれては大変だ、と。こういった制御できない音のシンボルとしてマーメイドを使うことで、中世の彫刻家は、マーメイドのハイブリッド性を逆手にとりつつ、彫刻を見る者に目のみならず耳について、肉体のみならず魂について考えさせた。★17

マーメイドの像をつくる彫刻家は、この生き物の変わりやすい性質にはまだ強い愛着があり、この世とあの世の漠然としたつながりについて、一見、不可能と思われても、実はすばらしい方法で自然を変えることができる神の力について、どうすれば見る者に考えさせられるだろうかと思案した。おおかたのマーメイドの彫刻はいまや、葉の形の尾やおおげさに女性的な体をもつ、摩訶不思議な姿になりはてていた。そして人を不安な気持ちにさせるのは、彼女たちのとほうもない性質に加えて、衝撃的な容姿なのだった。教会の指導者は、これらの彫刻が見る者にさまざまな教訓（とくに女性性と肉欲と器楽がもつ多くの危険について）を与えることを意図し、同時に、この不安をあおる怪物が神の無限の力を信徒に思い起こさせるよう願った。人魚の恥ずべきハイブリッド性は――聖なる空間の最たる場所に立体的な像として提示されたときはとくに――自身の罪深い本性はむろん、信仰心と向き合うことを見る者に強いて、ばつの悪い思いをさせた。

教会のマーメイドの彫刻は、おそらく中世をとおして大衆からもっとも人気を集めつづけただろうが、その体の形は主として中世の書物、とりわけ動物寓話集や彩飾写本のなかの表象に由来していた。「不思議な事象を求める人々が増えている」と気づいた著述家や挿絵画家は、この奇妙な生き物、すなわち人間を理解するためにさまざまな写本を制作した。こうした作品のなかで人魚は本領を発揮した。人魚の謎めいたハイブリッド性は、著述家や挿絵画家が人間のありさまをとことん掘り下げることを可能にしたからだ。教会の彫刻を賞賛したデュランデュの言葉を受けて、一四世紀のイングランドの聖職者トーマス・コバムはこう語っている。「主《しゅ》が多様な性質をもつ多様な生き物をこしらえたのは、人を支えるためだけではなく、人を教えさとすためでもある……なぜなら、この世界は写本と同じようにさまざまに異なる生き物であふれ……そのなかにいるわたしたちは、何を模倣し、何から逃れるべきかを読みとることができるからだ[★18]」

彫刻家と同様に、動物寓話集と彩飾写本の著者や挿絵画家も、自分たちの作品を情報と神秘と「教訓」の源にしようとした。そして、彼ら中世の聖職者たちは古代の世界の表現をしばしば取り入れた。たとえば、古代ローマの博物学者、大プリニウスは紀元七七年から七九年にかけて大著『プリニウスの博物誌』(一九八六年、雄山閣出版)を著した。ほかの「驚異譚《パラドキソグラフィ》」の著作と同じく、この書も「自然現象の記述的歴史を集めたアリストテレスの大事業から出発しており……仰天すべきもの、説明不能なもの、あるいは奇妙なものの目録」となっている[★19]。天文学から植物学、冶金学、動物界にいたるまで、『プリニウスの博物誌』が取り上げるテーマは驚くべきとまではいえなくとも、実に広い範囲におよんでいる。ほかの生き物にまじって、人魚の記載が見つかる。

そのためにわざわざオリシポから派遣された使節団はティベリウス皇帝に、彼らはある洞窟でトリトン〈半人半魚の海神〉が法螺《ほら》を吹いているのを見たし聞いたが、それはよく知られている形をしていたと報告した。ネレイス〈海の精〉の描写も不正確ではない。ただし彼らのからだの人間の形をしている部分にも毛がもじゃもじゃ生えてはいるが。[20]（『プリニウスの博物誌〈第七巻–第十一巻〉』、雄山閣、二〇一二年、中野定雄・中野里美・中野美代訳）

中世の学者は、大プリニウスの記述を頼りに、マーメイドやトリトンを独自に解釈した。トリトンの「よく知られている形」とは半人半魚の姿だとされ、「ネレイス」（トリトンの女性版）は徐々に現代のマーメイドへ変えられていった。中世の教会は、うろこに覆われた正体不明のネレイスなど必要としなかったということだろう。彼らが求めていたのは、性的魅力にあふれた海のニンフだった。

中世の動物寓話集や彩飾写本には、「目が離せないほど面白い動物の実例をとおして、一人ひとりにキリスト教の教えを授ける」ことを意図したマーメイドの絵が満載だ。写本『フィシオログス *Physiologus*』（紀元三世紀から五世紀のどこかの時点で制作されたが、中世にもっとも人気を博した）にはその方針に適ったつぎのようなマーメイドの記述がある。

彼女はこんなふうにふたつが合わさってできている。胸と胴は、まるで乙女。臍《へそ》から下は乙女のようではなく、そう、ひれの生えた魚だ……彼女は――このセイレンは――楽しげに歌う。いくつもの声をもっている。さまざまなよく響く声。だがとても危険なもの……人はいう。このセイレンは、半分が乙女、半分が魚の奇怪な姿をしていると。これには何か深い意味があるはずだ。[21]

この明確かつ手厳しい細部の描写に現代のマーメイドの解釈を見ることができる。もっとも、言葉だけであまり効果はなかった。

紀元七世紀末または八世紀初頭には、ラテン語の動物寓話集『怪物の書 *Liber monstrorum*』が、スキュラとは別立ての項目でマーメイドを紹介した。この書も『フィシオログス』と同様に、危険や肉欲や性という観点からマーメイドを説明している。「セイレンはマーメイドであり、このうえもなく美しい姿と甘い歌声で船乗りを騙す。頭から臍は乙女の体をもち、人間そっくりである。それでいて、うろこに覆われた魚の尾を海のなかに必ず隠しもっている」★22。マーメイドはもはや取るに足りない怪物ではなく、美貌と歌を餌に人間を包囲し、永遠の地獄へ落とす存在だった。『フィシオログス』が散文だけで読者にマーメイドの魔力を警告したのに対して、『怪物の書』は、以降の流行となる恐ろしい人獣の挿絵をつけた［図022］。あらわな乳房、ほんのりと色づいた上半身、流れるような長い髪、美しい顔、手には櫛と鏡。性的な危険のすべてをそなえた中世のマーメイドがここに誕生した。彼女は哀れな船乗りを眠りに誘い、罪と肉欲の深みへと引きずり込む。神に仕える身であからさまな性の表現に不慣れな司教が、この挿絵を見たらどんな反応をしたかは想像がつく。誰もがコバムのようにマーメイドを肯定したわけではない。クレルヴォーの聖ベルナール（一〇九〇年－一一五三年）はこう思った。「これを読む同胞の目に、

［図022］船乗りの髪をつかんで船から引きずり込もうとするセイレン。セイレンの歌を聴くまいと耳をふさぐべつの船乗りや、絵の下の部分には弓をもつケンタウロスもいる。13世紀の動物寓話集より。

あの奇怪で美しいものは、あの美しき怪物は……いったい何と映るだろう？[★23]」。引き起こす反応が肯定的であれ否定的であれ、セックスはいつだって人の興味を引く。

とはいえ、『怪物の書』の描くマーメイドが、一般の人々が想像するマーメイドのイメージとして定着するには時間がかかった。たとえば『ケルズの書 *Book of Kells*』（九世紀）などの彩飾写本は、もっと抽象的な昔ながらの人魚の表現を使いつづけているし［図023］、一三世紀のヘルマン・ドゥ・ヴァランシエンヌの『選集 *Recueil*』に描かれるマーメイドは、楽器を手にしているものの、乳房ほかの露骨な性的特徴は見られない［図024］。『ラトランド

［図023］聖コルンバ作『ケルズの書 *Book of Kells*』（9世紀）のセイレン。

［図024］ヘルマン・ドゥ・ヴァランシエンヌ著『選集 *Recueil*』のセイレン（13世紀）。

［図025］『ラトランド詩篇 *Rutland Psalter*』のセイレン（1260年頃）。

詩篇 *Rutland Psalter*』（一二六〇年頃）の人魚は、『怪物の書』のエロティックな絵にもう少し近く、裸の胸に、ほんのり色づいた肌をし、魚を握りしめている［図025］が、どちらの人魚にもはっきりとした女性らしさの特徴は描かれていない。ケンブリッジのコーパス・クリスティ・カレッジ図書館所蔵の『ベリーの聖書 *Bury Bible*』（一一〇〇年–九九年）の挿絵も同様だが、これらの人魚には『怪物の書』の魅惑的な人魚のような豊かな乳房も長く垂らした髪もなく、先行する人魚たちにはあった衝撃的な要素も見あたらない。バルトロメウス・アングリカスの『事物の諸性質について *De proprietatibus rerum*』（一三世紀初頭）には、マーメイドのぞっとするような性の詳細が記されているが、絵は添えられていない。これらの「なまめかしい体つきと甘い歌声で船乗りたちを命の危険に引きずり込む……手強い娼婦たち」は、色鮮やかな絵なしではたいして牽引力をもたなかった。★24

西洋の動物寓話集や彩飾写本が、むきだしの乳房をもつ露骨に性的な中世のマーメイドを採用しはじめたのは、一三世紀末から一四世紀初頭である。こうした書物の人気が高まり、それゆえ数も増えたのが中世

［図026］アシュモル動物寓話集のマーメイド（13世紀初頭）。

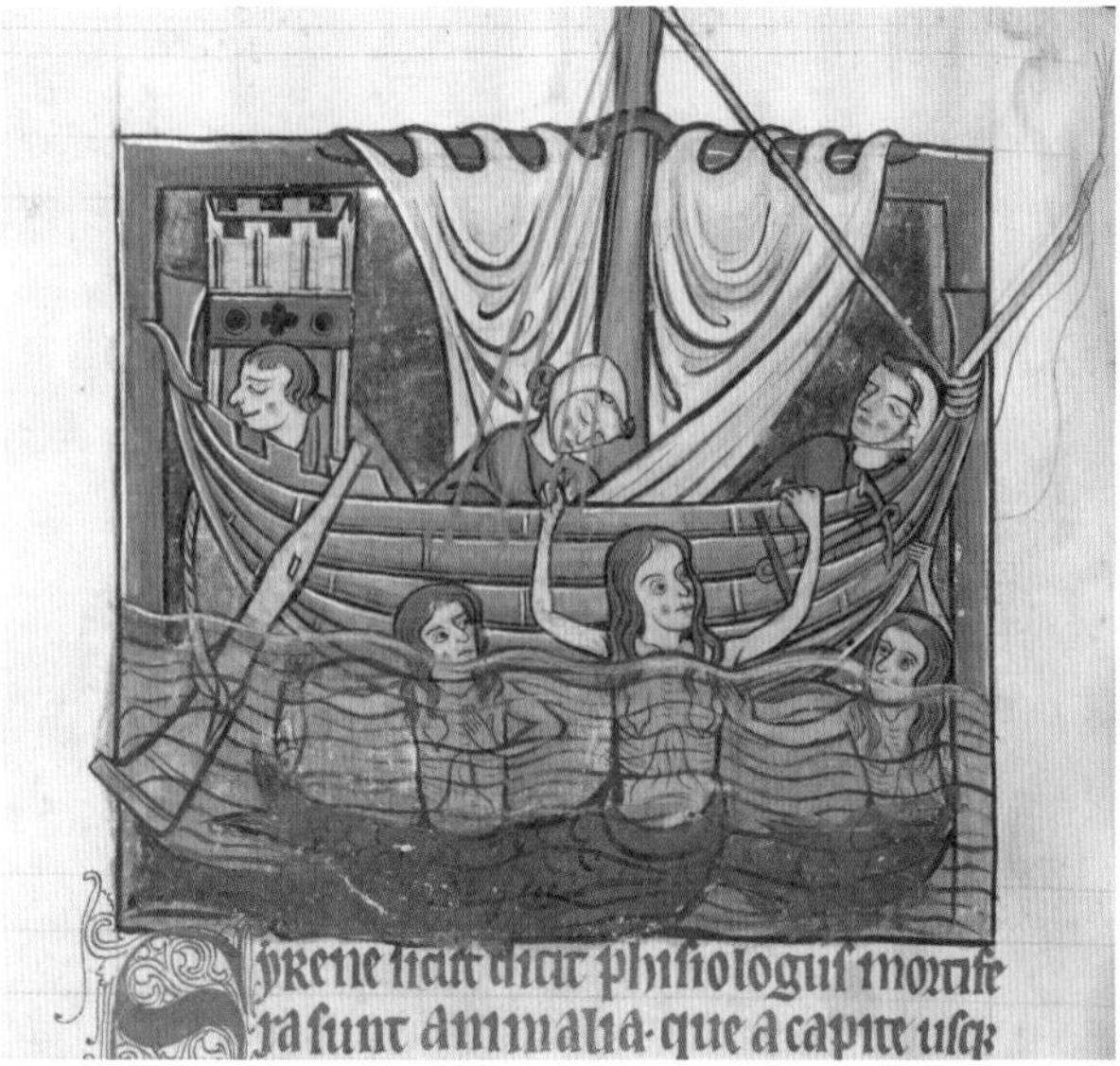

〔図027〕13世紀の動物寓話集の船乗りとセイレン。

盛期だったことを考えれば、この変化はおおいに納得がいく。ためしに、一三世紀のほかの動物寓話集に出てくるマーメイドの挿絵を見てみよう〔図026、027〕。美しく女性らしい顔に、長く垂らしたブロンドの髪、うっすらと色づいた裸の胴体、飛び出した乳房、もちろん魚の尾をもっている。彼女たちも、なにより重要な性的特徴と危険の組み合わせを維持している。『フィリップ・ド・タンの動物寓話集 *Bestiary of Philippe de Thaon*』(紀元一三〇〇年)の著者は、セイレンを「この世の富者」になぞらえ、美貌や音楽という嘘の約束で、人の魂を盗みとる者とした。★25

『ラットレル詩篇 *Luttrell Psalter*』(一三二五年-四〇年)の作者が生み出したマーメイドの挿絵は、今までのところもっとも暗示的なものといえるだろう。この書は、中世イングランドの日常の物語が中心だが、精緻な美しい挿絵に彩られた羊皮紙のページのそこここに、さまざまな謎めいた空想上の生き物が見つかり、そのなかにはマーメイドもいる。『ラットレル詩篇』の挿絵画家は、既存のイメージから大きく離れることなく、マーメイドに人の目を引く魅惑的な姿を与えた。彼女の女性らしい裸体を、中世の人々は好奇心いっぱいの目で眺めたにちがいない〔図028〕。もっと人の視線を引きつける仕掛けをした『ラットレル詩篇』では、マーメイドが手にした鏡と櫛に金箔が貼られている。中世の読者がセイレンの誘惑の手に目を奪われて紙面を凝視しているあいだ、この金色の鏡と櫛は蠟燭の灯りを反射してきらきらと輝いていたことだろう。

一五世紀末には、現代と同じ様式の中世のマーメイドが彩飾写本の世界を席巻した。『ビブリア・ゲルマニカ *Biblia Germanica*』（一四八三年）の作者は、ノアの方舟の木版画にふたりのマーメイドを登場させ、全体の堅苦しさをやわらげた［図029］。一方のマーメイドは手鏡に映る自分の顔を見つめながら、波打つ金髪を櫛でとかしている。張りのある乳房、くびれた腰。それがうろこに覆われた下半身へとなめらかに移行する。同じようにむきだしの乳房とブロンドの髪をもつもう一方のマーメイドは、ぎゅう詰めの方舟の窓から

［図028］『ラッテレル詩篇 *Luttrell Psalter*』のマーメイド（1325年–40年）。

［図029］「マーメイドとノアの方舟」、アントン・コーベルガー作『ビブリア・ゲルマニカ *Biblia Germanica*』第1巻（1483年）の手彩色木版画。

［図030］『健康の園 *Hortus sanitatus*』（1491年）の「マーメイド」。

おそるおそる顔を出すノアを誘っているように見える。この八年後、ジェイコブ・マイデンバッハは百科事典『健康の園 *Hortus sanitatus*』を出版した。その海生生物の章「魚類について De piscibus」には、性的な特徴を惜しみなくさらけだしたマーメイドが描かれている［図030］。この例ではマーメイドの体で水中に隠れた部分はなく、尾を二股に広げたところは、アダーベリーの教会の人魚の彫刻とよく似ている。同時代のほかの絵と同じく、彼女も波打つブロンドの長い髪と、人好きのする女らしい顔と、一糸まとわぬ曲線美の上半身をもつ。『健康の園』のマーメイドは、このハイブリッド生物が一五世紀末までに西洋のキリスト教会の指導者、画家、彫刻家、挿絵画家に提示してきた性的なイメージの典型例だ。あらゆる意味において、それはまさに怪物であり、女性性がもつ危険をきわどい形で人に思い起こさせた。

ところで、マーマンは中世の動物寓話集や彩飾写本のどこにいたのだろう？　マーメイドの立体的な石像でもそうだったが、中世の挿絵画家も、マーメイドを重視して、マーマンはほぼ無視した。これは非常に筋が通っている。マーマンの姿を使って伝えられる教訓など、マーメイドと比べれば微々たるものだし、その肉体が与える衝撃もたいしたことはない。一三世紀中頃の『動物の性質について *Liber de naturis bestiarium*』（ボドリアン図書館、オックスフォード、MS 533）のマーマンの描写が、この差を歴然と示している。性的な対象として描かれたマーメイド像とは対照的に、このマーマンは修道士のローブとフードで全身を包み、敬虔さや宗教的自制が男の生来の気質だと主張している［図031］。神の恵みを想起させようとしてか、読者に魚を差しだしているように見えるが、そこにはマーメイドの性的な「積極性」はいっさいない。修道士の姿をした

［図031］「修道士のマーマン」、『動物の性質について *Liber de naturis bestiarium*』（13世紀中頃）より。

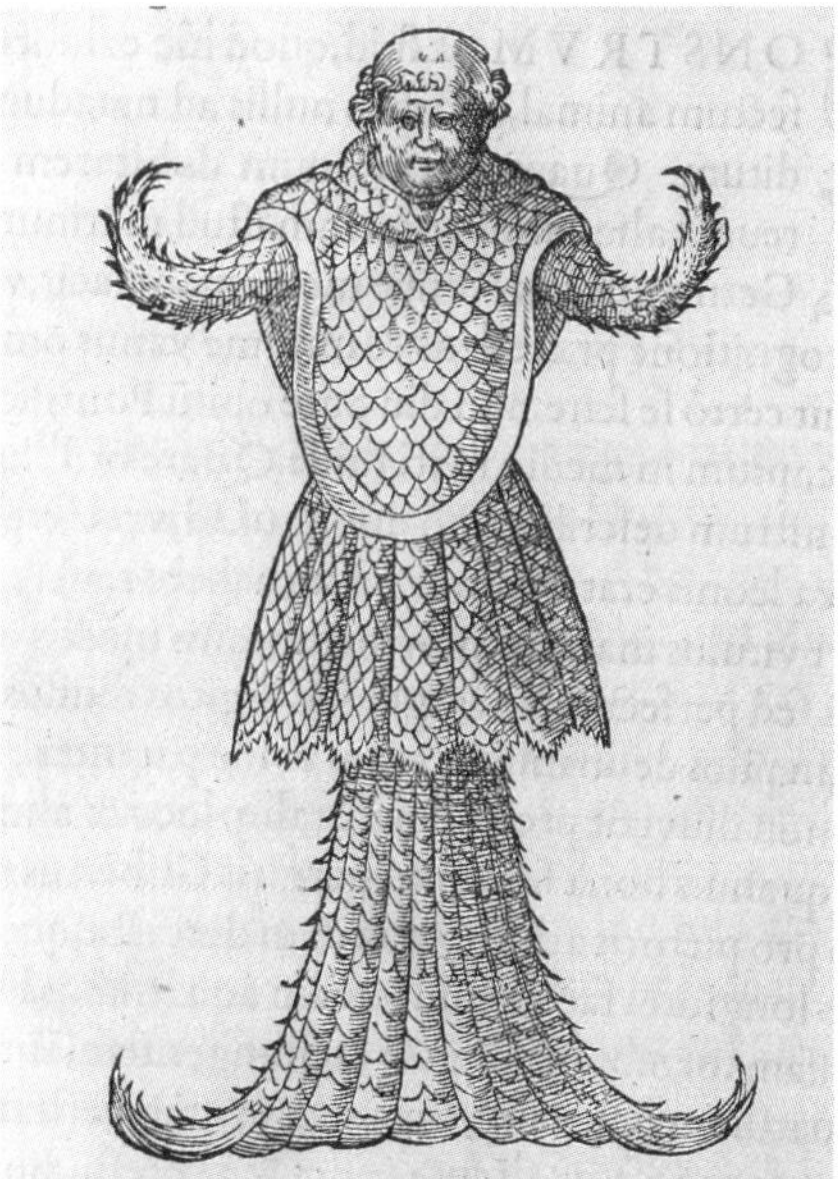

［図032］「海の修道士」（コンラート・ゲスナーの挿絵に基づく）、ギヨーム・ロンドレ著『海の魚類について *Libri de piscibus marinis*』（1554年）より。

マーマンは、この書に限ったものではない。一六世紀後半、コンラート・ゲスナーは、ルネサンス期の著名な百科事典『動物誌 *Historiae animalium*』において「海の修道士」を図入りで紹介している。修道服を着て、これ見よがしの短髪をしたゲスナーの海の修道士は、より抽象的な形の腕と尾を誇示している点で、『動物の性質について』の修道士姿のマーマンからだいぶ進んでいる〔図032〕。にもかかわらず、マーマンはあいかわらず、卓越と敬虔の座に男を押し上げつつ、女性性を貶めるために、不可解なものと宗教的なものを合体させた教会の力の明白な反映だった。

ここで意外な展開を迎える。キリスト教会は、マーメイドの図像を使って女性らしさを貶めることに長けていすぎた。中世の西洋の大衆のおおかたは、結局のところ教会の指導者を、重要な情報や助言に関する信頼性の高い発信源と見ていた。その教会が、性を強調した衝撃的なマーメイドをさまざまな形で繰り返し具体的に示すので、信徒がそのつど肉体の危険さを想起するにとどまらず、人魚の存在を広く信じる文化が生まれた。このようにキリスト教の学者の大半と一般の信徒が人魚を受容するようになった顕著な例が、中世の地図製作者だ。彼らは、世界地図にキリスト教の様式をもつ人魚を描きはじめた。[★26] マーメイドとトリトンは地球の最果ての地に存在するはずだという考えは、多くの人々の腑に落ちるものだった。

この認識を（むろんキリスト教会の主張も）身につけた西洋人は、民間伝承に頻繁に人魚を溶けこませ、その際には歴史上の先例をいくつも用いた。たとえば、大プリニウス（紀元二三年－七九年）は自著『プリニウスの博物誌』で、単に人魚が存在すると述べるだけでなく、目撃者が多数いると主張していた。アレクサンダー大王の異母妹テッサロニケが、急逝したのちマーメイドに姿を変え、兄を探す終わりなき旅のなかで船乗りの前に現れたという話もあれば、人間の男と結婚したマーメイドのメリュジーヌについての有名な中世の物語もあった。メリュジーヌは、夫が約束をやぶって入浴中の浴室にはいってきたため、正体を知られてしまう。[★27] テッサロニケとメリュジーヌの物語は事実よりも神話に依拠する部分が多かったが(中世の人々の多くもそう受けとめていたはずだ)、大プリニウスの主張に対する信頼はなおも高かった。キリスト教会の動物寓話集と彫刻が人魚の存在にお墨付きを与えたこととあいまって、西洋人は人魚を地元の文化に融合させはじめた。[★28]

とくにイングランド、スコットランド、アイルランドの人々は、人魚の物語を歓迎した。なかでもスコットランドの人魚の物語は「数でほかのブリテン諸島を圧倒していた」[★29]。ほとんどの場合、これら初期の民間伝承は、男を悲しみと危険と死に誘い込む悪女のセイレンとしてマーメイドを描くことによって教会の任務を継続していた。マーメイドはしばしば男の魂を求めた。スコットランドのロスシャーに伝わる物語に、こんなものがある。男が岸辺で聖書を読んでいると、マーメイドが現れ、あなたの聖なる本はわたしの救済を約束してくれるかしら、と尋ねた。約束はできないと男が答えると、マーメイドは短い悲鳴を上げて海に潜った。こんな話もある。男たちがマーメイドを娶《めと》ったが、妻となったマーメイドはみな、それぞれの夫に悲しみを与えるだけだった。ときには、村や町に死をもたらすこともあった。[★30] こうした物語は着実に西洋社会と一体化していった。そしてまるまる一章が人魚の物語に費やされたにせよ(歴史学者ベンウェルとウォーによれば「まるまる一冊」が費やされたこともある)、どの物語も一連の原則にしたがってマーメイドを描いていた。これ以上の説明はここでは不要だろう。その原則とは、マーメイドは予言能力や願いを叶える力をもっていること、自分の邪魔をする者には復讐すること、多くは人間の男と結婚し、しばしば人間に悲惨な結末を用意していること。[★31] マーメイドはあくまで、人間の男や、その男との子孫を不幸に導き得る危険なハイブリッドだった。

中世の西ヨーロッパの人々は実際に人魚と接触したともされている。民間伝承と同様、これらの遭遇譚は、いうまでもなく女性らしさを貶めようというキリスト教会の意図と、教会がつくりあげた人魚のイメージに満ちていたが、さらに、独自の教導の傾向も見せている。重要なのは、遭遇譚が神話と教会の承認とのあいだにある溝を埋める役目をして、キリスト教の物語が石に刻まれたり紙に書かれたりして存在するだけではないことを中世の信徒に示した点だ。人魚との遭遇譚は神の偉大な力を示すさらなる証拠になったのだ。一五二〇年にチェーザレ・チェザリアーノが述べたように、人魚は「神を全能と考える手立てを知る者にとっては、驚異や不思議に見える必要はない。全能の神であれば、海や陸でたぶんもう見られているものより、もっと大きな驚きと賞賛に値するものをつくっているかもしれないのだから」[★32]

たとえば、一一八七年、イングランド沖で漁師が「未開人のような」奇妙な生き物を捕まえた。漁師たちはすぐにそのマーマンを、サフォーク州オーフォードの城に連れていき、城主の騎士バーソロミュー・デ・グランヴィルに献上した。哀れなマーマンの運命がここから上向くことはなかった。捕獲者は彼に生の肉と魚しか与えず、城壁のなかでの「惨めな」苦悩の日々を強いた。当然ながら、意気消沈したこの海の生き物は、最初の機会をとらえて海の深みに逃げ込んだ。[★33]

オーフォードのマーマンが、中世の海にいた唯一の人魚だったわけではない。一二一一年には、イングランドの貴族、ティルベリのゲルウァシウスが『西洋中世奇譚集成 皇帝の閑暇』（二〇〇八年、講談社学術文庫ほか）で、イングランド沖はマーマンとマーメイドであふれていると明かしているし、一二五〇年にはノルウェーの作家が「グリーンランドのまわりの海」にはトリトンとマーメイドが「うようよしている」と述べている。この作家は、キリスト教会による神秘的な生き物の描写を踏襲し、マーメイドは「腰から上は女の姿をしていて、女のように乳房には大きな乳首があり、長い手と豊かな髪をもつ。首と頭はどこからどう見ても人間と同じ形だ」と説明した。ノルウェーの作家はまた、このような目撃譚と民間伝承を結びつけ、もしマーメイドが手に魚をもって船に近づいてきたら、「多くの命を失うだろうと男たちは恐れおののく」とも記している。[★34] いずれも無駄話でもなければ、読者を騙そうとしているわけでもない。中世の著述家や思想家は、拡大するキリスト教の世界観にマーメイドとトリトンを組み込みつづけただけなのだ。

これらの遭遇譚は、人魚の実在を信じたい気持ちと不安を含んだ好奇心が、中世において格段に増したことを如実にあらわしている。そんななか、もっとも有名な——そして長く語り継がれる——人魚との遭遇が一五世紀初頭のオランダであった。エダム郊外の女たちが、氾濫した川のなかでもがく「素っ裸で口の利けない」マーメイドを見つけたのである。女たちはそのマーメイドを近くの町ハールレムに連れていき、「服を着ること、糸を紡ぐこと、パンと白身の肉を食べること」を教えて真のキリスト教徒にした。ある著述家は、女たちはハールレムのマーメイドにどうにか「神という概念らしきものを与えたので……マーメイドは十字架の前を通りかかるたび、深い敬愛の念をあらわした」とまで述べている。[★35]この例は、脱走したオーフォードのマーマンとも、ほかの記述にある捕まえにくい人魚たちとも異なっている。むしろハールレムのマーメイドは、キリスト教による教導の実践の完璧な一例だ。オランダの人々は、どうしようもない女の怪物を、慎み深いキリスト教徒に変え、社会の一員としての役割を身につけさせた。この話を知った多くの人は考えたはずだ。マーメイドを礼儀正しい女性に変えられたのだから、キリスト教徒がほかに達成できないことなどあるだろうかと。

中世が終わる頃には、西洋人の人魚に関する理解は、長い時間と豊富な資料によって深まっていた。彼らの手には古代の文献があり、教会建築の彫刻や動物寓話集の挿絵や文章があり、各地の民間伝承があり、詳細な遭遇譚や目撃譚があった。人々がこの不思議な生き物を日常の暮らしに取り入れなければと思うのは当然だった。西ヨーロッパ、とくに港町では、人魚は実在すると信じる文化が育ちはじめた。ルネサンス期前半のヴェネチアでは、墓碑から食卓まであらゆるものに人魚がかたどられ、その過程で「政治的役割」を獲得していった。[★36]だが、次章で述べるように、ルネサンス期あるいは「発見時代」に、人魚はイタリアの美しい港町ヴェネチアからやすやすと飛び出した。それどころか、マーメイドとトリトンは西洋の人間とより広い世界との交流を意味づけ、さらには国家の力や信仰心、哲学的な興味に対する人々の自己認識を形づくるようになった。ヨーロッパの人々は世界各地に向かって出帆し、人魚との遭遇を期待した。そしてほんとうに人魚と出会ったのだ。

船乗りは、もはやうんざりしている。これまで二ヵ月、ヘンリー・ハドソン船長率いる「北東航路」探険の船の乗組員として、甲板を掃除したり、そびえ立つ帆柱にのぼったり（高所はいまだに苦手だ）、腐りかけの野菜の皮むきをしたりと、ほぼ絶え間なくこき使われてきた。だが一六〇八年六月十五日の午後は、その決まりきった職務からなんとか解放されている。少なくとも数分のあいだは。船縁《ふなべり》の手すりにもたれ、息ができないほどの冷気に襟元を引き上げて、波の泡立ちを見つめる。心はおのずと故国へ漂う。無事に、そして少しでも早くロンドンに帰れるといいのだが。市場《チープサイド》にある行きつけの居酒屋の、ボウルいっぱいのポンチ酒や、仲間と囲む賭博台がすでに恋しい。水で薄めたグロッグ酒とハンモックにぎゅう詰めにされた体調の悪い船乗りたちでは、ほろ酔い気分や楽しい友の代わりはとうてい務まらない。と、同僚ふたりの大声がして、われに返る。船尾へ急ぎながら、要領の得ないふたりの言葉に耳をそばだてるうちに、船の間近の海面からマーメイドが飛び出してきたのだとわかる。マーメイドのことならよく知っている。昔の船乗りは酒を飲みすぎると、この海の美女たちの話をするのが常だった。何年も前に海から離れた男たちの話を信じてよいものやら迷うところだが、トーマス・ヒルズとロバート・レイナーは確実に信用できる。そのふたりが、ちゃんと呼吸する生身のマーメイドを見たといいはっているのだ。駆けよって手すりから身を乗り出し、その化け物の姿をひと目でも見ようとするが、何も見つけられない。大西洋の白波に目をこらすと、何かの生き物の尾が勢いよく跳ねるのが見えたような気がする。「船長に報告だ！」ヒルズがいい、レイナーと走りだす。船乗りはその場にとどまり、海水がしみこんだ木の手すりに爪を食いこませ、呆然と海の深みをのぞきこむ。海がこんなに怪しく見えたことはない。

第二章——新たな世界、新たな不思議

ルネサンス期(一四五〇年–一七〇〇年)において、西ヨーロッパの人々は、文化、宗教、芸術、帝国主義に対する思考に人魚をすっかり溶けこませた。ヴェネチアやジェノヴァ、ロンドンなどの都市ではぐくまれ花開いた芸術文化はマーメイドやトリトンの表象であふれ、キリスト教徒は大聖堂の壁に彫るマーメイドの数を年々増やしているように見えた。著述家や画家や探険家は、この奇怪な化け物のことをせっせと文章や絵にした。これがとりわけ顕著になったのは、十五世紀半ばに出現した印刷機が書物の構造を永久に変えて以降だ。[★01] 突然、人々は手書きの絵や文章がなくても、全盛期の人魚に出会えるようになった。地元の印刷所で機械が複製したものを誰でも簡単に手にとれるようになったのだ。

西ヨーロッパでのこのような人魚文化の爆発的な広まりと時を同じくして、人々は未知の新天地へ進出した。アフリカから「極東」へ、さらに「新世界」へと進むなかで、探険家は、空間と時間の観念を拡大させると同時に縮小させた。彼らが生み出した詳細な地図や物語は、人々が自宅の書斎でくつろぎながら、かつてないほど正確に世界のことを調べられるようにした。そしてこの歴史的に意義深い数々の旅で、ヨーロッパの人々はおびただしい数の人魚を見つけたのである。

西洋人の人魚に対する執着が一五世紀における未知の世界への進出をうながしたのか、それとも逆に、未知の世界への進出が人魚に対する執着を生んだのか、どちらだろうと疑問に思うかもしれない。この「鶏が先か、卵が先か」に類する問いは、さまざまな意味で本章の核心である。なぜなら、ふたつの進行——身近な信念と彼方の目撃譚——が、ルネサンス期の人魚信仰に正当性を与えたからだ。マーメイドやトリトンのような生物は誰も知らない地球の最果ての、もっとも「野蛮」な片隅に生息するはずだという考えは、近代の幕開けに生きたヨーロッパの人々にとって筋がとおっていた。だから彼らは、探険にでかけたどの新天地でも人魚を見つけた。こうした人魚との遭遇によって、何世紀も前にキリスト教会がつくったこの怪物にまつわる物語が勢いづくとともに、西洋では人魚に対する関心が当然視されるようになった。人々は大陸の内でも外でも人魚を「見る」ことを欲するだけでなく、期待した。見る必要があるとさえ思った。この革新の時代を究明するにあたって、当時のヨーロッパの人々がマーメイドとトリトンの存在を確固として信じていたことは軽視できない。今日にもあてはまるが、ある信念を正当だと考えるとき、人間は自分が現実と信じるものに合わせて世界観を調整する。しかも、この種の確信は、人から人に伝播する。ある人が事実だと断言すれば、まわりの人間もその内容を信じはじめる。要するに、認知こそがすべてなのだ。[★02]

一般の信徒、聖職者、哲学者からすれば、人魚やほかの怪異な生き物に関する「奇妙な事実」は、地球と地球に棲む人類の位置づけについての長年の思い込みを強めるだけでなく、複雑にもするものだった。[★03]この枠組みのなかで、怪物は、日ごとに「発見」されているらしい謎めいた新世界の情報を提供しながら、それと同じくらい、人間自身についても物語った。

とはいえ、ヨーロッパの人々は知の限界を押し広げたいと願っていたにもかかわらず、自分たちを囲む世界の分析を歪めつづけた。近代のはじめのヨーロッパ人の世界観のなかで醜い頭をもたげたのは、とくに女性蔑視である。もちろん、それまで十世紀もかけてキリスト教会が女性らしさと劣等性を同一視してきたのだから、なんら新しい事態ではなかった。この風潮ゆえに、ルネサンス期の女性は社会の付属物となった。あるイングランド人は「(英語ほど)女性を悪しざまにいうことわざの多い言語はない」と述べた。女性を口汚くこういいあらわした者もいる。「おまえたちは、世界でもっとも不完全な生物として地上に生きている。自然が生んだくずであり……糞便の守護者、自然界の怪物、悪《あ》しき必要物、雑多な怪獣《キメラ》だ[★04]」。マーメイドはあいかわらず、宗教的な伝統や民間に伝わる嵐、破滅、死の前触れの象徴であり、女性らしさを中傷するためのマスコットだった。この傾向がいっそうあからさまになったためか、一六世紀の西洋人はよく、娼婦のことを「マーメイド」や「セイレン」とよんだ[★05]。昔からいるマーメイドが、近代のイデオロギーに再利用されたわけだ。これはマーメイドに限ったことではなかった。

ヨーロッパの人々は、南北アメリカ大陸でさまざまな種類の恐ろしい生物を発見した。マルコ・ポーロは、東方への旅行で見つけた多種多様の不思議な動植物について書きとめているし、サー・ウォルター・ローリーやクリストファー・コロンブスなど、新世界を探険した人々は、頭のない男から片眼の巨人までありとあらゆるものと交流したと述べている〔図033〕。さすがにそれらは架空の生き物に格下げされたが、ほかの動物は近代初期の西洋人には、現実に存在する非常に恐ろしい生き物とわかった。たとえば、雌のオポッサムは、新世界に棲む奇怪な「合成生物」で、旧世界〔ここではヨーロッパを指す〕の動物の一部と人間の一部が結びついた「異なる種の混合体」とされた[★06]。雌のオポッサムがことさら暴きだしたのは、新世界に対する西洋人の認識だった。新世界という場所は、自分たちと現地の人の体と心をかけ合わせ、文明の進んだ旧世界の人間を、新世界の未開な環境を映し出す粗野で無力なものに変容させてしまう。そう考えたのだ[★07]。新世界に住みはじめたがために、彼らは自分自身が化け物になってしまうのではないかという不安に襲われることになった[★08]。

このような気候や環境や生物学的な危惧が、人魚についての人々の認知を形成した。西洋の旅行者は、南北アメリカ大陸の海や川や湖で、マーメイドやトリトンの発見を期待した。ヨーロッパ人はそもそも自国の沖で人魚と遭遇した経験があったので、海の向こうの遠く離れた得体の知れない新世界には、怪異な生き物がほかにもたくさんいるにちがいないと考えた。それらの生き物とかかわりをもち、理解すれば、世界のあまたの謎を覆う

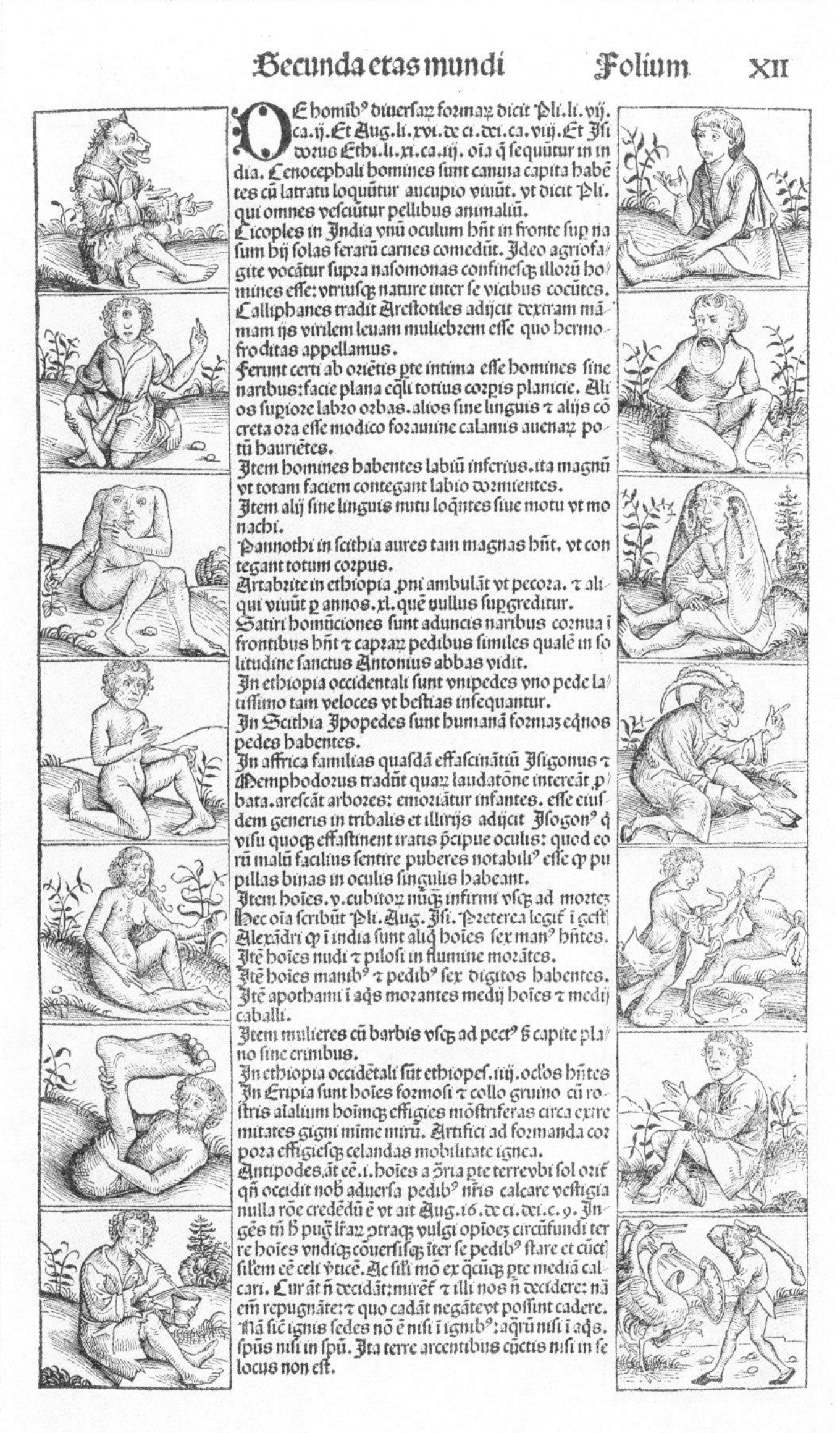

［図033］ハルトマン・シェーデル著『ニュルンベルク年代記 *The Nuremberg Chronicle*』(1493年)の奇怪な生き物。

ヴェールを取り去って、そのなかで進化しつづける人類の位置づけをもっとよく理解できるかもしれない。より実践的な観点からは、人魚の知識を深めれば、新世界に対して効率のよい適応が――当然ながら征服も――できるだろう。一六三八年の北アメリカのメインでマーマンに遭遇したという驚くべき話を聞いたあと、イングランドの博物学者ジョン・ジョスリンが述べたとおり「世界には、ロンドンとスタンズ（現在のスティンズ）のあいだで見られるものより、ずっと奇怪なものがたくさんある」のだった。[★09]

一五世紀以前のヨーロッパではマーメイドを目撃する機会はごくまれで、数少ない目撃譚もたいていは大昔の物語や動物寓話の記述や民間伝承を下敷きにしていた。[★10] 一二世紀のイングランドとオランダで人魚に出会った話がもっとも長く語り継がれたが、これらもやはり、寓意的な教訓か宗教的な動機と結びついていた。謎の生き物がいっぱいいる未知の新世界への進出が始まるにつれ、ヨーロッパの国々でも神秘的な旅の先々でも人魚との遭遇が急増した。前述したように、どちらがどちらに影響したかを知るのは不可能だ。ヨーロッパでの人魚に対する関心の高まりが、海の向こうでの人魚の目撃をうながしたのか？　あるいは逆に、海の向こうの新世界で人魚とかかわりはじめたから、ヨーロッパ大陸を囲む海でもこの奇怪なハイブリッド生物がより頻繁に見つけられるようになったのか？　一五世紀に一気に増えたこの地球規模での人魚とのかかわりを見れば、当時の人々の世界観がどのように進化したかがよくわかる。ルネサンス期に、ヨーロッパの人々とマーメイドやトリトンとの関係は、単なる宗教的教訓や民間伝承の枠をしだいに超えていった。だがそれだけでなく、両者の関係は帝国の強大な力、自然界の豊かさ、哲学的な驚異を人々がどうとらえていたかを映し出していた。[★11]

一五世紀における西ヨーロッパ諸国の南北アメリカ大陸進出を繙くには、クリストファー・コロンブスから始めなければならず、人魚というレンズをとおした場合も例外ではない。一四九二年、西インド諸島に到達するやいなや、この恐れを知らぬ探険家は、船のまわりで荒立つ波のあいだから三人のマーメイドが飛び出すのを見たといっている。コロンブスは、マーメイドについて「絵にかいてあるように美しいものではなく」と述べながらも、「何とか人間のような顔をしていた」と認めた(『コロンブス航海誌』、岩波文庫、一九七七年、林屋永吉訳)。このコロンブスの目撃譚の重要性を過小評価してはならない。コロンブスは(一五世紀の西ヨーロッパの人々の多くが知る限り)新世界を訪れた最初のヨーロッパ人だった。そして、その男が最初に見た奇怪な生き物とは？ そう、マーメイドだ。[★12] コロンブスは、「開かれた」あるいは「発見された」新世界という認識がヨーロッパでつくられるのを助けただけでなく、大西洋の向こうに人魚が棲んでいるという人々の信念が醸成される過程できわめて重要な役割を担った。新世界は、「穏やかで豊かな場所というユートピア的幻想」とともに「化け物の棲む世界という負のイメージ」で語られる奇妙な地だった。[★13]

つぎの百年間、人々はいたるところで人魚を目撃したが、新世界での目撃譚だけがなかったのは興味深い。これはおそらく、単純に数の問題ということになるだろう。一七世紀以前のイングランドやフランス、ポルトガルは南北アメリカ大陸への進出にほとんど成功していなかった。南アメリカの銀と金をずっしり積んだ巨大な無敵艦隊で海を支配していたのはスペインで、スペイン以外の諸国はそれほど多くの人員を大西洋に送りだせず、植民地を獲得しても恒久的なものにはならなかった。しかし、ヨーロッパ大陸に近い海域では西ヨーロッパの国々が勢いを増しはじめ、人魚とのかかわりも盛んになった。[★14]

一五世紀初頭、イタリア国内やその周辺で多くの人魚が目撃された。謎に包まれたヴォイニッチ手稿(一五世紀初頭、イタリアの某所で執筆されたが、用いられている言語を解読できた学者はいまだにいない)には、魚と人間のハイブリッド生物の絵が描かれている[図034]。一五二二年、イタリアの法律家アレッサンドロ・アレッサンドリが、人魚は実在し、ギリシャのエピルスの海辺でマーマンに声をかけられた女たちがいると主張した。スイスの博物学者コンラート・ゲスナーは、「体が少年ほどの大きさの男の人魚がローマで目撃された」と述べている。[★15] イタリアが人魚

［図034］「ヴォイニッチのマーメイド」、ヴォイニッチ手稿(1404年–38年)より。

の目撃譚の宝庫だと示されたのは偶然ではないだろう。ルネサンス期のヴェネチア、ローマ、ジェノヴァなどの都市では、墓碑から食卓、書物や記念碑まで、あらゆるものにこのハイブリッド生物があしらわれていた。イタリア人は、現実世界を含め、いたるところでマーメイドの姿を目にしていたのだ。

一五世紀に西ヨーロッパがアフリカ、オスマン帝国、アジアとの貿易関係を密にするのと並行して、これら遠方の地でもマーメイドが発見された(予想どおりだ)。古典的な考え方によれば、エルサレム(しばしば世界の中心だと考えられた)から遠ざかれば遠ざかるほど、世界の生き物や環境はより奇怪に、より恐ろしくなる。だから、中世の西洋ではアジアは「異様な人間と獣が棲む場所」と形容されていた。[★16] アフリカ、オスマン帝国、アジア。いずれも一五世紀のヨーロッパにとっては、南北アメリカ大陸に負けず劣らず謎めいていた。それゆえ彼らは、これらの奇異な土地での人魚との出会いを期待した。そして、実際に出会ったのだ。

一五三三年、スペインのディエゴ・ウルタードがポリネシア諸島の沖合でひとりのマーマンに出くわしたと主張している。「全乗組員が見ていた……陸地から約百四十五キロ離れた無人島の近くで」マーマンが「サルのごとく海に飛び込んだ……乗組員たちを見つめる目は理性を授かった生き物のようだった」。この二十三年後、今度はフランスの司祭アンドレ・テヴェが、アビシニア（現在のエチオピア）でマーメイドとマーマンに遭遇したと報告した。マーマンは高潮で海岸にうち上げられたらしく、「泣き声」が聞こえたという。いっしょにいたマーメイドは「連れ合いがいなくなったことを大声で嘆きながら」あとを追った。この「すばらしくも奇妙な出来事」を目撃した司祭は「海は奇怪な多種多様の化け物を生み出し、育てる。大地と同じなのだ」というほかなかった。一五六〇年には、漁師の一団が「セイロン島（インド半島の南東沿岸にある島）〔現在はスリランカとよばれることもある〕の西側の海辺で」マーマンとマーメイド合わせて七人を捕まえたようだ。幸い、この船には信頼できる目撃者が乗り合わせており、イエズス会の司祭や「ゴアの総督の担当医F・エン＝エンリケとディマ・ボスケ」がそのなかにいた。医師ら（正当性を主張するために著者は名前を挙げている）は「細心の注意を払って観察と解剖」をし、「内側も外側も人間と完全に合致する」と証言した。[★17] 検証を経た三つの目撃譚の舞台は、一六世紀の西ヨーロッパ諸国の貿易路である極東、アフリカ、インドだった。こうした目撃譚は、人魚が実在することを証明するだけでなく、これら異国の地には驚くべき自然があるとヨーロッパ人に確信させた。

一六世紀のキリスト教の著述家は、宗教や民間伝承よりも科学的な分析へと向かった人魚の目撃譚の増加に恩恵を受けていたにもかかわらず、教義を伝えるための器として人魚を使いつづけた。イングランドのアンドリュー・ローレンスは、中世のキリスト教の伝統にのっとった形で、動物寓話集『世に知られる人、獣、蛇、鳥、魚の高貴な生態と性質 *The Noble Life and Natures of Man, Beasts, Serpents, Fowls, and Fish that Be Most Known*』（一五二七年）にマーメイドについての英訳と絵を載せた。ローレンスは、古典的な絵と記述に基づいて「マーメイドは嬉々として男に死をもたらす怪獣……臍から上は人間の女に似て、恐ろしい顔をもっている」と記した。フランスの百科事典編纂《さん》者コンラート・リュコステネスも古典的な人魚の描写に基づいて『奇異ならびに前兆の年代記 *Prodigiorum ac ostentorum chronicon*』(一五五七年)を記し、昔ながらの表象の仕方にしたがって、雑種の人魚のペア、マーマンとマーメイドに前肢をつけて描いた〔図035〕。さらに一五七七年には、イングランドの古物収集家ピーター・ジョン・レセニウスが、のちにデンマーク王となるクリスチャン四世の誕生をひとりのマーメイドが予言したと報告している。ヨーロッパ人は異国の地でマーメイドを見たからといって、必ずしも自分たちの核にあるキリスト教を捨て去ったわけではなかったのだ。★18

　とはいえ、人魚の実在も、キリスト教のメッセージを伝達する際の人魚の有用性も、誰もが確信していたわけではない。一五六六年のフランスのピエール・ボエステュオの言葉を借りれば、ヨーロッパ人の多くは「(人魚など)存在しないのだと自分にいいきかせ」、「そのようなものについての言及がいっさいなく、地上が唯一の人間の家であり礼拝所であると断言している聖書の威を借り

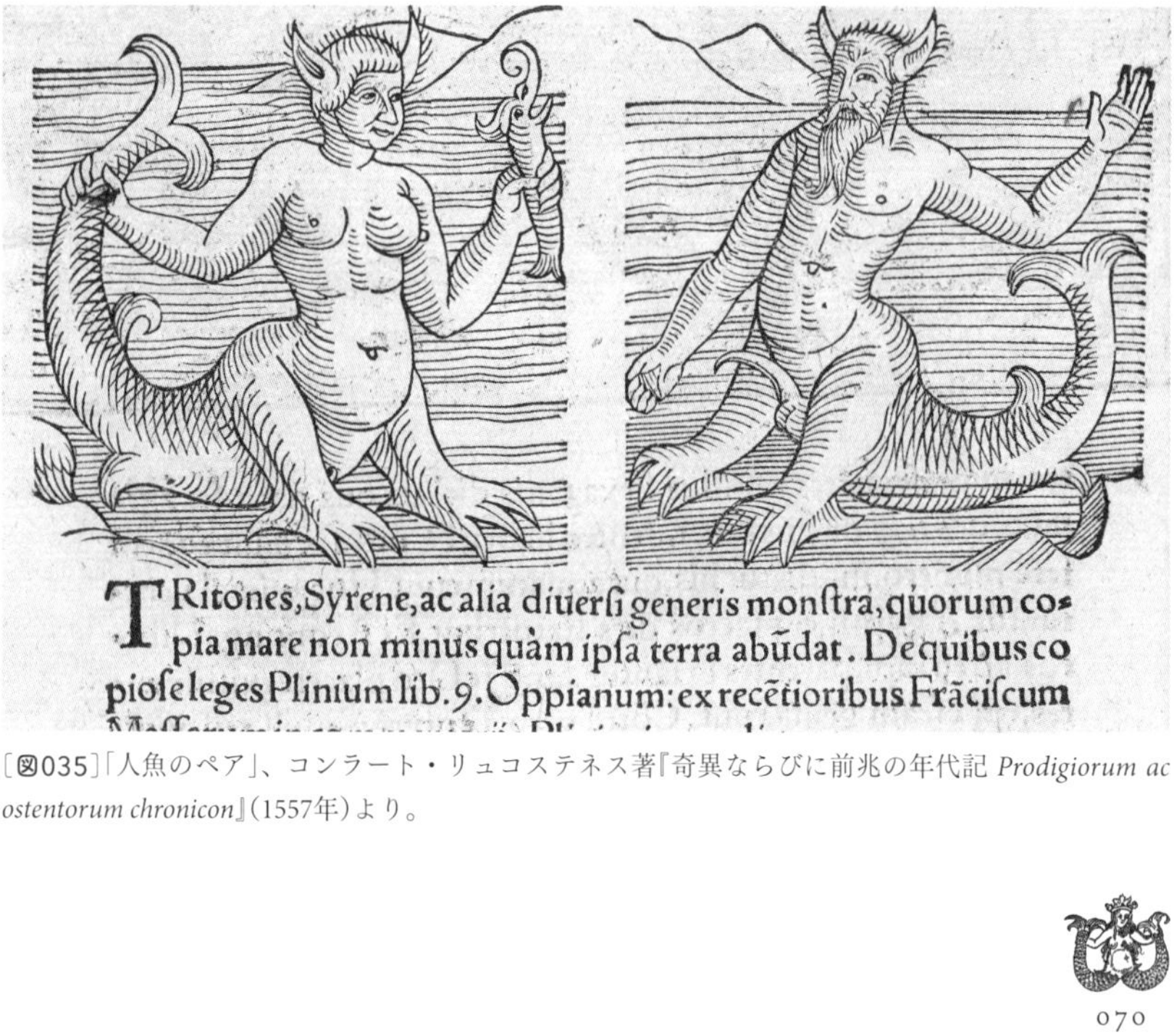

〔図035〕「人魚のペア」、コンラート・リュコステネス著『奇異ならびに前兆の年代記 *Prodigiorum ac ostentorum chronicon*』(1557年)より。

て、自分たちの考えを正当化していた」。ここで思い出しておきたいのは、中世のキリスト教徒は誰かが解説してくれる聖書の内容を鵜呑みにするしかなかったのに対して、一六世紀には、印刷技術のおかげで、ラテン語が読める人には以前より聖書が身近になったという点だ。人々は印刷された聖書こそが「勝手な解釈のない神の言葉そのものだ」とようやく理解した。こうして、ルネサンス期に「聖書もまた、われわれが今知っているアメリカやアフリカと同じく、発見と発案の道をたどった」[19]。一部の敬虔な人にとっては、聖書が人魚に言及していないのだから、人魚は存在するはずがなかった。スペインのアントニオ・デ・トルケマーダは『奇跡を起こしたスペイン人マンデヴィル *The Spanish Mandeville of Miracles*』（一六〇〇年）でこのメッセージを強調し、マーメイドの目撃譚を列挙しながらも「ここで触れるほど信用に値する著者はひとりもなく」、人魚は「ただの作り話」にすぎないと結論づけている[20]。

一七世紀初頭までに西ヨーロッパの人々がはぐくんだ複雑な人魚との交流物語はいまだに、過去と現在、すなわちキリスト教の影響下にある中世と、探険や貿易が主導する近代の境界線をまたいでいた。だが、一七世紀が展開するにつれ、人々と人魚との内外におけるかかわりは、まったくめずらしくないものに——そして正当性をもつものに——なっていった。一六四六年には、イングランドの哲学者トーマス・ブラウンが「マーメイドの絵を見ずにすんだ目はほとんどない」という有名な言葉を残したほどだ。さらに、「学術」の世界でも人魚が支持されていたことを示すように、一六七〇年には世界的に名高いデンマークの医師トーマス・バルトリンが名著『胸管およびリンパ管に関する解剖学的新評論 *New Anatomical Essays on the Thoracic Lacteals and the Lymphatic Vessels*』の口絵にマーメイドを添えている［図036］。芸術から科学にいたるまで、人魚は、ヨーロッパの人々の世界観を形づくる重要な要素となっていった。人がこの奇怪な獣を目撃して彼らとかかわることはこの過程で不可欠だった[21]。

一七世紀においても一六世紀と同じく、ヨーロッパでの人魚の目撃譚と新世界での人魚の目撃譚は互いに影響し合い、マーメイドやトリトンとの交流の文化と期待を生み出した。たとえば、一六〇一年、イングランドの水

［図036］「水浴びするマーメイド」、トーマス・バルトリン著『胸管およびリンパ管に関する解剖学的新評論 *New Anatomical Essays on the Thoracic Lacteals and the Lymphatic Vessels*』（1670年）の口絵。

夫アンソニー・ニヴェットが、ブラジル（現在のリオデジャネイロ）の沖合で「マーメイドひとりと奇妙な魚の大群を見た」と主張している。この話をサミュエル・パーチャスが人気を博した自著『パーチャスの巡礼者たち *Purchas His Pilgrimes*』に載せたため、ニヴェットの遭遇譚は信憑性を帯びた。[★22] 有名なイングランドの探険家ヘンリー・ハドソンは、その七年後の一六〇八年六月十五日の航海日誌に、船員のふたりが大西洋の北の海域でマーメイドを目撃したことを記している。

今朝、ある船員が船縁《ふなべり》から海を眺めていてひとりのマーメイドを見つけ、仲間をよぶと、マーメイドがもうひとり現れた。そのときにはもう、最初のマーメイドは船腹近くまで来ていて、男たちを食い入るように見つめていた。ほどなく、彼女は波にさらわれていった。その姿は、臍から上、つまり背中と胸は人間の女のようで、体の大きさは（彼らが見たところ）われわれと同じくらいだった。肌がまっ白で、長い黒髪をうしろに垂らしていた。海に潜るときに見えた尾は、ネズミイルカの尾に似た形をして、サバの斑点列のような模様がついていた。マーメイドを目撃した両名は、トーマス・ヒルズとロバート・レイナーという。[★23]

一五六〇年にセイロン島沖でとらえた人魚を解剖した医師たちの場合と同様に、ハドソンも、マーメイドの詳しい描写とともに、この謎めいた生き物を見つけた男たちの名前を記録に残した。わずか二年後、有名なイングランドの船乗りリチャード・ウィットボーンが、北大西洋に浮かぶニューファンドランド島のセント・ジョーンズ港でマーメイドを見たと主張した。ウィットボーンはこのハイブリッド生物についてこう詳述している。「すさまじい速さで楽しげにこちらへ泳いできた。顔つきも、目も、鼻も、口も、顎も、耳も、首も、額も、まるで人間の女のようだった。たいそう美しく、すこぶる均整のとれた体つきに見えた。髪の毛らしき青々とした帯状のものが頭のてっぺんから首まで伸びていた」。ハドソンと同じく、ウィットボーンも、マーメイドに遭遇したもうひとりの男ウィリアム・ホークリッジの名前と評判を記している。この海の生き物にすれば不運だが、ウィットボーンもホークリッジも友好的だったわけではなさそうだ。マーメイドが「船腹に両手をかける」と、恐れをなした船員たちは「頭をぶん殴って、追いはらった」という。[★24]たった十年で、信頼できる情報源からの裏付けのある詳細な目撃例が三件あった。このあとも人魚の目撃はあいつぎ、しかもそれらはもっと奇想天外な内容だった。

ハドソンとウィットボーンの目撃譚は、西洋における大衆向けの人魚の表現、とりわけ出版物に取り込まれた。たとえば、一六三一年、ドイツの学者ルードウィヒ・ゴットフリートとマテウス・メーリアンが出版した『地球の裏側あるいは新世界の歴史 *Historia Antipodum oder Newe Welt*』のなかには、著名なスペインの版画家テオドレ・デ・ブリーの『アメリカの第十三の地域 *Drezehender Theil Americae*』（一六二八年）にあるさまざまな版画を挿絵に用いていて、ある挿絵［図037］には、セント・ジョーンズ港でふたりのマーメイドに迎えられるリチャード・ウィットボーンが描かれている。[★25]ウィットボーンに近寄ったマーメイド――波打つ豊かな髪、あらわな乳房、引きしまった体――は、イングランドのこの男を波間に誘っているように見える。うしろでは、同じように誘いかけるべつのマーメイドから部下たちが逃げようとしている。一六四七年に出版された、ゲオルグ・ステンゲルの『怪物と畸形について *De monstris et monstrosis*』は、ウィットボーンのマーメイド目撃譚が、有名なイングランドの探険家ジョン・スミスのそれにすり替えられた。理由は今も謎のままだが、おそらく一七世紀中頃にスミスが大変な人気者だったからだろう。ジョン・スミスとマーメイド？　この組み合わせなら、きっと本が売れる。[★26]

出版業者は先を争って人魚ブームにあやかろうとし、探険家は新世界でこの謎めいたハイブリッド生物に出くわしつづけた。南北アメリカ大陸の動植物の学術的調査で有名なイングランドの博物学者ジョン・ジョスリンは、一六三八年にこう報告した。「紳士《ジェントルマン》〔中世末から近代初期に生まれた有閑層〕にして「鳥撃ちの名人」のミスター・ミトリンなる男が最近メインでマーマンに遭遇した。マーマンはミトリンの釣り船の腹を這い上がってきて、自分の手を無理やりミトリンに手斧で叩き切らせたらしい。「そのマーマンはそのまま海に沈んで周囲の水を紫の血で染め、見えなくなった」[★27]。一六七一年には、三人のフランス人とマルティ

〔図037〕「新世界のマーメイドに遭遇するリチャード・ウィットボーン」、ルードウィヒ・ゴットフリート、マテウス・メーリアン著『地球の裏側あるいは新世界の歴史 *Historia Antipodum oder Newe Welt*』(1631年)より。

ニーク島（西インド諸島）から来た、祖先がアフリカ人のカリブ人三人が「平べったい大きな顔と横に広がった大きな鼻、肩まで伸びた灰色に近い黒い髪、二十センチメートルものあご鬚の」マーマンを見たと述べている。★28 四年後、フランスのイエズス会士のルイ・ニコラ神父が、新世界にはマーマンがいると信じたいフランス人の気持ちを補強した。この修道司祭はニューフランス（カナダ）でマーマンを目撃したと報告するにとどまらず、絵を描いて『カナダの記録 *Codex canadensis*』の図番三十五に載せた。ニコラの挿絵が昆虫とカエルといっしょに示したのは「ニューフランスのリシュリュー川でフランス人に殺された海の化け物」だった［図038］。この生き物の蛇のような

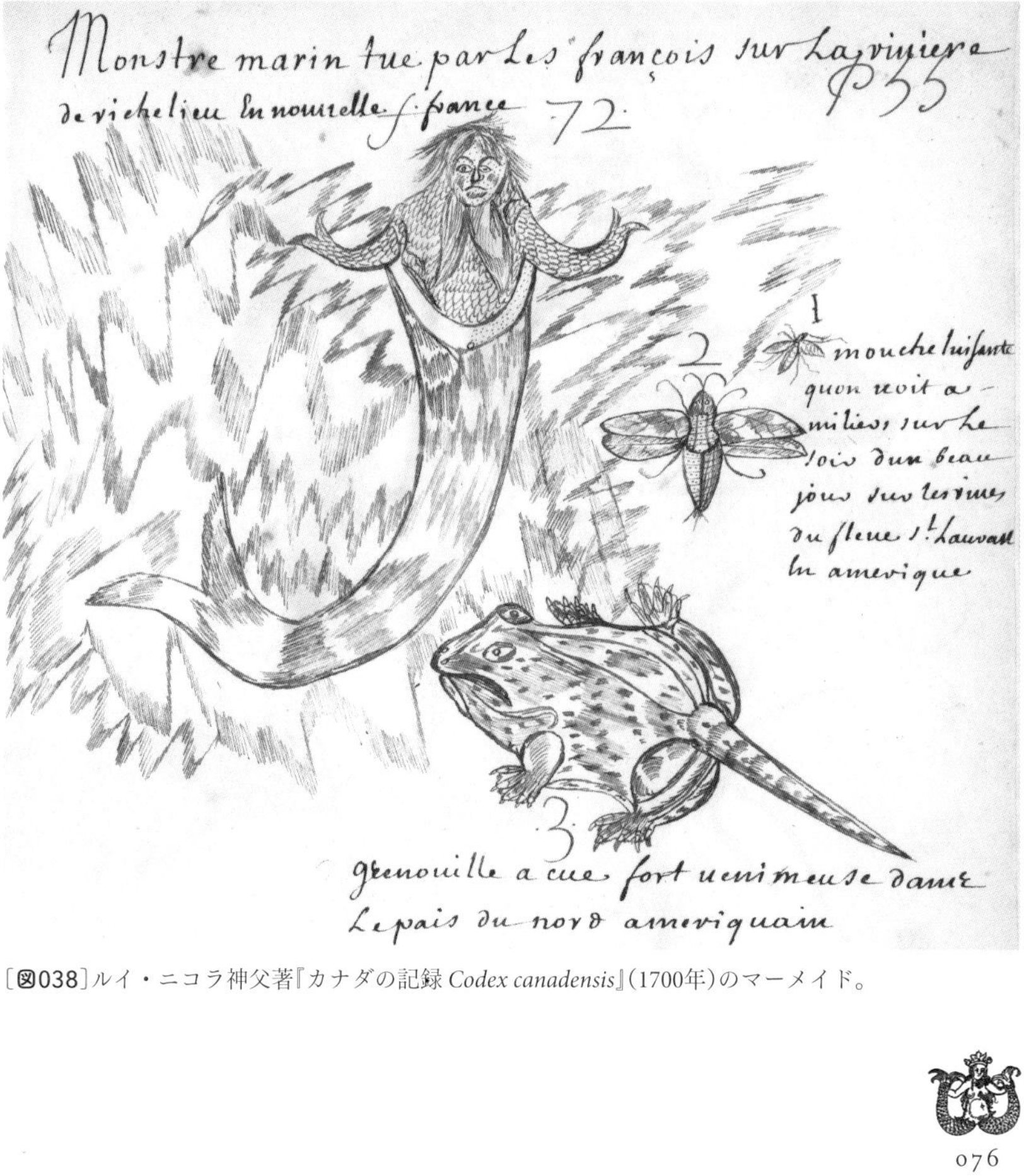

［図038］ルイ・ニコラ神父著『カナダの記録 *Codex canadensis*』（1700年）のマーメイド。

腕と長い魚の尾は、一六世紀にコンラート・ゲスナーが紹介した「修道士姿の人魚」を思わせる。だが、こちらのマーマンは長いあご鬚とぼさぼさの髪ももっている。おそらく当時のフランスの男性の一般的な髪型を反映しているのだろう。なにより重要なのは、ニコラ神父というフランス社会で信頼の高い人物が、このいかにも不思議な生き物をはるかに平凡な動物と並べ、それによって人魚を未知の新世界に実際に存在するものとして描いている点だ。★29

一七世紀最後ふたつの遭遇譚は、その後の調査がおこなわれたことをうかがわせる。目撃者たちが、人魚は実在すると結論づけただけでなく、さらなる調査と考察の必要を論じたからだ。一六七六年、ヴァージニアに住んで何年にもなる「天才的な外科医」トーマス・グラヴァーが、マーマンの目撃譚を克明に記した報告書を、西洋一の権威と賢知を自負する学術団体、ロンドン王立協会に提出した。一七世紀が終わる頃には、上流社会に属する王立協会の会員たちが、英語圏でもっとも先進的な科学研究の情報交換機関としての組織を確立させていた。★30 グラヴァーがこの権威ある協会に一見して空想的な報告を進んで提出したことは、一七世紀末までに西洋社会で主流となりはじめた科学と不思議の融合をよくあらわしている。次章で明らかにされるが、コロンブス、ハドソン、ウィットボーン、ジョスリン、ニコラ神父、グラヴァーといった信用できる情報源の証言がそうだったように、このあとの百五十年では、ロンドン王立協会をはじめとする科学団体が人魚の研究に重要な役割をはたすことになる。歴史学者ダストンとパークが近年述べたとおり「一七世紀末の学術誌で報告された奇妙な事例のうち、異議申し立てを受けたものは、ほぼ皆無といえるほど低い割合だった」。この明白な依存は結局、単純な社会規範に拠っていた。というのも、近代初期のイングランドでは、「ジェントルマンの言葉」に異を唱えるのは、いぜんとして「決闘の申し込みにも等しいゆゆしき侮辱」だったからだ。王立協会員のほとんどはジェントルマンを自任しており、それゆえ、彼らの言葉で発表することは水夫たちの目撃譚に正当性を与えることでもあった。

一七世紀末には、こうした市民社会、不思議な事象、哲学の合流という手助けにより、人々はマーメイドやトリトンの実在を信じて疑わなくなっていた。★31

グラヴァーに話に戻すと、誠実かつ正確な分析をするこのジェントルマンの外科医は、明快な論文「ヴァージニアについて——その環境、気温、生産物、住民、タバコの栽培・熟成方法 Account of Virginia, Its Scituation [sic], Temperature, Productions, Inhabitants, and their Manner of Planting and Ordering Tabacco」に人魚との興味深い遭遇譚を盛りこんだ。ヴァージニアの川の説明をしながら、このイングランド人は「ここで少し、わたしがラパハノック川でたまたま目撃した実に奇怪な魚、いや、むしろ化け物とよぶべきものの話をしよう」と唐突にいいだした。小舟が穏やかな入り江に着くと、グラヴァーは船員を陸《おか》に揚《あ》がらせ、船尾で静かに読書でもしようとした。だが彼の読書時間はまもなく「バシャバシャという大きな水の音」に中断を余儀なくされる。この外科医は仰天した。「目の前に巨大な生き物が現れたのだ。人間の男によく似ているが、いくぶん大きい。頭、首、肩、胸、腰、肘のあたりまでを海面から出してつっ立っている。肌の色はまるでインディアンのような黄褐色だった」。頭は「ピラミッド形」でつるつるして、大きなふたつの黒い目の上には眉毛があり、口をぽかんと開けていた（口髭もあった）。胴体が人間に似たそのトリトンは「ぞっとするほど恐ろしかった」。グラヴァー——人間と動物の解剖学的構造を熟知した経験豊富な外科医——は、この文章をつぎのように締めくくった。「最後には（トリトンは）頭からさっと水に潜った。つまり、彼の尾が水面から飛び出た。それは、先端に幅広のひれがついた魚の尾にそっくりだった」。ロンドン王立協会はこの観察記録の重要性を確信し、グラヴァーの原稿を《フィロソフィカル・トランザクションズ》誌の一六七六年一月号に掲載した。★32

信用あるヨーロッパ人がおこなった新世界の人魚調査を締めくくるのは、ジョン・バルボとジローラメ・メロッラだ。一六七八年から一六八二年にかけてアフリカの西海岸を探検したフランスのバルボは、一六八二年に

『コンゴ川への旅 *A Voyage to the Congo River*』を出版し、当時はまだ「暗黒大陸」とよばれていた地で暮らす人々やその風土、慣習、動物について詳述した。彼がコンゴの川でマーメイドやトリトンを発見したのはいうまでもない。バルボによれば「マシンガ地方の」漁師はしばしば人魚を捕まえた。「男の人魚も女の人魚もいて、体長約二・四メートル、短い腕と手と長い指をもつ者もいる……男には馬のような生殖器が、女には張りのある乳房がふたつある」[★33]。ただし、人魚について記したのはバルボだけではなかった。ジローラメ・メロッラという名のイタリアの司祭は、自著『南アフリカ大陸コンゴ王国旅行記 *Breve, e succinta relatione del Viaggio nel regno di Congo nell'Africa meridionale*』(一六九二年)で同じ生き物について報告した。基本的にはバルボの説明を一字一句まねていたが、細密な挿絵で意外な面白みを加えている[★34]〔図039〕。メロッラの主張によれば、人魚は上から見るとアザラシかマナティのようで、裏返すと人間の顔、裸の胴体、魚に似た尾というマーメイドやトリトンの典型的な特徴をすべてそなえていた。挿絵はこの不思議な生物に対する準科学的アプローチであり、西洋じゅうの向上心ある哲学者の目を引きつけるのはまち

〔図039〕「コンゴのマーメイド」、ジローラメ・メロッラ著『南アフリカ大陸コンゴ王国旅行記 *Breve, e succinta relatione del Viaggio nel regno di Congo nell'Africa meridionale*』改訂版(1726年)より。

がいなかった。

はたして、そのとおりになった。一七世紀、ヨーロッパ諸国が帝国的、宗教的覇権を競って地球上を跋扈しているあいだ、本国では熱狂的な人魚ブームがつづいていた。この奇妙な生き物に正当性を与え、研究しようという気運の高まりをますます反映して、旧世界での人魚の目撃譚もしだいに数を増し、信用のおける著名な目撃者がより詳細な報告をした。たとえば、一六〇四年、ペンディン諸島(ウェールズの南の沖)出身のトーマス・レイノルド——記録者によれば「とても正直で信頼できる郷士《ヨーマン》であり……最高の教育を受けた者よりよほど判断力も分別もある快活な男」——が「同じ教区のドイントの高地からほど近い、ギルメインズ・ポイントとトルウェンの中間のホロゴホという場所で」マーメイドを目撃したと報告した。記録者はただちにこの話と報告者の身分や人柄、正確な遭遇場所を明確に記そうと考えた。レイノルドは「恐ろしく奇妙で不思議なもの」について「水

［図040］P・G著『腰から上は人間の女の形をした奇怪な魚についての奇妙な事実報告書 *A Most Strange and True Report of a Monsterous Fish, who Appeared in the Forme of a Woman, from her Waste Upwards*』(1604年)のマーメイド。

面から出ている腰から上の部分は肉づきのいい人間の女の形をしていた……どこもかしこも普通の女だった」と事細かに語った。また、その年にはかなり一般的な手法となっていたようだが、この報告者もマーメイドの絵を添えた［図040］。このマーメイドは体の部分によって女性にも魚にも動物にも見える。頭は犬、髪と胴体は人間の女性、それに魚の尾がついている。しかしながら、なにより重要なのは、このマーメイドはほんとうにいたということが立証されている点だ。目の前の光景に仰天したレイノルドは、この奇妙な光景を見せるため、町まで走り、ほかの人を現場に連れてきた。「もっと身分の高い人」にマーメイドを見てもらわなければならないというレイノルドの判断は賢明だった。そして、実際に彼らは見た。これらの信頼に足る目撃者たち（いうまでもなく一七世紀には階級が正当化のすべてだった）は、目撃の報告を記録した書面に大喜びでサインした。彼らの署名によって、報告書の信憑性は格段に高まった。[★35]

同じように事実だと立証された話が、ここからの百年、ヨーロッパ各地であいついだ。ドイツの歴史学者ジョン・フィリップ・アーベリンは一六一九年、デンマークの宮廷顧問たちがノルウェーとスウェーデンのあいだの海峡を航海中、マーマンを見つけたと主張した。ひと切れのベーコンでその生き物を船へ誘い込んだが、逃げられたらしい。マーマンが「解放しないと沈没させるぞと脅した」といったというのは、民間伝承や宗教的な象徴だったことの名残だろう。だが、つぎの百年、何人もの学者がこの話を事実として引用した。[★36] 一六三六年頃には、フランスでも人魚ブームが起こった。たとえば、ピエール・ガッサンディが記したニコラ・クロディウス・ファブリキュス（ペレスクの貴族、エクス＝アン＝プロヴァンス高等法院の司法官）の伝記によれば、「ブルターニュ（フランス北西部の海に臨む地方）のベル＝イル島で」水夫が海男《シーマン》を見たと報告している。ファブリキュスはベル＝イルの総督に調査させ、「文書によって事実認定」させた。「報告の内容は以下である。見た限りでは人間の男の姿をしており……豊かな白髪は肩まで伸び、あご鬚は腹に届いていた」。このマーマンは水夫らに網でとらえられたものの、マスケット銃の銃弾をかわして逃げた。数日後、ほかの何人かの水夫からも、ほぼ同じところでマーメイドを見たと報告があった。[37]

目撃のリストはまだつづく。一六六九年の夏、コペンハーゲンの住民が「人間の顔」と「フォーク形の尾」をもつマーメイドを見たと「断言」した。七年後、フェロー諸島(ノルウェー海と北大西洋のあいだにある)の「陸地のすぐそば」にマーメイドが現れた。このマーメイドも、コペンハーゲンのマーメイドと同様に「海からまっすぐ体を出し、長い髪を水面に広げていた」という。もっとも、フェロー諸島の目撃者たちは、目にしたものを中世のキリスト教によるマーメイドの描写と結びつけ、「片手に魚をぶらさげていた」といいきってもいる。この遭遇譚を記録したデンマークの司祭は、彼らが見たマーメイドが「災いをもたらす」存在なのかどうか判断しかねて、「自然のなかには、まだ発見されていないものがたくさん隠されているが、いずれ明るみに出るだろう」というにとどめた。[38]

フィリップ・フェイルというイングランドの博物学者も、一六九四年、ブリテン諸島のジャージー島周辺に棲む魚の一覧に「セイレンあるいはマーメイド」を挙げている。一七世紀の遭遇譚の締めくくりは、イングランドの聖職者ジョン・ブランドだ。彼は、一六九八年から一七〇〇年にかけて、仕事で滞在したオークニー諸島周辺での複数の目撃譚を記録した。ブランドの説明は、人魚の解釈が当時と中世とでまだ重なり合う部分があったことを完璧に示している。ブランドは一面では近代の哲学者として活動し、最初の目撃の記録には裏付けのとれた証言と詳細な分析を記載した。この事例では、クォーフの入り江を船で通りかかった「幾人かのジェントルマン」が「長いあご鬚をたくわえた老人の顔」の生き物を目撃した。ジェントルマンたちは「目撃したものを……ひどく奇怪で恐ろしい」と感じ、近づいてくるマーマンから逃げた。だが、つぎの記録では、ほぼ同時期にオークニーの漁師たちが偶然マーメイドを網にかけた例を説明するのに、中世の人魚の解釈を前面に出している。漁師のひとりがあとさき考えずにマーメイドをナイフで刺し、彼女が釣り針にあごを貫かれたまま海に落ちるのを眺めていた。厄災の前兆である生き物を殺すということは破滅の証明だった。ブランドの記述によれば「彼女にナイフをつき立てた男はすでに死んでいる。この事件以降、大漁に恵まれることは一度もなく、ずっと老人の姿をした悪霊につきまとわれている様子だった。漁師はその老人にいつも〝やったのはおまえか？　誰があの女を殺した？〟と責められていると思っていた」[39]。立証された目撃譚から女性性の示す前兆まで、マーメイドとトリトンは、ひきつづきヨーロッパ人に、キリスト教の起源と近代的であるはずの「文明化した」現在に向き合うことを強いた。

　中世の民間伝承や象徴が一七世紀にはいっても存在していたとはいえ、不思議な事象に対する「近代化された」概念や哲学も西洋の世界に根を下ろしはじめていた[40]。西洋の人々が「驚異の部屋《キャビネッツ・オブ・キュリオシティ》」やヴンダーカンマー〔同様の意味のドイツ語〕とよぶ珍品陳列室への執着は、うしろへ戻ろうとする衝動と前へ進もうとする衝動が同時に働いていたことを示すよい例だ。太古のめずらしいものや標本や工芸品や遺物など、ルネサンス期の分類と知識の体系を超越する多種多様なものを並べた驚異の部屋は、いろいろな意味で中世の動物寓話集の物体版の域を出ていなかった。驚異の部屋の展示物（とくにユニコーンの角や怪異な生物の標本など）の多くは、中世の動物寓話集に親しんでいる者には平凡に思えただろう。それでも、この選ばれし品々は、ヨーロッパ人の世界に対する理解を、とくに身体に対する自己認識を、新たな領域へ押し進める役割も演じた。動物寓話の大部分は民話や伝説に基づいており、二次元でしか表現されていなかったが、ルネサンス期の収集家は、三次元の物体をその手でつかみ、感じることができた。驚異の部屋は、一七世紀の収集家と見物に訪れた人を身体の領域において「奇怪な事実」と接触させたのだ[41]。

　もちろん、マーメイドとトリトンの身体標本もこの不思議なコレクションの仲間入りをはたした。両者の標本は、一八世紀と一九世紀の収集家が所有した生物標本のような、科学検証を経た完全な全身標本ではなかった。にもかかわらず、一七世紀末には、マーメイドの手や皮膚、ときには全身の標本が私的なコレクションや公の展示品の目玉となっていた。
　このような収集への衝動は、早くも一六世紀に芽生えていた。一五六五年、ドイツの哲学者クリストファー・フューラーが、エルトール（現在のエジプト）の「マーメイドの皮膚」を調べたと主張した。それは「何年も前に現地で採取された、魚のような形をした下半身の先端の皮膚だった。上半身で残っていたのは臍と乳房のみ、両腕と頭はなかった」。一七世紀にはいる頃には、ロンドンのある酒場が、集客を狙って「腰から上は色がまだらで、腰から下はとてつもなく不思議な生きたマーメイドを一日じゅういつでも」見物できるようにした。さらに、酒場の主人は自分の博識をほのめかすためにフランス語とラテン語の引用を広告に添え、「いろんな色をしているだけでなく、言葉にできないめずらしい特徴をそなえた」生き物であると請け合った。★42
　一方、個人収集家は、人魚の身体標本を求めて地球を探しまわるのに一七世紀を費やした。一六三八年、ロン

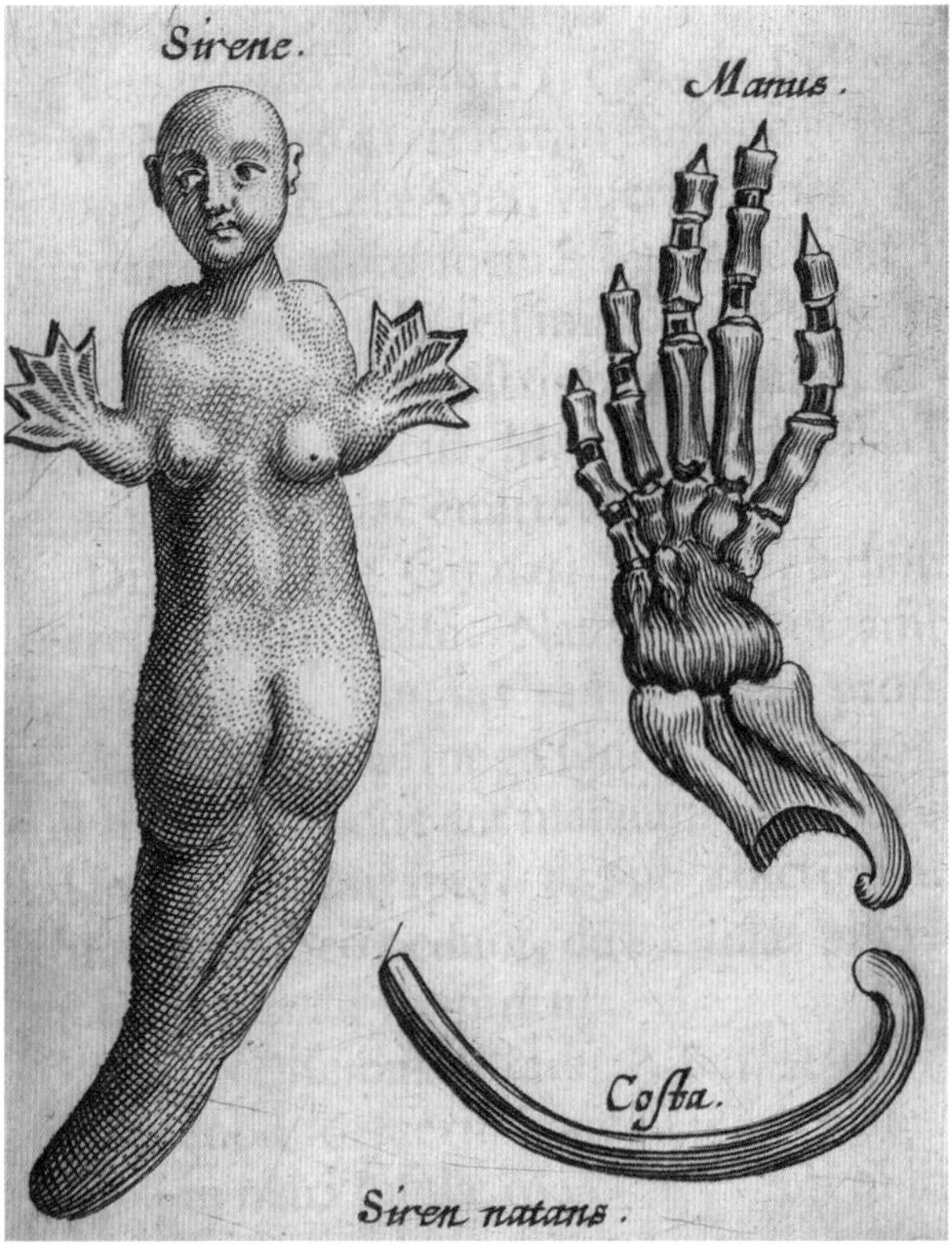

［図041］トーマス・バルトリン著『希少生物の解剖学誌 *Historiarum anatomicarum rariorum*』（1654年）のセイレン。

ドンの博物学者ジョン・トラデスカントは私設の博物館に「クジラのあばら骨二本」から「骨つきの人肉」や「マーメイドの手」にいたるまで、ありとあらゆる奇怪な品をそろえた。一六五四年には、世界的に有名なデンマークの医師トーマス・バルトリンが、陳列棚から人魚の身体標本を解剖所に持ちだして調べはじめた。友人であるオランダの地理学者ヤン・デ・ラエットからその頃譲りうけたマーメイドの手の骨か肋骨らしきものでは満足できず、ライデンに住んでいるあいだにマーメイド一体を解剖したという。その結果は、一六五四年出版の著書『希少生物の解剖学誌 *Historiarum anatomicarum rariorum*』で忠実に描かれた。バルトリンの「セイレン」には、後世の科学者もたまげただろう［図041］。そこにいたのは、マーメイドの見慣れた特徴（あらわな乳房に人間の顔）と、あまりなじみのない特徴（水かきのついた奇妙な両手、体の前面についた臀部）をもつ身の毛もよだつ生き物だった。バルトリンは自信たっぷりにこう書いている。

マーメイドは、昔のものと最近目撃されたものとで外見が大きく相違するため、架空の生き物だと考える人がいるのは無理もない。わたしはマーメイドの両手をつぶさに観察し、この目で見たとおりに描写した。この手と肋骨ではわたしたちを幻惑することはできない。わたしは自然の真実にしたがってこれらの絵を描いた。★43

人魚標本の概説を締めくくるには、一七世紀のヨーロッパでもっとも高名で前途洋々たる学術集団、ロンドン王立協会に話を戻すしかないだろう。一六八一年、「植物解剖学の父」として現在も知られている、イングランドの植物解剖学者ネヘミア・グルーが、『ロンドン王立協会帰属、グレシャム大学所蔵の自然および人工の希少事物の目録および解説 *Catalogue & Description of the Natural and Artificial Rarities Belonging to the Royal Society and*

Preserved at Gresham College』を記した。一見したところ、注釈つきの一覧には、ときどき興味深いものもあるが、多くはややありきたりに感じられる。「ブラジルの小鳥の巣」や「クロコダイルの骨格」、図説のいくつかの余白を埋める「市松模様の貝殻」も見受けられるし、王立協会愛用の「反射望遠鏡」について解説した箇所もある。隅々まで整然と秩序立てた構成のように見える。だが、王立協会は不思議な事象への関心も除外しなかった。「第一章――胎生魚」という見出しのついた一覧に、グルーはさりげなくこんな記載を入れている。

　トリトンまたはマーマンの肋骨。長さは人間の肋骨とほぼ同じだが、より厚みと強度があり、曲がり具合はまるでちがう。これをもつ魚が捕獲されたのはブラジル近海。この類のものは、ウォルミウスが『博物館 *Musaeum*［オラウス・ウォルミウスが収集した自然の珍品奇品の目録］』で、水に潜る鳥《ダイバー》の近縁の生物が数種の図版とともに紹介されている。ヨハネス・デ・ラエトの書も参照。さらに、カスパル・バルラウスは、ブラジルではユプピアプラとよばれると述べている、マーメイドの頭から取り出したとされる骨。大きさと形はラピス・マナティ［マナティの頭から取り出した骨］とよばれるものに似ていなくもないが、節やくぼみは少々異なる。★44

注目すべきは、グルーがこのふたつの奇想天外な品を紹介するにあたり、なんの前置きもなく、少しの疑念すらはさんでいないところだ。グルーはマーマンの肋骨とマーメイドの頭の骨を、そのあとにつづく「クジラの首の骨の一関節」とまったく同じ調子で説明している。グルーや彼の友人のような、王立協会員である思想家には、マーマンの肋骨がクジラの首の骨やブラジルの鳥の巣と同格の、科学的コレクションにふさわしい品に思われたのだ。時代は変わりつつあり、人魚は、西洋の思想家の周辺世界への決定的な接近をあらわす重要な器として機能していた。

拡大の一途をたどる世界を地図にしようというヨーロッパ人の試みには、とりわけ彼らの世界観の変化が投影されていた。そしてあいかわらず、世界の地理、人間、動物に対する――本質的に欠陥があるとはいわないまでも――ヨーロッパ中心の見方には、人魚があふれていた。既知の世界の周辺地域は、近代初期の哲学者と地図製作者の不安と好奇心を等しくかき立てた。地図製作者は地図上の特定の地域と特定の動物をしばしば結びつけた。歴史学者ウィルマ・ジョージは「尾の長いオウム、尾の長いサル、袋をつけた動物は南米を代表するものだと考えられていた」(『動物と地図』、博品社、一九九三年、吉田敏治訳)と語り、メリ・ラオは〝ここにライオンがいる〟という意味の語句 **hic sunt leones** がアフリカ大陸の地図のど真ん中に配され、未踏の地の神秘と危険を印象づけていた」と述べている。地図製作者は、マーメイドもトリトンも(ほかの怪物も)いっしょくたに理解しており、これらのハイブリッド生物を用いて世界の果ての海にある危険とチャンスを示そうとした。人魚は当時のそのほかの調査の結果と同様に、地図の上でも近代初期のヨーロッパの人々にとって世界の不思議の代表であり、最終的には人間がそれを征服することになるだろうという予測をあらわしていた。★45

一六世紀と一七世紀の地図の大多数は、なんら装飾のないものだったが(たいていは依頼主が装飾の費用を支払いたくないという理由で)、マッパエムンディとよばれた世界地図や海図には技巧を凝らした飾りの絵がそこここにあしらわれた。そこから見てとれるのは人魚に対する圧倒的な先入観だ。一般にルネサンス期の地図製作者は、マーメイドやトリトンを描く際に三つのことを念頭に置いた。ひとつ目は、画家として、美化された人魚の表象にこだわること。これは、自分の美術の技量を顕示するのに役立つ一方、未知なる海の不思議をほのめかす手立てにもなった。ふたつ目は、ほぼ例外なくヨーロッパから遠い場所に人魚を描くこと。この選択は、一七世紀のヨーロッパの沿岸でいまだ目撃が多発していた状況を考えると興味深い。実際の目撃場所はさておき、地図製作の分野では、マーメイドとトリトンは、地球の果てでヨーロッパの探険家を待ちかまえる未知の危険をなによりも象徴していたのだ。三つ目は、トリトンの絵の復活を手助けすること。一七世紀以前の人魚の視覚的な描写は――動物寓話集であれ教会建築の彫刻であれ――女性の肉欲と危険の主要な象徴としてマーメイドに頼りきりだった。しかし、人魚の目撃が頻発し、マーメイドとトリトンの両方を見たという人々の報告が増えたため、地図製作者もこの男性の生き物を描く機会を増やした。[★46]

ルネサンス期の地図に描かれたマーメイドとトリトンの徹底調査は本書が扱う範囲を超えているが、いくつかの具体例を見れば、地図製作者がマーメイドをどう理解していたかも、近代初期の人々がその地図をどう解釈していたかもわかるだろう。[★47] たとえば、『宇宙誌 *Cosmographia universalis*』（一五四四年）を見てみよう。セバスティアン・ミュンスター製作の全六巻からなるこの書は、ドイツ語による最初の宇宙誌で、四百七十一点の木版画と二十六点の地図を収録している。同書は西洋を席巻《せっけん》し、その後の地理学的考察の中心となった。そのなかの世界地図（「世界図 Typus cosmographia universalis」）ひとつ取っても今なお驚嘆に値するもので、当時の知識に基づいて、これ以上はないというほど正確に地球を描いてみせている。当然ながら、ミュンスターは、当時の哲学者や地図製作者にとって「異様な形態をした人間と獣がいる場所」だったインドの東側の沖合に巨大なマーメイドを描いた。ミュンスターのマーメイドは中世の栄光で輝いていた。長い髪に、大きな乳房、引きしまった上半身。そして、二股に尾を広げて陰部をあらわにした下半身。このマーメイドは――彼女が棲む遠い場所と同じく――不思議と探険の危険に満ちた表現だった。[★48]

地図に人魚を描いたのは、ミュンスターだけではなかった。一五六二年、スペインの地図製作者ディエゴ・グティエレスは、南アメリカ大陸の南端にあるマゼラン海峡を航行する船に誘惑の手を伸ばす中世風のマーメイドの姿をふたつ描き入れた。一五五〇年、フランスのピエール・デスリエが製作した世界地図でも、似たような

［図042］「鏡をもったマーメイド」、ピエール・デスリエ作『平面天球図 *Planisphere*』（1550年）の細部装飾より。

マーメイドが南極海を泳いでいる[★49]［図042］。一五七〇年には、ベルギーのアブラハム・オルテリウスが世界初の近代的な世界地図帳『世界の舞台 *Theatrum orbis terrarum*』を製作した。当時のヨーロッパにおける最先端の地図製作技術と知見を結集したオルテリウスの地図は、西洋じゅうの哲学者、科学者、探険家にとって不可欠なものとなった。だが、その「近代性」も人魚を排除することはほとんどなかった。むしろ、『世界の舞台』のあちこちにマーメイドとトリトンがいた。イタリア半島の南西沖では人魚のカップルが抱擁を交わしているし［図043］、アイルランドの西海岸から遠く離れた海ではマーマンが弦楽器を演奏している［図044］。東インド諸島のマーメイドのふたり組はそれぞれ自分に見とれている［図045］。こうした図柄や構図は計算されたものだった。アイルランドとイタリアでは、人魚の絵画や彫刻だけでなく、目撃譚も多く、アジアには不気味な生き物がうようよしていると考えられていた。『世界の舞

[図043]「イタリアの人魚のカップル」、アブラハム・オルテリウス作『世界の舞台 *Theatrum orbis terrarum*』(1570年)より。

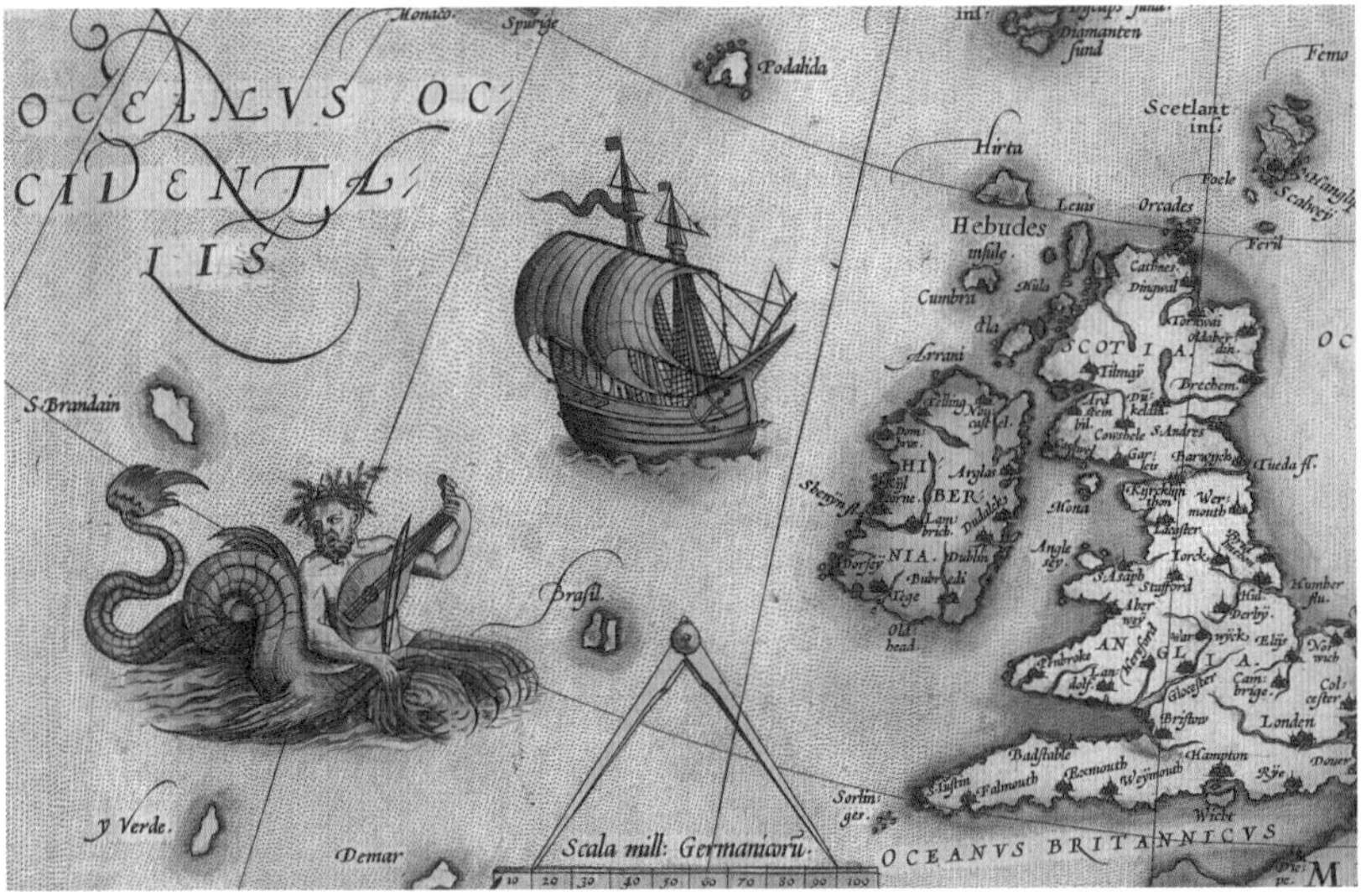

[図044]「楽器をもったマーマン」、アブラハム・オルテリウス作『世界の舞台 *Theatrum orbis terrarum*』(1570年)より。

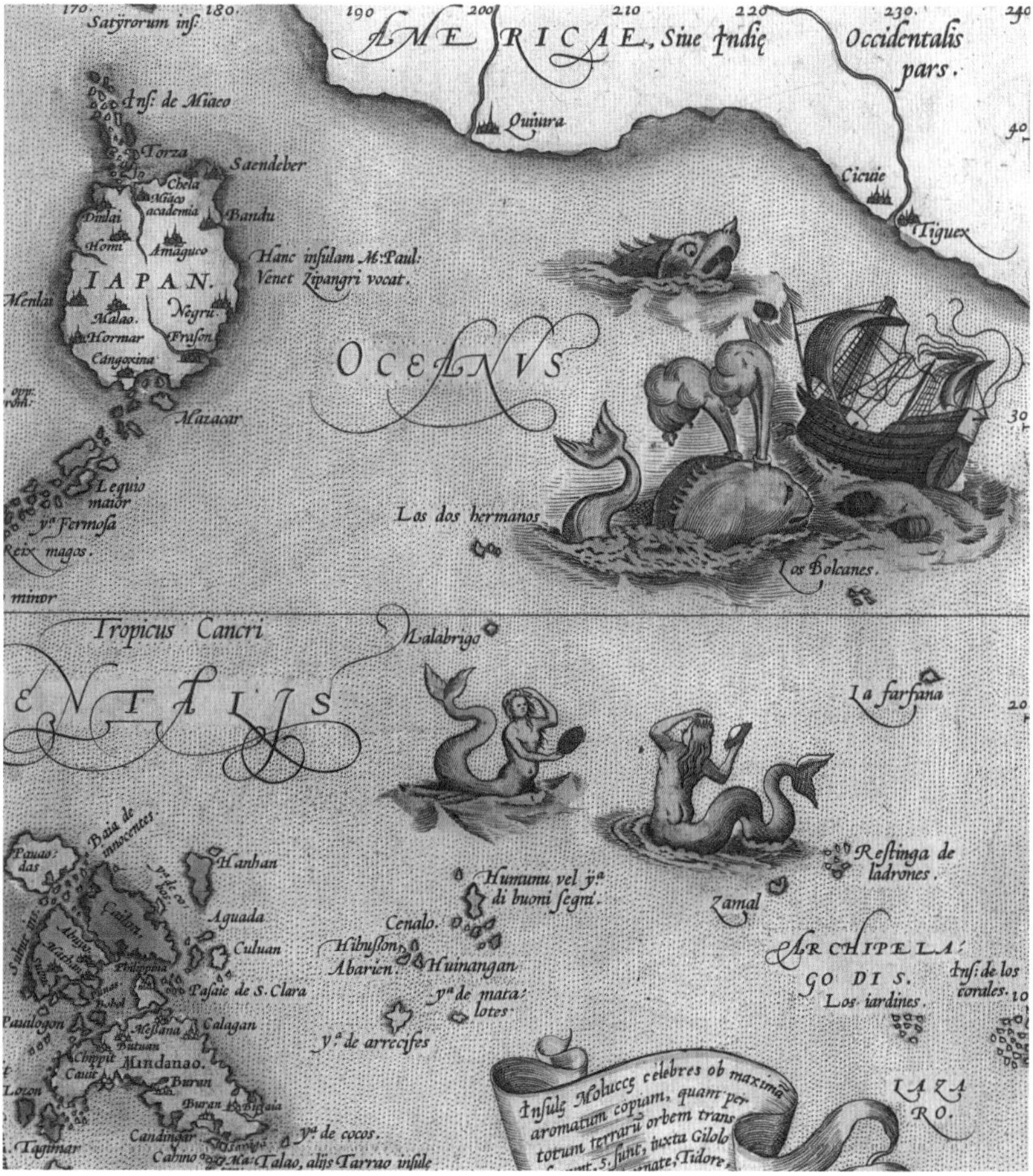

［図045］「自分に見とれるマーメイドたち」、アブラハム・オルテリウス作『世界の舞台 *Theatrum orbis terrarum*』(1570年)より。

台』の一年前に世に出た、ゲラルドゥス・メルカトルの世界地図では、ネプチューンが南太平洋でタツノオトシゴに乗っていて、一五九三年出版のコルネリス・デ・ヨーデの『ニューギニアの地図と地理 *Novae Guineae forma & situs*』では、ニューギニアの沖で人魚のカップルが抱き合っている。★50

さらに分析をつづけることもできるが、ここでは、一七世紀までに、ヨーロッパ人は信頼できる地図のほとんどに人魚の姿を見つけただろうというにとどめておく。★51 こうして地図に人魚が描かれたことは、目撃譚や身体標本や宗教的な象徴とあいまって、マーメイドとトリトンをすでに信じていた人に確信を与えただけでなく、それまで信じていなかった人を心変わりさせた。この信条的な変化は、西洋文化のとくに政治面と芸術面に顕著な影響をおよぼした。ルネサンス期のヨーロッパ人にとって「セイレンはいたるところにひそんでいる」ものだった。★52

マーメイドは、一六世紀末の政治・文化、とりわけイングランドの君主制にも入りこんだ。学者や貴族のなかにこのハイブリッド生物の信奉者がいたのだから、当然だろう。彼らは、マーメイドのイメージが幅広い人々に強く植えつけられていることも承知していた。スコットランドでは、女王メアリーと新たな求婚者、ボスウェル伯ジェームズ・ヘップバーンを愚弄するためにマーメイドの絵が使われた。物議をかもしていたこのカップルは、一五六七年六月頃、「マーメイドと野ウサギのプラカード」〔図046〕に描かれた。これは、女王メアリーを中世風のマーメイドに見立て、奇怪で欲望に溺れた姿に見せることで、女王の名誉を傷つけようというプロパガンダだった。メアリーは、ヘップバーン——プラカードでは彼個人の記章の絵柄、野ウサギとして表現されている——が婚姻中であるにもかかわらず同衾していた。ヘップバーンはメアリーの二番目の夫ダーンリー卿殺害の首謀者と見られていた。このスキャンダルによって過激な不義のカップルは民衆の残忍な嘲《あざけ》りを受けた。プラカードの絵や、星形の印、剣、文字、構成が何を象徴するかについては今も研究がつづいているが、本書でなにより重要なのは、メアリーがマーメイドとして描かれている点だ。なぜならそれは、このハイブリッド生物が西洋社

会に引き起こす衝撃や連想の度合いが大きくなったことの証だから。★53

君主制とマーメイドのつながりは、一五八八年、スコットランド女王メアリーの宿敵、ほかならぬ女王エリザベス一世に引き継がれる。エリザベスがメアリーの斬首を命じてからわずか一年後、ジョージ・ガワーは「アルマダの肖像画」と題した女王の肖像画を完成させた。無敵と目されていたスペインの艦隊《アルマダ》に勝利したことを祝すものだった。この豪華な絵のなかで、女王エリザベスは、絢爛《けんらん》たる衣装に身を包んで座し、右手を地球儀にのせている。女王の右肩の向こうにはイングランドの王冠が、背後の左右には対照的な二枚の絵画が配されている。一方のモチーフは勝利の光に照らされたイングランド艦隊、もう一方は嵐の暗い空の下で悲運をたどるスペインの無敵艦隊だ［図047］。エリザベスは、あらゆる点で「勝利を得た王国の統治者であり……さらなる野心に燃えた世界の女帝」なのだ。しかし、趣向を凝らしたこの絵のなかで女王に付随するものはこれだけではない。アルマダの肖像画の右下の隅には、マーメイドの彫像もある。哀れなメアリーの場合とは異なり、このマーメイドは、エリザベスを貶めるための象徴ではなく、むしろ、ガワーは「処女王」を称える意図から

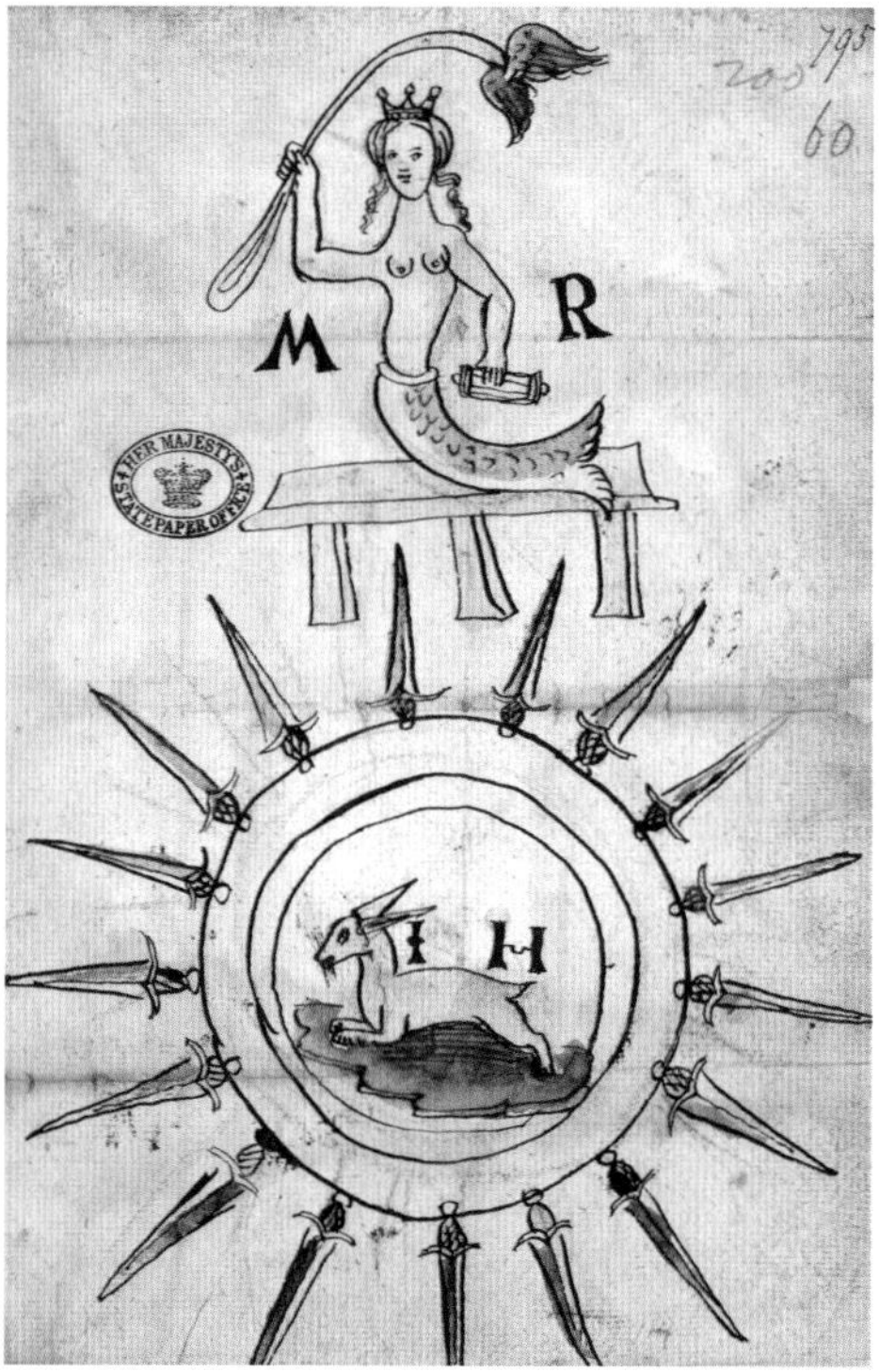

［図046］「マーメイドと野ウサギのプラカード：スコットランド女王メアリーのスケッチ」(1567年6月頃)。

［図047］女王エリザベス一世、アルマダの肖像画(1588年)。

マーメイドの彫像を描き入れた。だが、どのようにしてこのハイブリッド生物がそんな名誉を授かったのかは、今も学者間で意見が割れている。一部の学者は、ガワーが淫らなマーメイドを添えたのは、エリザベスの自制された性を引き立てるためだと論じているが、クリステン・ブルックスは近年、アルマダの肖像画は「自身を制御しつつ、権力を発動させて他者を支配し操作することに快感を覚えるエロティックな行為者としてエリザベスを描いている」と主張した。彫像が実際に何を意味したかはともかく、ガワーが目的と意図をもってマーメイドを採用したのは明らかだ。これもガワーに限った話ではなく、同じ一六世紀末のフランドルの画家フランス・フランケン

(父)は、北海沿岸低地諸国のプロテスタント勢力とカトリックの国スペインのあいだの叛乱を描いた絵にマーメイドを使った。フランケンによるその『寓意画——国家の船 *Allegory: The Ship of State*』[図048]では、スペインのカトリック教会は、マーメイドが棲む岩の多い海を渡る船(教皇も乗っている)として描かれている。この絵を見る人がそこにこめられたメッセージを理解するのに、政治的な知識は必要なかった。象徴するものが、愚弄(「マーメイドと野ウサギのプラカード」)であれ、危険(フランケンの寓意画)であれ、君主の権力への賞賛(アルマダの肖像画)であれ、マーメイドは——君主制と同じく——いぜんとして、西洋社会に浸透した変わりやすい存在だった[★54]。

これらの作品は、ルネサンス期の西ヨーロッパ全土に広がった人魚文化の流行のなかではさざ波程度のものだった。一七世紀になると、ベン・ジョンソンやウィリアム・ストレーチーなど、イングラ

[図048]フランス・フランケン(父)画『寓意画——国家の船 *Allegory: The Ship of State*』(16世紀末)、油彩・板。

［図049］左：マーメイド形のペンダント（1575年–1600年）。スペインまたはスペインの植民地のもの。のちにリフォームされている。右：金と真珠のマーメイド形の爪楊枝ペンダント（16世紀末）。イタリアまたはドイツのもの。

ンドを代表する作家が、ロンドンの人魚亭［人魚の看板を出した酒場］で月に一度会合を開き、ウィリアム・シェイクスピアは三本の戯曲、『夏の夜の夢』（一九八三年、白水社ほか）、『間違いの喜劇』（一九八三年、白水社ほか）、『テンペスト』（一九八三年、白水社ほか）にマーメイドを登場させた。近年、歴史学者タラ・ペダーセンが述べたように、マーメイドは「シェイクスピア、スペンサー、マーロー、ジョンソン、キャヴェンディッシュ、デッカー、ミドルトン、ミルトンをはじめとする」近代初期のイングランドの「高い人気を誇った作家たちの著作のどこかにその姿を見ることができた」。これは単なる偶然ではないとペダーセンはつづける。なぜなら、一流の文学者や芸術家は「明確なカテゴライズを拒みながら潜在的にエロティックな、性化されジェンダー化された肉体」について考える一手段として、セイレンやトリトンを利用したからだと。[★55] この試みが、十世紀以上も前の人々が駆られた衝動と密接に関連していたのはいわずもがなだ。ルネサンス期のヨーロッパの上流階級は、自分の体や家を、宝石［図049］から皿、板金鎧《よろい》にいたるさまざまなもので飾った。「マーメイドの絵を見ずにすんだ目はほとんどない」という、一七世紀中頃のイングランドの哲学者トーマス・ブラウンの言葉がこれほどヨーロッパの人々にあてはまった時期はなかっただろう。[★56]

ルネサンス期をふり返ると、西ヨーロッパの人々のマーメイド信仰、目撃譚、企図、文化的認知の絶対量を把握しやすい。中世のキリスト教徒がマーメイドとトリトンという概念を生み出したとすれば、ルネサンス期の人々は人魚を現実の生き物にした。その生き物は熟考を求めるだけでなく、帝国、宗教、不思議な事象について人々が心の奥でどうとらえているかを暴きだした。指導者も一般人も同じように人魚を文化的、国家的に重要な、正当性のある生き物だと考えるようになった。これは無為な探究では終わらなかった。一八世紀――同時代の人も後世の歴史学者も一様に科学と理性の時代とよぶ「啓蒙」時代――にはいる頃には、西洋世界の利口な人間のなかには莫大な時間と費用と労力をかけ、最先端の方法論を用いて、実在するらしきこの怪物を捕獲し、研究し、解剖し、描写し、彼らについて思索する者が現れた。「近代性」なるものが到来しても、マーメイドとトリトンに向けられた関心はますます高まるばかりだった。

主人は正気を失ったのではないかと、若い奴隷のサムは不安になる。サムの所有者アレグザンダー・ガーデンは、ぬかるみに手をつっこんで何かを探している。悪臭を放つ沼の底の汚泥《おでい》が麻のシャツにつくのもかまわず、くしゃみでトンボを追いはらって。高名な入植者の医師ガーデンが、サムを連れてサウスカロライナの沼地を訪れ、動物や植物を採集するのはいつものことだ。しかし、一七六五年五月の蒸し暑いこの日、妙に興奮した様子の主人にサムは気づいている。ガーデンはこのあたりの沼に棲む「セイレン」について独り言をつぶやきながら、ふだんならサムに任せきりの退屈な作業も自分でやっている。真上にきた太陽が、もう四時間もたつのに収穫はなく、ただ蚊の大群につきまとわれ、水面を漂うアリゲーターに幾度かひやりとさせられただけだという事実を、汗まみれのふたりにことさらにつきつける。ガーデンはどろどろの水に網をちょっと浸して引き上げることを繰り返しているが、喜ばしいものはまだ見つからないらしい。サムのほうは、腰をおとして沼底の泥を一メートル分ほど掬っては網をぱっと返し、獲物がかからなかったのを確かめている。と、そのとき、ふいに引きを感じて、サムは茶色い水から網を注意深くもち上げる。なかにいたのは、黒っぽい茶色をした、ときどき母親が料理するウナギに似た奇妙な生物だ。網を払って水に戻そうとすると、ガーデンが悲鳴のような声を上げて網どとひったくる。ガーデンは中身を籐の籠にあけ、この麗しき「セイレン」について独り語りを始める。サムから見れば、家猫ほどの小さな醜い生き物が、短い二本の腕を籠の編み目にひっかけてじたばたしているにすぎない。そいつが魚のように先細りの下半身をくねらせて甲高い声で鳴きだす。哀れな小さい生き物をガーデンが指でつついていう。「世にも不思議なこの動物をリンネに調べてもらわねば」サムは自分の荷物を入れた袋をまさぐって採取瓶を取り出しながら思う。もう「発見」はすんだのだから、日陰があって、こんなに濡れずにすむチャールストンのガーデン邸に帰れますように。

第三章 啓蒙時代の試み

一八世紀のヨーロッパの思想家は、ルネサンス期の文化と科学の産物を土台として、新たな人魚、すなわち、大聖堂を飾り旅人の物語を彩ってきた人魚の造形からはほど遠い、醜く恐ろしい生き物を取り込もうとした。★01 評判の高い哲学者は、以前ほどの影響力をもたなくなったとはいえ、マーメイドとトリトンを伝承や好奇心が生んだ不思議な生き物から、詳細な科学的調査に値する標本に変えた。要するに、西洋世界でもっとも学識のある人たちが、一八世紀の時間の多くを費やして世界じゅうの人魚を追いまわしたのだ。★02

マーメイドとトリトンをめぐる哲学者の議論からは、人類の起源の解明という壮大な探究のために不思議な事象を進んで取り入れようとした彼らの意思が明らかになる。博物学者は幅広い分野の方法論を用いて、この奇妙なハイブリッド生物を批判的に研究し、人魚の存在こそ、人類のルーツが水中にある証拠と主張した。成長期にあった新聞に投稿するだけでなく、情報交換し合い、物議をかもす（だが科学的な動機に基づく）研究成果を信頼のおける刊行物に発表した。ヨーロッパの哲学者は、世界を旅するなかでほかの生物に遭遇したときと同様に、人種、生物学、分類学、地理学上の差異などに関するさまざまな理論を用いて、自然界における人魚の位置づけを理解し、それによって人類の位置づけを理解しようとした。一八世紀後半には、一定数の哲学者が人魚を含めて人類の起源を説明し、それでまた、人類の起源を知るために人魚を研究するという現象に逆戻りした。★03

啓蒙時代の学者は人魚の文化に囲まれて育ち、南北アメリカ大陸における西洋の帝国の隆盛は彼らの「啓蒙された」研究に拍車をかけた。先導的な役割を担ったのは大英帝国だった［一七〇七年、イングランドとスコットランドが合併し、グレートブリテン王国、通称大英帝国となる。現在の英国、すなわちグレートブリテン及び北アイルランド連合王国が成立したのは一九二二年］。一六世紀と一七世紀の植民地政策では近隣諸国に後れをとったものの、一八世紀には、北アメリカの植民地が繁栄をきわめ、人口、経済、通信網は十年単位で指数関数的に急増した。この急成長は繁栄する植民地にも興奮をもたらし、ロンドンのジェントルマン階級の博識者は、大西洋の植民地の「野生」環境から奇怪な動植物を取り寄せたいと願った。裕福な個人や学術団体は、世界とそのなかの人類の位置づけに関する知見を広げることを期待して、博物学者、植物学者、地図製作者の新世界探険に出資した。社交上の投資という点でも損はなかった。英国のジェントルマンがケンジントンにある自宅の庭で、北アメリカから送られたエキゾチックな植物を鼻高々に見せる様子が目に浮かぶだろう。[★04]

　西洋の人々の好奇心の高まりと諸国の勢力拡大は表裏一体となって、人魚の文化的かかわりにあらわれている。一八世紀には、マーメイドの標本――とくに手、肋骨、そのほかの骨格――が人気を集めた。一七一三年、ミドルセックスのある収集家が、私的コレクションに「トリトン（あるいはマーマン）の肋骨」を加えた。イングランドの地理学者パトリック・ゴードンは、一七二二年に「ライデン自然希少生物保管庫」と「コペンハーゲン王立博物館」で人魚の手を見たといっている。一七四一年までには、ロンドンっ子たちは「アクアプリアの海岸でとらえられた、驚きのうら若いマーメイド」を見物していたようだ。新聞の呼び売りはチャリングクロスで「好奇心旺盛な」見物客も「大満足まちがいなしの珍奇な生き物。体の半分は女、もう半分は魚のよう。こんな不思議なものには二度とお目にかかれない」と請け合った。[★05] これらのエピソードは、ヨーロッパの驚異の部屋や一般公開の展示室に飾られた人魚の標本による華やかな人魚文化のほんの一部であり、大衆がこの謎めいた生き物を信じ、つぶさに鑑賞したいと願っていたことがよくわかる。

人魚の文化は、標本にとどまらず、日常生活の細部にまで行きわたった。ヨーロッパでは、ルネサンス期のはじめより、墓碑から食器にいたるまで、あらゆるものにマーメイドとトリトンをあしらっていたから、新しい事態ではなかった。だが英国の入植地アメリカは、旧世界に比べるとまださほど発展しておらず、ようやく独自の芸術や工芸品に人魚を取り入れはじめたのは一八世紀初頭になってからだった。一七二五年、メリーランドのロンドンタウンにある酒場ラムニー亭の主人スティーヴン・ウェストは、波に浮かぶ青色の人魚が鮮やかな皿一式という珍品を所有していた［図050］。面白いことに、男性的な目鼻立ちと一八世紀の入植者によくある髪型のためか、マーメイドのその顔は男性に見える。ウェストは元船乗りなので、マーメイドの絵皿をもっていても不思議ではないが、マーメイドの体に男性の顔がついている理由は定かでない。一五六七年の女王メアリーの肖像画に似せて描かれた、一七一四年の国王ジョージ一世の肖像画のパロディだろうか？　あるいは、スティーヴン・ウェスト自身がモデルなのだろうか？　わたしたちに想像できるのは、酒場の常連である入植者たちが、皿のミートパイやプディングを平らげるうちに、この衝撃的な絵が少しずつ現れたのだろうということだけだ。[★06] 同じように、無名の「名匠」が一七六一年、火薬入れに古典的なマーメイドを彫りつけている［図051］。ロンドンタウンの人魚が性別不明だったのに対して、このマーメイドはすぐに女性とわかる。豊かな乳房、長く垂らした髪、右手の櫛。彼女なら、中世の大聖堂の壁にいても、獣の角でつくられた一八世紀の火薬入れの表面にいるのと変わら

［図050］マーメイドの皿（1725年頃）。メリーランド、エッジウォーターのヒストリック・ロンドンタウン・アンド・ガーデンズ、ウェストの酒場ラムニー亭にて発見。

ずくつろげただろう。[★07] これらの絵は植民地に渡った人々がロンドンに思いをはせていることをかいま見せるが、まだ装飾的な空想世界の域をほとんど出ていなかった。

しかし、一八世紀の英国本土および入植地アメリカの新聞に掲載された膨大な数のマーメイドやトリトンの目撃記事が、空想と事実の隙間を埋めはじめた。一七三六年五月六日、博識家ベンジャミン・フランクリンが、自身が発行する新聞〈ペンシルヴェニア・ガゼット〉の読者に、バーミューダ諸島で最近「十二歳の少年のような上半身と、長い黒髪、魚に似た下半身の……海の怪物」が目撃されたと知らせた。その生き物は「人間に似た姿」だったので、捕獲者は生きたまま逃がしたという。〈プロヴィデンス・ガゼット〉紙も一七六九年の紙面で、イングランド船の乗組員がフランスのブレストの港

［図051］マーメイドの火薬入れ(1761年頃)。ペンシルヴェニア、ピッツバーグのフォート・ピット博物館「地図からマーメイドまで：彫刻をほどこされたアメリカ初期の火薬入れ」展示会(2018年)より。

［図052］「マーメイド分布図」、1800年以前に西洋人によって報告された、有効な（出典が確認可能な）人魚の全目撃譚の分布図。◎＝17世紀より前　●＝17世紀　○＝18世紀

の沿岸で「人に似た海の怪物」を見たと伝えた。その怪物は船のまわりをぐるぐるまわり、あるとき「舳先《へさき》に上がってきたので、じっくり眺めると美しい女の姿をしていた」。船長と操舵手と「二、三十人の乗員全員」がほんとうの話だと証言した。一七三八年には〈ヴァージニア・ガゼット〉紙が、イングランド船に乗った一団がエクスマウス近海で奇妙な魚を捕まえたと報じた。それは「多くの人がトリトンか古代のマーマンだといい、体長約百四十センチメートルで、人間によく似た体つきをしていた」。わずか一年後にも同紙は、漁師が「（スペインのビゴの）海岸で、体長約百七十センチメートルで、ヤギの頭をもつ怪物かマーマンを捕まえた」ことを報じた。[★08]

一八世紀の英国および入植地アメリカで発行されている新聞［図052］に載ったマーメイドとトリトンの目撃記事すべてを紹介することは控えるが、ここまでの例を見れば、近代初期の英国人が新聞でどんなものを目にしていたかがわかるだろう。人魚との遭遇が新聞記事にまでなったという事実は、多くを物語っている。ベンジャミン・フランクリンのように豊富な知識をもつ人々も、人魚との遭遇譚には時間と費用をかけ、大勢の人が読む新聞で報じるだけの信憑性があると考えたわけだ。印刷業者と寄稿者は、この不思議な生き物にまつわる好奇の物語の下支えをしたことになる。ロンドンっ子が（もしかしたら人魚亭というぴったりな名前の酒場で）新聞を手にして座り、マーメイドかトリトンが目撃されたという話をつぎつぎと読むうちに、疑念は好奇心へと変わっていったにちがいない。[★09]

大英帝国じゅうの新聞購読者の多くが、まさにこの状態にあった。一七世紀の人々の場合は、目撃譚を旅行記や百科事典に記録していたが、一八世紀の素人学者たちは、われもわれもと地元の新聞を使って人魚の実在を論じた。一七六二年、ニューイングランドの某氏が〈ボストン・イヴニング・ポスト〉紙にこんな投稿をした。「貴紙拝読……自然の不思議を仰天話として読者を楽しませませんとしているのですね」。「W・X」と名乗る書き手は、マーメイドやマーマンは現実にいるのかいないのかを論点とし、持論の展開にあたって、まず、マーメイドとトリトンは「カイギュウの見まちがいから生じた」という「ご高名な博物学者の方々」の見解に矛先を向けた。W・Xは博物学者の説を一笑に付し、カイギュウとマーメイドは「似ているところがひとつもなく」見まちがえるなどあり得ないと述べた。このボストンの紳士の考えでは、人魚はカイギュウより人間と深いつながりをもつものだった。W・Xはさらに「マーメイドという動物が実在する……多数の証拠」のうちの「いくつか」を挙げ、学者の著作、雑誌、旅行記などさまざまな出版物に言及して、いちいち分析した。だが自分の主張が「うさんくさいとの嘲笑を多方から浴びることをまぬがれるほど十分ではないだろう」ということには気づいていて、最後に、一六一〇年のウィットボーン船長のマーメイド遭遇譚をそのまま引用した。この「昔の証言」の信頼性は「論をまたない」から、自分の説に異を唱える者を黙らせてくれると考えたのだ。もちろん、そうはならなかったが。[★10]

大西洋の向こうでも、同じ激論が何世紀もつづいていた。一七一〇年、ある投稿者が〈ブリティッシュ・アポロ〉紙の出版編集人に、ここ数百年にイングランドであった大量の人魚の目撃譚を信じるかと尋ねた。そして、一五世紀初頭のオランダの有名な人魚遭遇譚をつまびらかに語ってから、「紳士諸君、（このオランダの人魚話が）事実であることをどなたか説明していただけまいか。マーマンやマーメイドが単なるほら話ではないと。小生はそんな生き物が存在するとはとうてい納得できそうにないので」。編集人は、オランダのマーメイドの話は「名だたる歴史学者が真実だと立証しており、彼らの説を疑うのは正義にもとる」と切りだし、つづけて「マーメイドなる生き物が存在することは疑いの余地がなく、古代より幾多の著述家がトリトンやセイレンの名で言及している」と返答した。W・Xと同じように、人魚の目撃譚も列挙した。一六三六年、フランスの沖合でのトリトン遭遇譚を微に入り細を穿《うが》って説明したあと「この話の記録者は社会的に信頼できる人物であり、この生き物が存在するというわれわれの信念を裏付けるのみならず、それについての知識を授けてくれるので、全文を掲載してもさしつかえないであろうと判断した」と締めくくった。編集人にとっては、これ以上の議論は無用だった。[★11]

一八世紀のあまたの目撃譚と、長きにわたって培われた信念と文化という前提があっても、博物学者の多くは、人魚が実在する可能性を受け入れるというだけでその人を冷笑した。一七四〇年にマーメイドに関する議論を始めたトーマス・ボアマンは、この生き物は「自然が生み出したものというより（古代の著述家や彫刻家や画家に）創りだされたものに思える」と述べた。一方、ベンジャミン・マーティンは、もっと穏やかにマーメイドを否定して、こう主張した。「マーメイドの物語が……人間に似た姿形の動物に由来することは明らかだ。そうした動物のうちサルの類とオランウータンとクオジャ・モロン〔当時はいると信じられていたチンパンジーのような生き物〕が地上の動物の長、マーメイド（人間にはまったく似ていないが）とよばれる魚〔図053〕とそのほかいくつかの奇妙な動物が海の長である」。一八世紀最後の十年では《ナチュラリスツ・ポケット・マガジン》誌の執筆者が、アザラシこそ「真に唯一のマーメイドの根拠」と確信するにいたり、『理性の革命 *The Revolution of Reason*』の著者は、マーメイドは「架空の動物」にすぎず、実在する可能性が「きわめて低く、侮蔑的に戯《ざ》れ言という語を用いるに値する」と力説した。[★12]

こうした反対意見はあったものの、マーメイドとトリトンの研究は数を増し、博物学者はこの不思議な事象に傾倒していった。重要なのは、彼らが残したものを見れば、過去二百年における科学研究手法の画期的な変化も明らかになることだ。一八世紀の博物学者は、古い書物や伝承だけに頼るのではなく、地球規模の通信網、論文発表の機会、大西洋を股にかけた旅、標本の作製、学術団体などさまざまな「近代的」資源を結集して、多くの人が不思議と見なす事象を合理的に検証した。このように、増えつづけるジェントルマンたちは謎めいた人魚に対して周知の有効な調査方法を使用することによって、啓蒙された論理であるはずの物語の継続と回避を並行させた。そうすることでコットン・マザー、ピーター・コリンソン、サミュエル・ファロアズ、カール・リンネ、ハンス・スローンら一八世紀の博物学者は、わたしたちの——そして同時代の人々の——科学、自然、人類への理解を複雑にした。

［図053］ピエール・ボエステュオ著『自然の秘密の驚異 *Certaine Secrete Wonders of Nature*』（1569年）の木版画。

この努力の中心であるロンドン王立協会は、正当な科学研究の生産と蓄積を担った。スコットランドの医師で地理学者のサー・ロバート・シバルドは、協会が革新的な研究を求めているとよくわかっていた。一七〇三年十一月二十九日、シバルドは、ロンドンのジェントルマン、会長のサー・ハンス・スローンに手紙を書き、自分と同僚がまとめたスコットランドに生息する両生類の記録をとっていることを伝えるとともに、協会に献呈したいという意向を添えて、銅版画を送った。最先端の研究に対する協会の関心を知るシバルドは「水陸両生の動物だけでなく、わが国の領海でときどき目撃されるマーメイドやセイレンなど混合種の報告と絵もいくつかある」と知らせた。★13 一八世紀を牽引する思想家ふたりがこのように人魚について学術的な書簡を交わしていた。しかも、これはほんのはじまりにすぎなかった。

一七一六年七月五日、ボストンの博物学者コットン・マザーも、ロンドン王立協会に手紙をしたためた。彼はたびたび科学的発見を詳細に報告していたから、これ自体はめずらしくない。だが、手紙の内容がいささか妙だった。「トリトン」と題されたその書状からは、マザーが人魚の実在を信じて疑わなかったことがうかがえる。このロンドン王立協会会員は冒頭で、自分はつい最近まで人魚が「ケンタウロス」や「スフィンクス」と同じく現実には存在しないものと考えていたと述べた。古代ギリシャのデモストラトスが「タナグラの町で……干からびたトリトン」を見た話から、マーメイドとトリトンはいるという大プリニウスの主張まで、おびただしい数の人魚に関する歴史的記述を見つけたマザーは、「プリニウス親子の評価は当世では高くない」ので、大昔のそうした報告のおおかたを誤りとして無視していた。だが、ボエステュオやベロニウスなどのヨーロッパの思想家を介して昔の多様な記述を読むうちに、そのような生き物はひょっとしたらほんとうにいるのではないかという「懸念」が「強まってきた」。イングランドの「ジョン王の治世に……サフォークのオーフォード」の沖でマーマンを捕まえた人々がいたとか、一四〇四年にオランダのエダム近くでマーメイドが陸に揚げられ編み物を仕込まれたとか、一六一〇年にイングランドの船長リチャード・ウィットボーンがニューファンドランド島を探険中、マーメイドを目撃したとか、いろいろな本に書かれており、マーメイドとトリトンの目撃譚はもはや古代の歴史に属するものではないと気づいたのだ。★14

だがマザーが完全な確信を得たのは、「正直な信頼できる三人の男が（コネティカットの）ミルフォードからブランフォードに船で向かう途中」トリトンに遭遇する、一七一六年二月二十二日の目撃譚だった。新たな目撃の当事者から直接話を聞いたマザーは「信じやすいわたしの心がついに征服された以上、トリトンの存在を信じざるを得ない。今このとき、この国に現れたのだから、これほどの証言を疑うことはわたしの過ちとなるだろう」と感嘆の声を上げるしかなかった。その生き物が逃げた瞬間、「彼らはトリトンの全身を目に収めた。頭、顔、首、肩、腕、肘、胸、背中、いずれも人間と同じ形をしていた……下半身は魚で、サバに似た色だった」。この「トリトン」は逃げおおせながらも、人魚の実在をマザーに確信させた。マザーは王立協会にこの話は偽りではないと断言し、今後も「自然に関する新しい出来事はすべて」報告すると約束した。★15

一七四三年には、イングランドの植物学者ピーター・コリンソンも、友人のシルヴァナス・ベヴァン（ロンドン在住）が「大変めずらしいもの……マーメイドの片方の手と腕」を確保したと知らせる書簡をロンドン王立協会に送った。コリンソンによれば、ベヴァンがこれらを入手したのは、ブラジルの沖を航海中のことで、「人間に似た生き物が近づいてきて……船縁に……腕をかけた」ので、乗組員がその腕を切り落としたという。その生き物は海に消え、残された「マーメイドの腕」を乗組員らが調べた。もっとも、会長のスローンはすぐにはこの腕を見られず、一七四七年、興味しんしんの王立協会に「ベヴァン氏が……ブラジルの沖合で見つけた……人間の腕と手に似た魚の腕の骨を見せる」のを待たねばならなかった。★16

著名な博物学者カール・リンネ（コリンソンとも交流があった）もマーメイドとトリトンを熱心に調査した。スウェーデンのニュヒェーピングで目撃されたマーメイドの詳細な新聞記事を読んだリンネは、一七四九年、スウェーデン王立科学アカデミーへの書簡で捕獲を勧め、「この動物を生け捕りかアルコール漬け」にすることを提案した。リンネは「マーメイドが事実なのか、作り話なのか、それとも海の魚に基づく妄想なのか、科学は確かな答えを出せていない」と認めつつ、リスクよりも得るもののほうが大きいと考えた。この希少な事象は「王立科学アカデミーがなし得る最大の発見となり、全世界が感謝するはずである」と。ひょっとすると人類の起源がわかるのではないか？　分類学への貢献で世界的に名高いリンネにすれば、この古代からの謎はなんとしても解明しなければならなかった。[★17]

オランダの画家サミュエル・ファロアズも遠い地で人魚を発見したといい、大陸をまたぎ伝達手段の枠を超えて、何十年にもおよぶ論争が巻き起こった。ファロアズは、オランダ東インド会社が擁する教職者の補佐として、一七〇六年から一七一二年までインドネシアのアンボンで暮らした。「香料諸島」〔モルッカ諸島の別称〕のある島でその仕事に就いているあいだ、現地の博物画を描きためた。その一枚〔図054〕にたまたまマーメイドあるいは「セイレン」があった。ファロアズの「セイレン」は昔ながらのマーメイドによく似て、海緑色の長い髪と優しげな顔をもち、裸の胴体は腰のところから青と緑の魚の体となっていた。だが肌の色は暗く(うっすら緑色)、島の人々との類似性がうかがえた。[★18]

原画に添えられた説明によると、このオランダの画家は「このセイレンをアンボンの自宅の浴槽で四日間生かした」。息子がファロアズのために、近くのブル島で「約二・三メートルの布と引き換えに黒人から手に入れた」生き物は、ついに餓死するまで、弱々しい声で鳴きながら「魚も貝も海藻も海草も、どんな食べ物も拒んでいた」。マーメイドの死後、「好奇心からひれを前後にもち上げてみると、人間の女

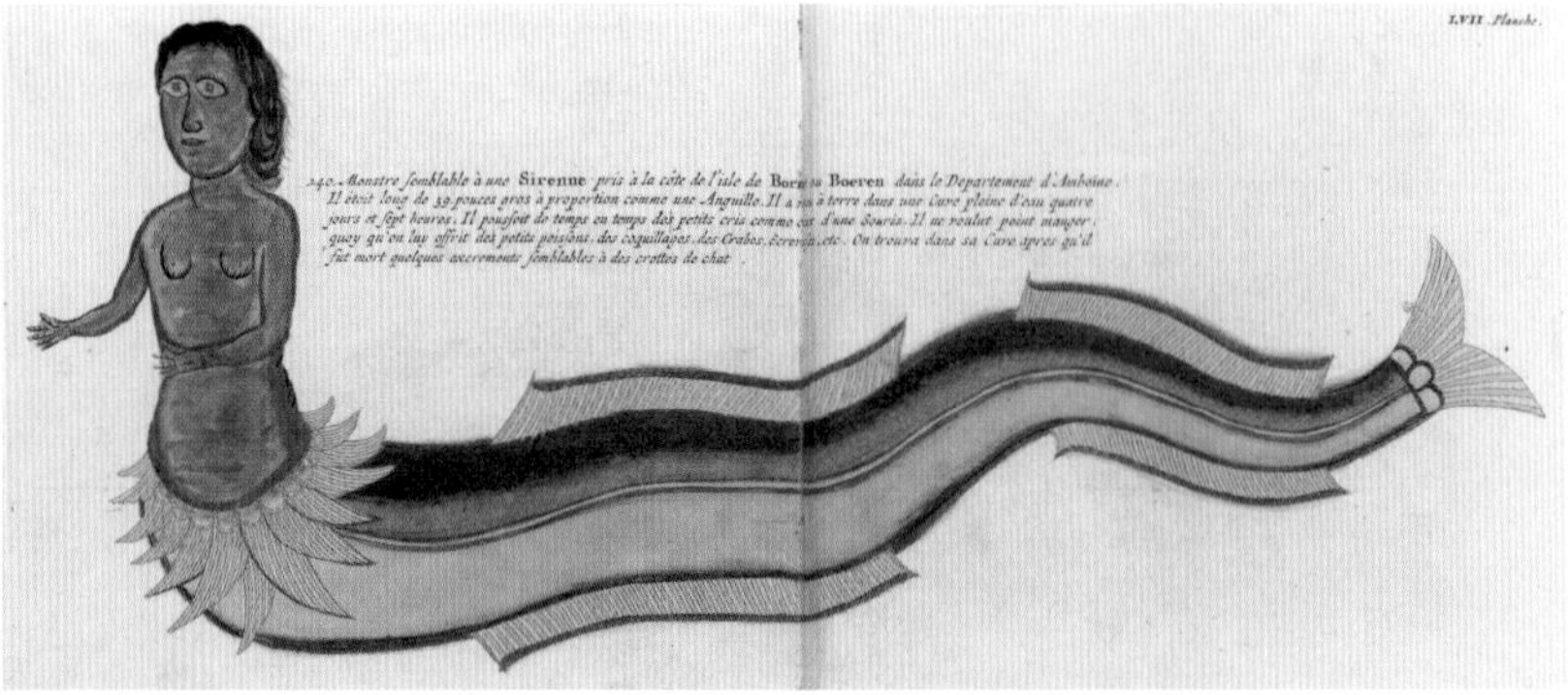

〔図054〕「セイレン」、ルイ・ルナール編纂『魚、ザリガニ、カニ *Poissons, ecrevisses et crabes*』(1754年版)より。

と同じ体の形をしていた」。ファロアズは、標本はオランダ本国に送られたのち行方がわからなくなったと主張したが、アンボンのセイレンの物語は始まったばかりだった。[★19]

フランス生まれでアムステルダムに住む出版人、ルイ・ルナールの編纂による『魚、ザリガニ、カニ *Poissons, ecrevisses et crabes*』(一七一九年)に、ファロアズの「セイレン」をもとにした銅版画が発表される何年も前から、ファロアズの博物画は広く流通していた。ただ、彼の描いた生き物はあまりに色鮮やかで幻想的だったので、その正確さと忠実さを疑う人も多かった。とくにセイレンの信頼性を疑問視したルナールは「マーメイドの名で描かれた怪物には……修正が必要と考える」といいきった。彼は解明のために文芸共和国《リパブリック・オブ・レターズ》〔一七世紀後半から一八世紀にかけてヨーロッパの啓蒙時代に生まれた知識人の共同体〕を活用することにして、「検証を目的としてバタヴィアとアンボンにファロアズのセイレン画の写しを何枚か」送り、「変更の必要が生じたら公表する義務がわたしにはある」と未来の読者に約束した。一七一六年(出版の三年前)、ロシア皇帝ピョートル一世と妻のエカチェリーナ一世がルナールの営む書店でファロアズのマーメイドの絵に目をとめると、さらに関心が高まった。ファロアズがマーメイドをかくまった話は疑わしいと思ったエカチェリーナは、この怪物が存在する証拠を見つけるよう要求した。ルナールはすぐさまファロアズの知人ふたりに手紙を出した。ひとりは、ファロアズの上司にあたる伝道者と親しいオランダの教職者フランソワ・ファレンテイン、もうひとりは、ファロアズの在職中にアンボンのオランダ改革派教会の監督だったアブラハムス・パレントである。[★20]

ふたりともほとんど役に立たなかった。ファレンテインは「(ルナールが)言及した出来事は目撃していない」し、「今日まで聞いたことも」ないといい、パレントもアンボンでファロアズと会ったが、マーメイドを捕まえた話はよく知らないという。ふたりはルナールを慰めるかのように、返信で思いつくまま自分が人魚に遭遇した話を披露した。だが、ほかのマーメイドの話など必要なかった。ルナールが求めていたのは、特定のマーメイドが存在した証拠であり、それがけっして手に入らなかったというだけのことだ。[21]

ファロアズの絵とルナールの手紙に始まる議論に、知識人たちは期待と嫌悪を同時に抱いた。奇妙な動物の収集家で、動物見世物兼「オランダ総督の自然・芸術収集室」を運営したオランダのアルナウト・フォスマールは、『魚、ザリガニ、カニ』の一七五四年版の序文で「マーメイドはもっと注目されるべきだ。存在すると断言されたのだから」と述べている。つづけて、人魚が実在すると断じるには根拠が「薄弱」だという意見に対して、「仮にこの名称でよぶ必要があるならば（わたしには理由が見あたらないが）、この怪物」はほかの生物より（ハイブリッド性ゆえに）人間の罠を逃れるのが上手いから、めったに目撃されないだけだと反論した。人魚は生物学的に人間に近いので、「ほかの魚より死後に腐敗しやすく」、いちじるしく保存しにくいために、人の目に触れる機会が少ないだけでなく、驚異の部屋《キャビネッツ・オブ・キュリオシティ》に全身標本がないことも説明がつくとも主張した。歴史学者セオドア・W・ピーチが述べたように、ルナールの行動は「自然を描く者、とくに科学書の挿絵画家が生物の描写における正確さと精緻を重視しはじめた」ことを示している。「直接的な観察と根拠」に基づくルナールの詳細な調査は、啓蒙時代の哲学と歩調が合っていた。しかし、マーメイドの絵を本に残すという彼の選択は、博学な仲間の一部をいらだたせた。[22]

「熱心な自然の探究」への献身を公言するロンドン王立協会の会員、イングランドの博物学者エマニュエル・メンデス・ダ・コスタは、ファロアズの絵（それに、ファレンテインとルナールがつくった本）にまったく心を動かされなかった。貝類学研究に対する当時もっとも新しい一七七六年の論評でダ・コスタは、ファレンテインの『東インドの過去と現在 *Oud en Nieuw Oost-Indiën*』（一七二四年－二六年）を「興味深いが科学的研究ではない」と切り捨てた。ダ・コスタにすれば「海生植物や魚類を描いた大判二ページ」のあいだに「低俗な人魚の細密画」を挟んだのは、もってのほかの決断だったので、この「ばかばかしい事態が、見識高い収集家による（ファレンテインの）作品への評価を落としている」と述べた。[23]

ピーター・コリンソンは、検証された科学と不確かな人魚研究の融合に対するダ・コスタの嫌悪を共有していなかった。コリンソンは前述の「W・X」がボストンの新聞にしたように、一七五五年、ロンドンの知識人向け情報誌《ジェントルマンズ・マガジン》に投稿し、一六一〇年にニューファンドランド島沖でリチャード・ウィットボーン船長がマーメイドを目撃した話に触れた。ロンドン王立協会の会員で博物学者のコリンソンの見解は、アメリカの新聞に匿名の人物が寄せた意見より、科学界ではるかに重視されたはずだ。だから、コリンソンがウィットボーンの目撃譚を前置きに使って――「おそらくは正当な理由があって、多くの人がいまだマーメイドの存在を疑っているが、博物誌家はみな、マーメイドの存在を事実と主張している。信頼できる船乗りによる多数の報告も端《はな》から無視するべきではない」――と語りだせば、人々は傾聴したにちがいない。英語圏の定期刊行物である《ジェントルマンズ・マガジン》へのコリンソンの一七五五年の投稿は、一八世紀半ばのヨーロッパの学者が人魚の科学にどう取り組んでいたかを簡潔に示している。「正当な理由があって……マーメイドの存在を疑っている」人は多かったが、「信頼できる船乗り」による多数の目撃譚や、「博物誌家はみな、（マーメイドの存在を）事実と主張している」状況も受け入れざるを得なかったのだ。コリンソンの投稿は、ダ・コスタがファレンテインの本を酷評する二十一年も前だったが、《ジェントルマンズ・マガジン》（やそのほかの知識人向け刊行物）がそのあと半世紀にわたって人魚を科学的に考察する記事を掲載するきっかけになったという点で、ダ・コスタの一七七六年の論評と密接な関連がある。要するに、コリンソンは、人魚を信じると公言したことによって、期せずして大西洋世界におけるマーメイドとトリトンの研究を本格的に始動させてしまったのだ。こう考えると、ダ・コスタが早々とファレンテインの作品を否定したのは、ロンドン王立協会の見解を代表するものではなかったと思われる。★24

一八世紀中頃には、人魚の実在を信じるだけでなく、人類の起源と未来を理解するうえで、そのような生物はどう分岐しているのかと考えはじめる医師が増えた。G・ロビンソンが『世界周遊で目にした自然と芸術の美 *The Beauties of Nature and Art Displayed in a Tour Through the World*』（一七六四年）で強調したように、「大多数の博物学者は、マーマンとマーメイドを架空の動物だと見なしているが……そのような生き物が実際にいるという多くの著述家の証言を頼みにする限り、実在を信じる根拠はたくさんある」。四年後、トーマス・スミス牧師は、ロビンソンの主張を肯定し、よりいっそう断定的に「マーマンとマーメイドの存在を疑う人は多いけれども……議論の余地なく実在を確定するに足る証言があるように思う」と述べた。スミスもまた、ロビンソンや「W・X」や〈ブリティッシュ・アポロ〉のジェントルマンの編集人と同じように、名のある人物による人魚目撃譚の長い（しかも詳しい）歴史を挙げた。しかし、問題はそのまま残った。ロビンソンやスミスのような人々は、嘲笑の的だった大昔の目撃譚や不確かな仮説を「証拠」として用いるしかなかったのだ。彼らには主張を裏付ける科学研究が必要だった。そしてそれを手に入れた。★25

一七五九年から一七七五年のあいだに、独自の科学的方法論で人魚に迫った重要な記事がふたつ、《ジェントルマンズ・マガジン》に載った。一七五九年十二月掲載の最初の記事には、一七五八年の「（パリの）サン＝ジェルマンの市《いち》に出されたといわれる……セイレンあるいはマーメイド」の図版がついていた〔図055〕。このセイレンは「名高きゴーティエ氏が……実物を写生した」ものだと筆者は説明している。ディジョンの科学・芸術アカデミーの会員であるフランス人の印刷業者、ジャック＝ファビアン・ゴーティエは、科学的な題材を正確に印刷する技術で知られていた。★26 どんなに奇怪な絵でもゴーティエの名が図版にあると、たちまち信用を得た。だが彼の名がなくとも、この図版と記事の内容は、近代科学の方法論によって過去のものとは一線を画していた。ゴーティエは生身のこの生き物を見たらしく「体長約六十センチメートル、生きており、大変に活発。水槽のなかをすばしこく楽しそうに動きまわっていた」と記した。見物人からパンや小魚をもらうときの態度は友好的ではあったが、そうしたふるまいは「本能のなせる業」にすぎないという記述もある。ゴーティエにとって、この生き物は詳細な科学調査を要するエキゾチックな獣だった。[★27]

その考えにしたがって、ゴーティエは「動いていないときの体勢はつねに直立。性別は雌、顔はひどく醜い」と記録した。細部まで再現した添付の図版が示すとおり、皮膚は「ざらざらで、非常に大きな耳をもち、背面と尾はうろこで覆われていた」。図版のなかの生き物は、長くヨーロッパ各地の大聖堂を飾ってきたマーメイドではなかった。歴史上の博物学者や目撃者の多くが描写したものとも一致しない。それまでのほとんど

［図055］ジャック＝ファビアン・ゴーティエ画「マーメイド、測定用目盛付き」（1758年）、カラーアクアティント。

のマーメイドは、青緑色の流れるような髪をした魅力的な人間の女の姿だったのに対して、ゴーティエのマーメイドは、髪の毛が一本もない頭頂部、「非常に大きな」耳、「ひどく醜い」顔が特徴で、そのうえ、それまでのマーメイドよりずっと小さく、体長は六十センチメートル（二フィート）しかなかった。なにより、ゴーティエのマーメイドには、自然の不思議な側面を研究するための一八世紀半ばの手法があらわれていた。フランス男のゴーティエは、評価の高い科学的な技法——この場合は、生体構造の注意深い観察と正確な描写（当時のほかの生物の絵によく似ている）——を用いて、多くの人が空想と見なしたものを現実として提示したのだ。[★28]

ゴーティエの主張は、大英帝国の科学界に旋風を巻き起こした。ロンドンを拠点とする《ユニヴァーサル・マガジン》誌は、フランス人とアフリカ人の奴隷がマルティニーク島（西インド諸島）沖でマーマンを見たという一六七一年の話を、一七六一年に掲載した。筆者はこの「トリトンまたはシーマン」について詳述するとともに、目撃者は「十分な時間をかけて全身くまなく観察」し、「頭から腰までは人間とそっくりで……十五、六歳の若い体つきをしていた」と記している。ところが、このトリトンは長い灰色のあご鬚をたくわえ、胸も灰色の毛で覆われていて、「その部分は老人のよう」だった。挿絵［図056］に描かれたこのトリトンは、人好きのする顔、見まがいようのない人間の胴体、魚の尾をもち、ゴーティエのマーメイドより人間らしいが、さらに重要なのは、筆者がこんなとんでもない報告の確認がとられたと書いていることだ。最初にこの話を聞いた船長とイエズス会の伝道師は、「作り話だと断じ、人々がくだらない報告を押しつけられないように厳密な調査をおこない……目撃者を個別に尋問し、用心に用心を重ねたうえで」目撃譚に信憑性があると結論した。《ユニヴァーサル・マガジン》の記事も、ゴーティエの図版と解説と同じく、信頼できる情報源（船長とイエズス会の聖職者）、詳細な描写、正確な図を載せた。

ゴーティエの記事を利用して人魚の実在を論じる学者もいた。《ジェントルマンズ・マガジン》の一七六二年六月号で、匿名の寄稿者が、ゴーティエの図版は「自然界にはこのような怪物が存在するという事実を反論の余地なく立証したようだ」と述べた。もっとも、この筆者は、さらなる証拠をもちあわせていた。《メルキュール・ド・フランス》誌の一七六二年四月号によると、前年の六月にノアールムーティエ島（フランス南西海岸付近）の浜辺で遊んでいた少女ふたりが「自然の洞窟めいた場所で、人間の体形をした動物が両手を地面について体を支えるような格好をしているのを発見した」。それからはかなり恐ろしい展開となり、少女のひとりがナイフでその生き物を刺し、「人間のようにうめく」のを眺めていた。ふたりはつぎに、この哀れな生き物の「形のよい指と爪があり、指のあいだに水かきもある」両手を切り落とし、島の外科医の手助けを求めた。以下は外科医の記録だ。

［図056］「マルティニーク島のトリトン」、《ユニヴァーサル・マガジン》誌、第29巻（ロンドン、1761年）より。

大男だった……溺死体を思わせる青白い皮膚……女性と同じ大きな乳房、平たい鼻に大きな口。あごは小さな貝殻でできた鬚のようなもので飾られ、似たような白い貝殻がいくつもの房になって全身を覆っていた。魚の尾をもち、その先端には両足らしきものがついていた。

この種の話は——経験豊富な信頼のおける外科医による裏付けがとれると——ゴーティエの調査の正しさをもっぱら補強することになった。一八世紀の英国本土やアメリカでは、人魚は実在し、人間に驚くほどよく似ており、詳細な研究が必要だと考える人々が増えていった。★29

一七七五年五月の《ジェントルマンズ・マガジン》は「多島海〔エーゲ海の旧称〕またはエーゲ海に浮かぶスタンチオ島の入り江で、アナトリアに向かう商船が捕まえた」マーメイドについて、一七七四年八月におこなわれた調査を記事にした。一七五九年のゴーティエの「セイレン」のように、この標本も詳細な挿絵と解説で紹介された〔図057〕。だが、同時に筆者は「何年か前にサン＝ジェルマンの市に出されたものとは実質的に異なる」としてゴーティエから距離をとった。そして興味深い方向に論を展開させる。ふたつのマーメイドの図版を比較して人種と生物学の観点から、こう述べたのだ。「この事例を根拠にすれば、異なるふたつの属、より正確にいう

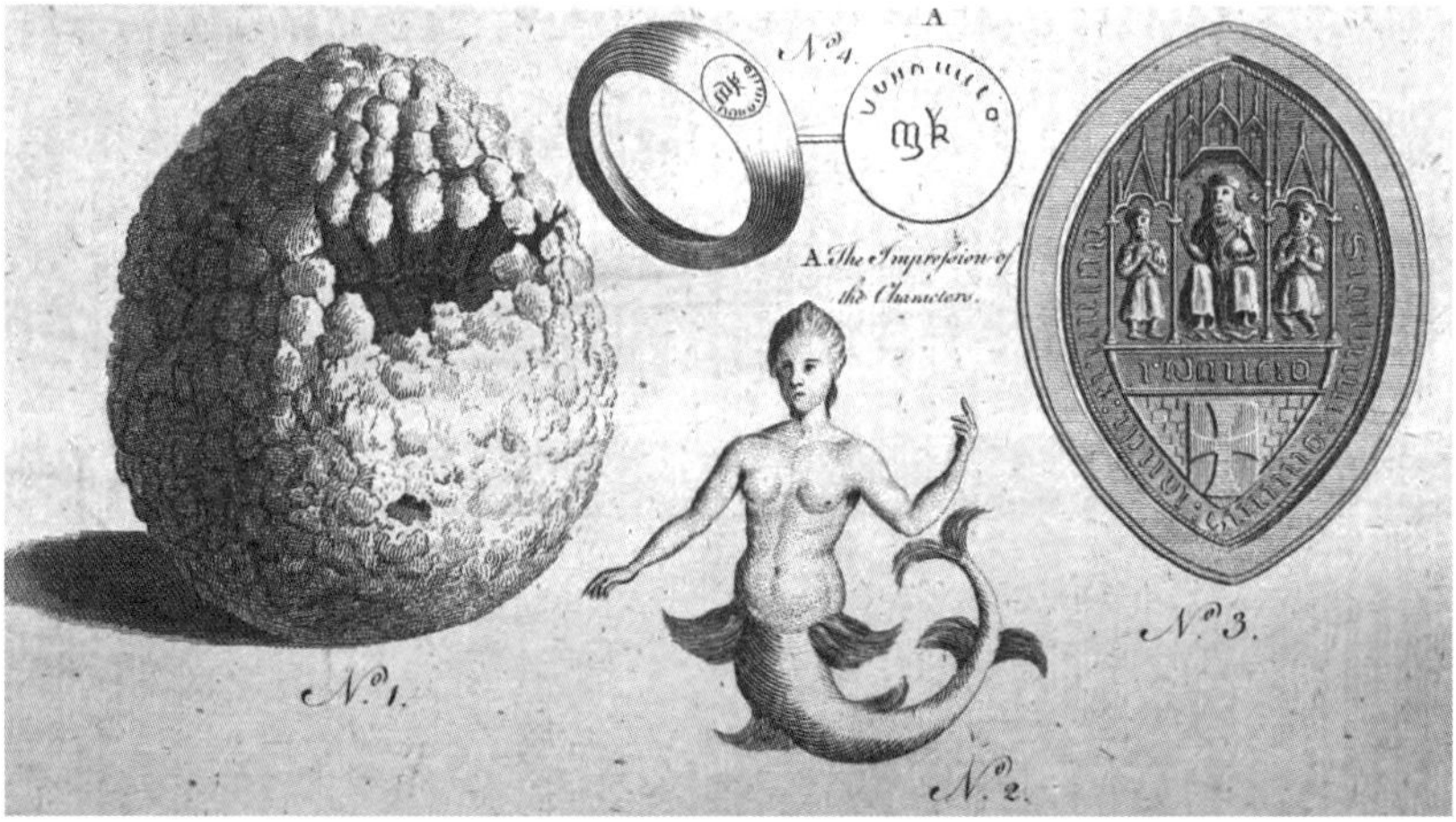

〔図057〕「特徴による印象」、シルヴァナス・アーバン著『ジェントルマンズ・マガジンと年代記 *Gentleman's Magazine, and Historical Chronicle*』45巻（1775年）より。

と、同じ属のふたつの種、すなわちアフリカの黒人に似た種とヨーロッパの白人に似た種が存在すると考えられる」。ゴーティエのセイレンが「あらゆるところにニグロの顔の特徴があった」のに対して、この筆者のマーメイドは「ヨーロッパ人の顔貌を有していた。きれいな淡いブルーの目、整った小さい鼻、小さな口、薄い唇をもつ顔は、若い女のようだった」★30

それまでの筆者たちは、的確な説明と裏付けと挿絵という科学を用いて標本の正当性を示していたが、一七七五年の筆者は、人種と生物学上の差異という近代的な概念を取り入れることにより、もう一歩踏みこんだ人間との比較をおこなった。「非常に大きな」耳、広がった鼻など、「ひどく醜い」特徴をもつゴーティエのマーメイドは「ニグロの顔つき」に似ていると主張した。一方、自分の標本は「きれいな淡いブルーの」目、「整った小さい」鼻、「薄い」唇の小さな口をもつ。だから「ヨーロッパ人の顔貌」であろうというわけだ。★31

フランソワ・ル・ヴァイヤンの「カフィルの女」〔図058〕は、この時代のアフリカの女性を描いた数ある絵のなかの一枚だが、アフリカの女性性に対する一八世紀のヨーロッパの人々の解釈を明快にあらわしている。歴史学者ジェニファー・L・モーガンが示しているように、近代初期のイングランドの著述家はアフリカの女性の体をふたつのステレオタイプに基づいて商品化し、貶めた。まず彼らは、「黒人女性の姿を従来どおり、白い――ゆえに美しい――ものの対極に位置づけた」。こう考えれば、「ニグロ」で「ひどく醜い」ゴーティエのマーメイドと「ヨーロッパ人の顔貌」をもつ美しいマーメイドを対比させた一七七五年の筆者は、ル・ヴァイヤンと完全に同一線上にあるとわかる。つぎに、近代初期のヨーロッパ人は、アフリカの女性の「性と生殖に囚われた野蛮さ」――とくに、たくさんの子どもにたえず乳を飲ませられるというイメージ――に焦点を絞り、「最終的には人種の差異として記号化される文化的劣等性の証拠に、黒人女性」を用いた。ゴーティエの女性もル・ヴァイヤンの女性も乳房が大きい。ゴーティエのマーメイドは子どもと結びつけられていないものの、大きな乳房は、アフリカの

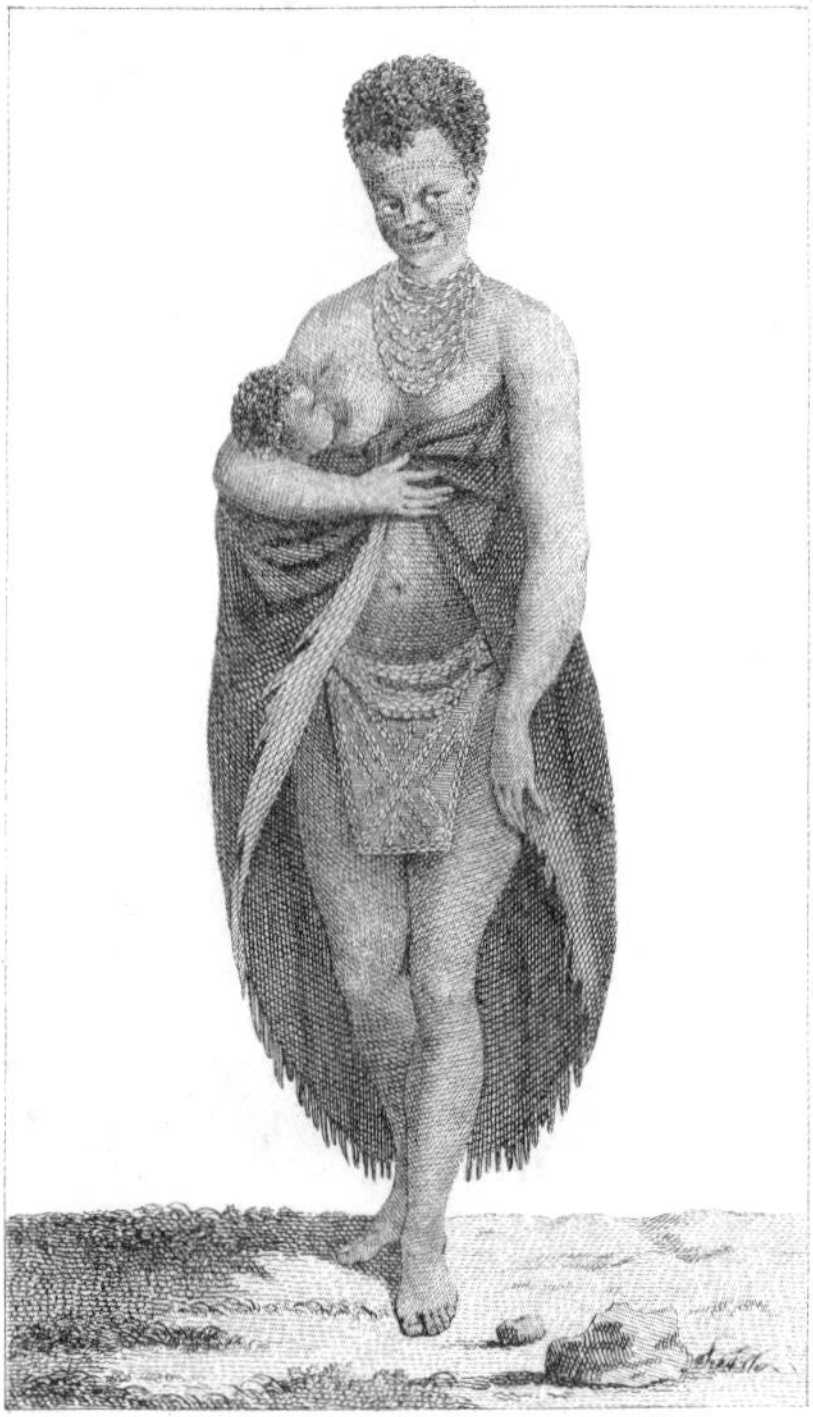

［図058］「カフィルの女」、フランソワ・ル・ヴァイヤン著『喜望峰からアフリカ内陸部への旅 *Travels from the Cape of Good-Hope, into the Interior Parts of Africa*』（1790年）より。

女性は子どもを紐で肩から吊して乳をやるという、ヨーロッパの人々が繰り返し主張してきたことと密接に関係している（ル・ヴァイヤンが乳を飲む子どもを描き入れたのも驚きではない）。一七七五年のマーメイドはそれとは逆に、乳房が小ぶりで、英国の博物学者が考えた、白人女性と黒人女性の重要な人種的差異の象徴だったのだろう。つまり、乳房が小さく痛みの限界値がたぶん低い白人女性は、乳房が大きく痛みの限界値がたぶん高いために（「野蛮な」動物のように）なんの苦痛もなく子どもを出産して育てられるアフリカの女性より文明的だとされていたのだ。博物学者は、人魚の科学によって自然界における海生生物の秩序への理解を深めるだけでなく、この謎めいた存在の解釈を使って、変わりつづける人種的、生物学的枠組みのなかの人間、とりわけ白人の位置づけを考えようとした。[★32]

しかし、人魚の科学的考察の発表の場は、知識人向けの新聞や雑誌にとどまらなかった。フランスの博物学者ブノワ・ド・マイエは『テリアメド *Telliamed*』（一七四八年）で「人類を地質学さらには地球と関連づける」という試みをした。マイエは、地表の地理学的・地質学的構造はすべて海に由来すると主張した。その過程には数十億年かそれ以上の時間がかかったとする彼の説は、科学の新天地を拓いた。そこまで長い期間を対象にした学者は過去にいなかったから。だが「人類の起源は海にある」という主張は、かつてない批判を浴びた。マイエの説によれば、植物も動物も人間も海から生まれた。海面が（無限に繰り返される洪水と干ばつの一環として）低下し、大陸が現れた。植物も動物も人間もこの新たな陸地に移り、「連続する広範な生物変移の過程」を経て「陸生」となった。彼の理論では、マーメイドとトリトンは実在するだけでなく、人類の祖先だった。ほかの多くの研究者と同様にマイエも、時空を超えた膨大なマーメイド目撃譚の歴史を提示しながら、「詩人の想像の産物と思われる可能性があるものはすべて排除し、十分に立証された事実を挙げるのみとする」と断言した。博物学者は大プリニウスの人魚の話を評価していないという一七一六年のマザーの意見を考慮して、「不当に嘘つきよばわりされている大プリニウス」の話はここでは取り上げなかったと書いている。法螺《ほら》を吹くトリトンという嘲笑の的だった大プリニウスの話をマイエ自身は信じていたが、トリトンの「音楽が、繊細なハーモニーだったことはまずありえない。アシの茎の穴に息を吹き込んでいただけだろうから」とつけ加えた。この博物学者は、「奇妙ではあるが……証明された」報告を批判的な目で精査し、それらは「人類が海に起源をもつ確かな証拠であり、わたしの考えでは、人類には想像上のべつの起源がいるという考えに対して、ほとんどの陸生の人々よりも偏見の少ない人々に提示できる十分な真実だ」と結論した。マイエによれば、宗教があまりにも多くの人の目をふさぎ、人類の海の起源を見えなくしていた。アダムは存在したかもしれないが、彼の祖先はマーメイドとトリトンだったのだ。★33

この説は、議論と興奮の両方を巻き起こした。キリスト教正統派の博物学者たちは、マイエの反宗教的な理論を激しく非難した。たとえば、フランスの哲学者デザリエ・ダルジャンヴィルは一七五七年にこういった。「なんという愚かな著者だろう、モーゼのかわりにテリアメドを登場させ、海の底から人間を引っぱり出すとは。わたしたちがアダムから始まるとすることを怖れて、海の怪物を祖先に据えるとは！　そのような妄言を吐くのは無神論者にちがいない」。だが、マイエの業績を賞賛する人たちもいた。ヴォルテールは自身の地球史観に照らし『テリアメド』の理論は重要だと考え、フランスの私立と公立を合わせて五百館の図書館のうち七十二館がこの書を所蔵した（これにより『テリアメド』は一八世紀半ばのフランスの図書館で六番目に多く所蔵される書となった）。マイエは、ルクレティウス、エピクロス、ヘロドトスら古代の著述家から一般理論を借りてふくらませることによって、地球の地質学的な起源に対するヨーロッパ人の理解の仕方を変えるにとどまらず、おびただしい数のマーメイドとトリトンの目撃譚に文脈と確証を与えた。マイエにいわせれば、人魚は、地質学や自然科学の観点から見た人類と地球の歴史に完璧なまでにあてはまるものだった。[★34]

コペンハーゲンの王立科学アカデミーの会員でベルゲンのルター派教会の監督、エーリク・ポントピダンは『ノルウェー博物誌 *Natural History of Norway*』（一七五二年－五三年）でマイエの業績をまとめた。マーメイドとほかの海生生物の章にたどりついた読者のなかには、「（ポントピダンは）騙されやすい人なのではないか」と思う人もいることがわかっていたこの博物学者は、「読者からの非難は甘んじて受けるつもりだが、章の最後まで読んでもらえれば、謝罪の必要はないだろうと自負している」と記した。彼は論考の冒頭で「われわれのもとにある（人魚に関する）報告のほとんどに単なる作り話がまじっているため、無益な話と見なされているかもしれない」と認め、目撃した者がマーマンを「予言者や演説者のように」、マーメイドを「優れた歌い手」のように語れば、「たいていの人はそんなばかな話を信じる気にはなれず、そんな生き物がいることを疑う人さえいても不思議ではない」とつづけた。しかし、ポントピダンの理論では、その「無益な」物語や「作り話」を科学的に分析すると、人魚の真実が現れるのだ。[★35]

ポントピダンの研究で注目すべきは、陸生生物にはそれぞれ対応する海の生物がいるという考え方だった。[★36]「類似する陸生生物がいる」タツノオトシゴ（seahorse）、カイギュウ（sea-cow）、シーウルフ（sea-wolf）、ネズミイルカ（sea-hog）、ホシザメ（sea-dog）が深い海に生息することは「周知」のとおりで、「容認されてしかるべきだが……自己愛と自分が属する種への敬意から異議を唱える人々もいるだろう」。マイエの論旨が正統派から反発されたように、「神の姿（を模して創られた）すべての生き物の支配者」である人間に似た生き物がほかにもいると考えることを誤りと見なす人が多いだろうということも、ポントピダンにはわかっていた。だがこのルター派教会の監督は、自分の見解が正しい証拠として「人間の男と類人猿、または類人猿と人間の女の交わりから生まれた」と思われるアフリカの「森に棲む男」を見つけた。ポントピダンは、人間と類人猿は本来的に関連があると仮定する、登場の兆しを見せていた人類の進化の理論に貢献した（このことはむろん一九世紀の科学者も認めることになる）。同じ年（一七五三年）、ロシアの博物学者ステパン・クラシェニンニコフが、アメリカの沿岸で目撃された「海の類人猿（sea ape）」あるいは「シーモンキー（sea monkey）」について詳述した。クラシェニンニコフはこれを一六世紀の博物学者コンラート・ゲスナーが描いた海の猿の絵と結びつけ、この奇妙なハイブリッド生物が実在する証拠だとした。マイエ、ポントピダン、クラシェニンニコフのような人々は、キリスト教正統派と対立する自然観で物議をかもしたにもかかわらず、自らの科学的知見を、証明されるまではいかなくとも妥当であると主張した。★37

十三年後、カール・リンネと弟子のアブラハム・オステルダムは、こうした分類と正当化の物語をもっと複雑にした。リンネが一七四九年にスウェーデン王立科学アカデミーに対して求めたマーメイドについての調査では何も得られなかったが、リンネとオステルダムは一七六六年、「Siren lacertina（トカゲのセイレン）」に関する論文を発表することにより、この問題に自ら対処した。彼らは、論文の最初の数ページに長く詳細なマーメイドの目撃譚の歴史を記し、つぎに、伝承上の生き物によく似た「不思議な動物と両生類」の無数の例を挙げて説明した。結果的に、分類することが難しくなり、ふたりはマーメイドと酷似する生き物の所有者、サウスカロライナのアレグザンダー・ガーデン氏のもとへ向かった。論文の目的は、ふたりが「トカゲのセイレン」とよぶ謎めいた生き物が何であるかを解明することだった。カロライナの湿地の気候のなかで生息し、カモに似た声を出すが、もっと

「鋭くはっきりした」声で叫ぶこともあるらしい。解剖の結果、この生き物の胸部には「肺とえら」があり（哺乳類と魚類の溝を埋めるように）、脚があるべき位置には魚のような尾があって、胴体からは小さな腕が突き出ていた〔図059〕。一七世紀のデンマークの医師トーマス・バルトリンのマーメイドほど人間らしくないが、この「セイレン」にも一八世紀の市民の多くが人魚と認めたであろう明確な特徴が見受けられた。そこでリンネとオステルダムはこの動物を詳しく調べた。近代の解剖方法を用いて、小さな歯から「平たくて」「へこんだ」頭、肛門（尾の根元まで）にいたるまで、あらゆる部分を類別し理解しようとしたのだ。最終的に、リンネらは、マーメイドに似たこの生き物を「好奇心旺盛な人々に紹介してしかるべき価値ある動物。なぜなら、これは新種である」と結論した。どうやら「分類学の父」は「価値ある」自然のパズルの一ピースを発見し、そのピースは人間と両生類を（相当な隔たりがあったにせよ）結びつけたようだ。★38

　リンネが一七四九年にそもそも探していたのは、人間の上半身と魚の下半身をもつ、バルトリンの絵に近い人魚だった。そんな生き物が存在する可能性だけを頼りに、リンネをはじめとする多くのヨーロッパの博学者が、最新の科学的方法論を必要とする地球規模の旅に出た。大半の学者が伝承上のマーメイドやトリトンによく似た生き物を発見したといったのに対して、このスウェーデンの医師が見つけたのは一般的なマーメイドやトリトンとわずかに似たところがあるだけの標本だった。リンネが出会ったそのトカゲのセイレンには、人間の頭も胴体もなく、《ジェント

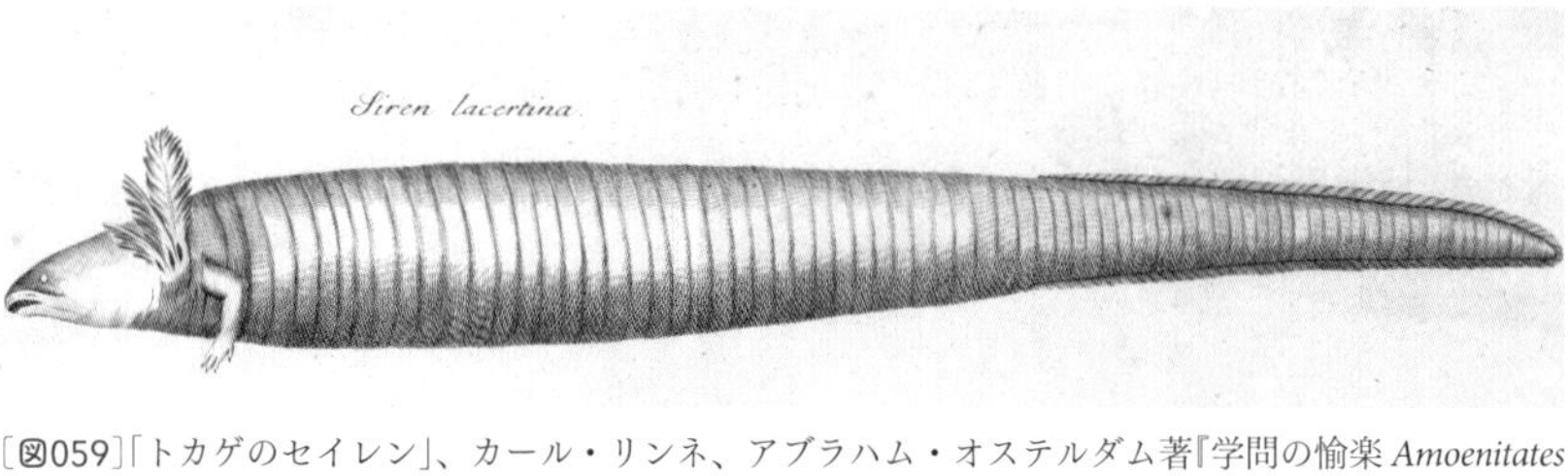

〔図059〕「トカゲのセイレン」、カール・リンネ、アブラハム・オステルダム著『学問の愉楽 *Amoenitates academicae*』第7巻（1789年）より。

ルマンズ・マガジン》の誌面を飾った人魚たちのようなひと目でわかる魚の尾もなかった。それでも、リンネとオステルダムがサウスカロライナの片田舎で対峙した新種の生き物は、その「セイレン」は、今まで見たうちでもっとも人魚に近いとふたりに確信させる特徴――人間に似た両腕、肺や肛門などの複雑な内部器官、陸上と水中の両方で生きる能力――をまちがいなくもっていた。トカゲのセイレンが、リンネが誇りをもって構築した分類の境界線を曖昧にし、人間が両生類の遠縁にあたる可能性を示唆したことは見逃せない。

一八世紀の博学家による人魚の研究は、啓蒙時代にもしぶとく残った不思議な事象と、そこに出現した合理的な科学の双方を示している。かつては神話の中心にあり、科学研究では末端に存在したマーメイドとトリトンは、着実に博学家たちの関心を集めていった。それらの研究は、最初のうちこそ新聞に記事を書いたり旅行者の逸話やうわさ話を寸評したりする程度だったが、一八世紀後半には、博物学者が近代の科学的方法論を用いて人魚に取り組みはじめ、この謎めいた生き物を厳密に解剖し、保存し、絵に描いた。一八世紀の終わりまでにマーメイドとトリトンは、人類の海の起源を理解するためのもっとも有用な標本となった。人魚が実在する可能性（一部の人にとっては事実）は、多くの博学家にそれまでの分類の手法や人種の限定要素、ひいては進化の各モデルの再考をせまった。「そんな怪物が自然のなかに存在する」と信じる――少なくともいる可能性はあると考える――ヨーロッパの思想家が増えるにつれ、啓蒙時代の博学家は、自然界とそのなかに生きる人間の位置づけを理解するために、驚異と合理性を融合させるしかなかった。

だが博学家の善意が、搾取環境を生み出すという側面もあった。一七九五年のロンドンで配られたチラシにはこんな文句が躍っていた。「数ある航海記の著者が語る人魚の歴史など絵空事、旅人のお話にすぎないと思っておられる方が多いだろうが」、この度のスプリング・ガーデンズの展示会では「本物（の人魚）をお目にかけよう」。一七八四年、地中海で捕獲され、「国王陛下の許しを得て」展示されたそのマーメイドの標本は、「体長が九十センチメートルちょうど、頭から腰の下までは人間の女、下半身は魚」だったが、チラシの衝撃的な挿絵［図060］が示すように、このマーメイドは神話の美しい女性とは似ても似つかなかった。髪は長く垂れるどころか一本もなく、かわりに角を生やし、顔の造作は女というより男、胴体も妙な形をして、両腕は発育が足りていない。[★39] 一八世紀後半には、こうした「本物の」人魚の標本を本興行のおまけとして展示することが定着していたが、一九世紀の継承者はこれを新たな高みに押し上げた。そのなかで西洋のたくましい野師たちは、人々の根強い人魚信仰をあおるとともに壊しながら、その生き物が世界とそこに棲む生物の分類の努力をどれほど複雑にするのだろうかと科学者を考えこませた。

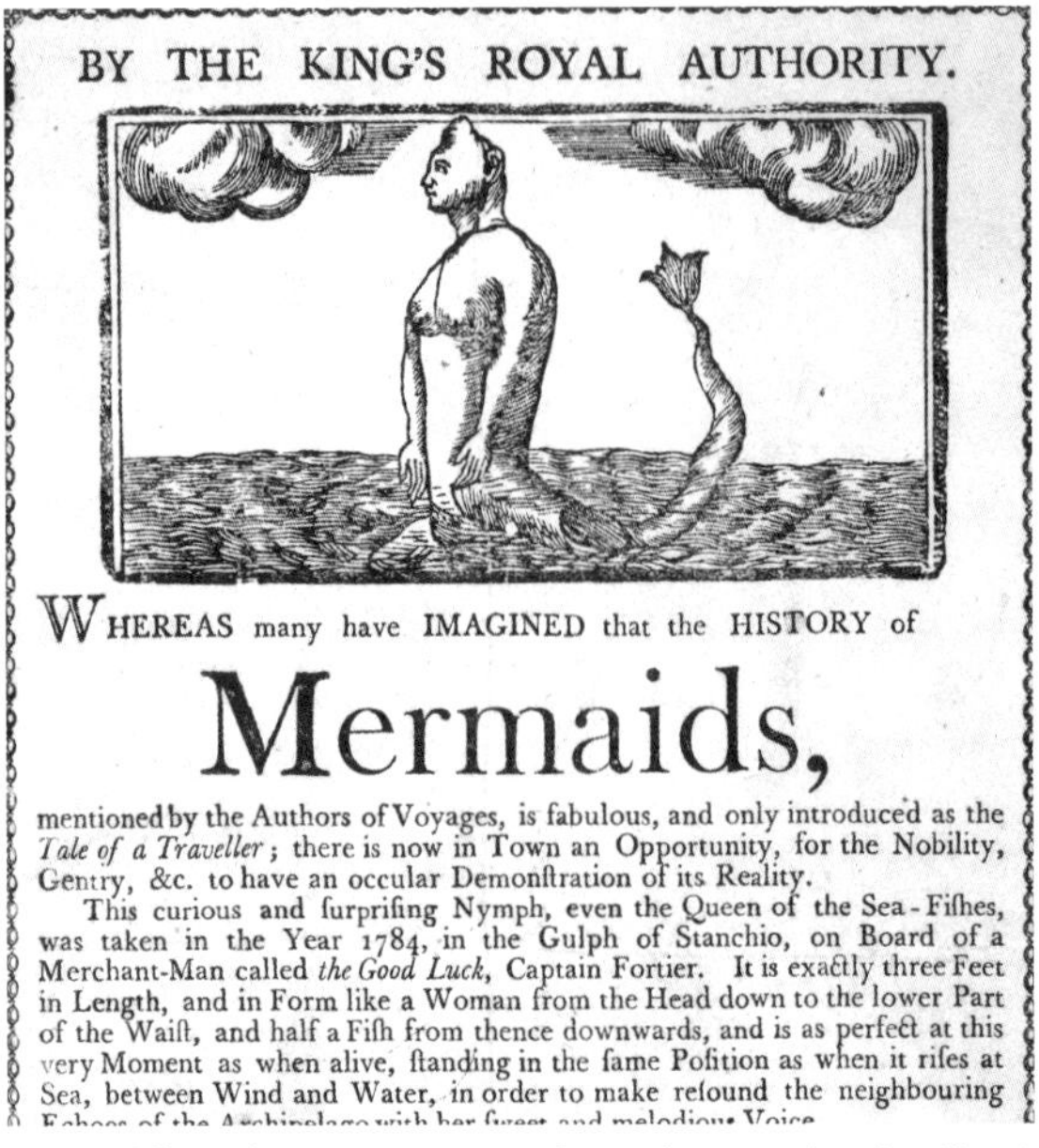
BY THE KING'S ROYAL AUTHORITY.

WHEREAS many have IMAGINED that the HISTORY of

Mermaids,

mentioned by the Authors of Voyages, is fabulous, and only introduced as the *Tale of a Traveller*; there is now in Town an Opportunity, for the Nobility, Gentry, &c. to have an occular Demonſtration of its Reality.

This curious and ſurpriſing Nymph, even the Queen of the Sea-Fiſhes, was taken in the Year 1784, in the Gulph of Stanchio, on Board of a Merchant-Man called *the Good Luck*, Captain Fortier. It is exactly three Feet in Length, and in Form like a Woman from the Head down to the lower Part of the Waiſt, and half a Fiſh from thence downwards, and is as perfect at this very Moment as when alive, ſtanding in the ſame Poſition as when it riſes at Sea, between Wind and Water, in order to make reſound the neighbouring

［図060］「1795年、ロンドン、スプリング・ガーデンズ、グレイト・ルームで展示された“1784年、スタンチオ島の入り江で捕獲された……めずらしい驚異のニンフ”」

ひとりの女性が、ニューヨークシティのブロードウェイをダウンタウン方向へ急いでいる。もうすぐコンサートホールに着くというとき、そよ風に運ばれたチラシが一枚、ブーツのうえをひらひらと舞い、煤けたレンガの建物に剝がれかけた壁紙のように貼りつく。つられて視線をやると、日付(一八四二年七月十七日)が目にはいる。あとは汚れた紙に印刷された絵しか見分けられない。裸の上半身と、長く垂らした髪と、蛇のような尾をひけらかす三人のマーメイド。こうした絵はなにも目新しいものではない。マーメイドなら大好きな劇場でいつも見ているし、地元のいろんな新聞がしょっちゅう目撃譚を載せている。でもこれは、そういうのとはちがう。P・T・バーナムというアメリカ人がつい最近、「フィジーのマーメイド」をひっさげてニューヨークシティにやってきたのだから。バーナムはその標本を誓って本物だといっている。彼女は必ずしも人魚を信じているわけではない。かといって、絶対に存在しないとも思っていない。確かなのは、この「驚異」について友人たちが大興奮で話していること、そして真偽は自分の目で見極めねばならないということ。コンサートホールに着くと、奥の薄暗い照明の部屋に案内され、そこで興行師が人魚について講演している。彼女の前に立つ男の子が父親の脚を指で掻きながら「どこにマーメイドがいるの?」と尋ねる。しかし、ついに噂のバーナムの標本がちらりと見えると、ほかのことはすべて彼女の思考から締め出される。自分の目で見ているものが信じられない。こんなの、マーメイドじゃない。怪物だ。しわしわにしなびて、死の苦痛に永久に閉じ込められたような表情の、おぞましい小さな生き物。見物客が干からびた標本を入れたガラスケースのまわりに群がるなか、彼女は部屋を出る。なんとも不快な気分のまま、石炭で空気が汚れたニューヨークシティの通りに戻り、目についたティーショップに向かって歩く。「驚異ですって」彼女は鼻を鳴らす。「むしろガラクタよ」

[第四章]

フリークショーとファンタジー

一九世紀は都市、経済、科学、技術、人口がかつてないほど拡大した時代だった。対照性が際立った時期でもある。華やかさと浅ましさ、博識と無知、地球規模化と近視眼的思考、戦争と平和、科学と神話。これらは、近代主義者の混乱とイデオロギーの矛盾を奇妙な形で共存させた。科学者は、地球上の生物の微小な面まで確かめられる顕微鏡を発明する一方で、一八九〇年以前は手術の際にゴム手袋を使っていなかった。石炭の力は、西洋人に時間と空間と産業をひと呑みにさせたが、煤《すす》で汚れた黒い町ともっと黒い肺を生み出しもした。一七八三年に世界一強大な帝国からの独立を果たしたアメリカは、一八六一年、南北の分断を自ら招いた。人魚という異質性と同質性、神話の不思議と生物学的な不安を同時に喚起する奇怪なハイブリッド生物は、一九世紀の西洋世界、とくに英国とアメリカにおける、しばしば予測が困難な激しい脈動の跡をたどるのに理想的な器だ。

十年ごとに（ときには一年ごとに）同時発生するかのような衝撃的な新事実とともに、人魚に対する考え方は潮の満ち干のごとく揺れ動いたが、際立った三つの段階が、ときに重なりながら一九世紀の西洋の人魚観を形づくった。第一段階（一八〇〇年―二〇年）では、一般人も哲学者も一様に、科学と不思議についての啓蒙時代の思考に固執し、新聞記事は人魚の目撃譚、標本、科学研究についてひっきりなしに報じた。興味深いことに、一九世紀にマーメイドやトリトンの目撃譚が記録された場所のほとんどは、ルネサンス期や近代初期とはちがって、遠い異国ではなく、ブリテン諸島、さもなければアメリカの近辺だった。とはいえ、アジアの「東洋的」魅力はこの時期も大衆を引きつけ、一八二〇年代には、日本でつくられたマーメイドの「標本」が英国とアメリカに上陸しはじめた。

第二段階（一八二二年－四五年）にはいる頃までには、マーメイドとトリトンの存在を信じてよいという情報が大衆に提供されていた。この文化を築くうえで重要だったのは報道だ。一八一〇年から一八四五年にかけて、西洋人ひとりが平均して年に四度、地方紙で人魚の記事を読んでいただろう。[★01] 一八二二年（ロンドン）と一八四二年（ニューヨーク）に現れたマーメイドの標本二体により、人魚の実在に対する大衆と科学者の関心は最高潮に達した。だが、この人気は諸刃の剣だった。そのことを顕著に示す例が、アメリカの船長サミュエル・バレット・イーデスのマーメイドの標本とアメリカの興行師P・T・バーナムの「フィジーのマーメイド」で、どちらも文化的狂乱を生み、大勢の人が見物料を支払って見にいった。だが、商魂たくましい北部人《ヤンキー》の野師ふたりにとって不幸だったのは、科学者が彼らのマーメイドに襲いかかり、日本でつくられたまがい物——サルと魚を雑につなぎ合わせただけ——だと暴いたことだ。そのあとの五十年間に発表された一連の論文や新聞記事は、人魚をほら話やペテンや人が騙されやすいもののシンボルに変えた。結果として、イーデスとバーナムのマーメイドは、西洋人の人魚への熱狂を（それぞれロンドンとアメリカで）最高潮に盛り上げると同時に崩壊させたことになる。[★02]

だからといってアメリカとグレートブリテン島からそのような見世物《サイドショー》がただちに消えたわけではない。むしろ、一般公開の展示会や「フリークショー」は英国でもアメリカでも貪欲な見物客を楽しませつづけた。[★03] しかし、第三段階（一八四五年－一九〇〇年）では、そうした奇形と推定されるものに向ける大衆の姿勢はもっと「科学的」または「合理的」になり、神秘の事物をのぞき見るより、日々の暮らしの辛い現実からつかのま逃れることを望んだ。一九世紀の近代化を象徴する矛盾と混乱のもうひとつの例からは、地球とそこに棲む生物の合理的な研究から人魚を追放しようとした科学者の試みが、結局は、多様な方法で人魚に対する好奇心をあおりつづけるだけだったとわかる。一九世紀前半のヨーロッパとアメリカの人々は、干からびた小さな偽物を見るためにガラスケースのまわりに集まり、一九世紀末の人々は、「マーメイド」と称されるマナティが物憂げに泳ぐ姿を見ようと水族館のガラスの水槽をのぞきこんだ。人類の起源を海に求める研究の歴史をたどる記事も西洋の新聞にちらほらと現れはじめ、ほら話、人魚の神話上の起源を探る科学論文、マーメイドやトリトンを重要な役に据えた劇や物語や詩や歌も掲載された。人魚は中世からずっとそうだったように、疑う気持ちと信じたい気持ち、恐怖と好奇心をさまざまな方法でかき立てた。

本章の分析は主に、一九世紀の西洋で流行した大衆向けの刊行物に拠っている。一九世紀初頭には、最大数の一般大衆にもっとも効果的に情報を伝達する手段は新聞と定期刊行物になっていた。その刊行数は十年単位で倍増するかに思えた。どの村にも集落にも地元の新聞があり、ロンドンやニューヨークなどの大都市では、何百とはいわずとも何十もの新聞と雑誌が数多くの言語で発行されていた。一八〇〇年の米国にあった新聞は二百種類だったが、一八六〇年のアメリカ人は、三千種類以上の新聞を入手できた。[★04] 読者はインクで印刷された紙面を開けば、外国のニュースから靴の広告、政治、詩、遺失物欄まで、なんでも見つけられた。ある一九世紀の著述家が述べたとおり、雑誌は天地の「花と星」だった。[★05] これほど多くの人に効率よくメッセージを広められるものはほかになかったので、欲深い興行師から博識な学者まで誰もがこの大衆メディアに発表の場を確保しようとした。このことはとりもなおさず、新聞と定期刊行物は、一八〇〇年から一九〇〇年の西洋人による人魚研究を検証するとき、理想的な媒体として使えるということを意味している。

一九世紀の西洋の新聞には、裏付けのとれた人魚の目撃譚が三十一件報じられた。そのうちの二十二件は一八五〇年より前の記事で、その後の九件を報じた記事のほとんどから、軽蔑と不信が読み取れる。ただし、そうした記事の書き手は、世紀半ばまではほぼ疑いのない論調で人魚の記事を書いていた。[★06] 新たなタイプの記事も現れた。P・T・バーナムがついに人魚信仰を崩壊させた一八四五年以前の新聞は、証言がとれた目撃譚や標本についての話を好んで載せる一方で、人間とマーメイドやマーマンとの心温まる交流の歴史や、文化的に人魚を称える詩や歌にも目を向けていた。簡単にいえば、新聞は、大衆のマーメイドとトリトンに対する興味をかき立てつつ、その興味を支持することもおこなっていたのだ。だがそうした報道姿勢は、一八四五年を境に文字どおり崖っぷちから転落した。イーデスとバーナムの過去三十年のペテンが世間に知れわたると、新聞はマーメイドやトリトンにまつわるほら話やいかさまに注力するようになった。これらの記事はたいてい、愚弄とまではいかずとも、からかうような調子で、ときには特定の政治団体や政治家を標的にすることさえあった。

　昔からのイメージの人魚など存在しないとする科学論文が増え、その多くがマーメイドはマナティ、アザラシ、ジュゴンなどを謎の生き物と見まちがえただけだと主張した。これらバーナム以降のさまざまな出版物と、人類が神秘的な人魚に長く魅了されてきた歴史との相乗効果で、人魚の妥当性を示す道はどれも閉ざされようとしていた。といっても、そう単純な話ではなく、地域によっては、人魚はいるとまだ信じられていたし、この謎の生き物が存在していてほしいという望みも完全に消えたわけではなかった。一九世紀はマーメイドとトリトンへの信奉に影を落としたかもしれないが、この謎の生き物と文化とのかかわりは従来どおり圧倒的なものだった。

　一八〇〇年から一八三〇年の人魚研究の手法は、啓蒙時代の科学と不思議の思考から脱却していなかった。影響力のある啓蒙時代の思想家の大多数が、結局のところ一九世紀初頭にはまだ存命で、リンネの分類体系など、一般に広まった方法論にしたがって自然界とそこに棲む生物を秩序立てる試みをつづけていた。一九世紀初頭には、ヨーロッパの科学者は、カンガルーやカモノハシなど、オーストラリアの奇妙なハイブリッド生物の研究に取り組みはじめ、人魚――同じく現生生物二種の雑種と考えられる――が存在する可能性も十分にあると思われた。啓蒙時代のアメリカの思想家トーマス・ジェファーソンは、一八一八年、北アメリカにはメガロニクス(一万千年前に絶滅したことが現在は判明している地上ナマケモノ）がまだ生存しているのだろうかと考え、こんな発言もした。「誰もが知る動物……たとえば……マーメイドやドラゴンやフェニックスは、かつて存在していたのだろうか？　キュヴィエ［ジョルジュ・キュヴィエ。フランスの博物学者］が体の残骸の一部を解剖して、数種の動物が過去に存在したことを証明したが、もはやわたしたちにはうかがい知れない……（それらの動物の絶滅が）確実であるといいきれるほど、地球各地を探険しつくしただろうか？」。西洋人は、日々刻々と科学と地理学の地平を切り拓いているかに見えた。つぎに検証される発見物がマーメイドとトリトンではないと誰がいえただろうか。[★07]

　一九世紀の人魚の目撃譚で裏付けのとれたものの三分の一は、最初の二十年の出来事であり、グレートブリテン島と米国じゅうで大々的に報道された。もっとも有名な――そしてもっとも議論が白熱した――目撃譚は、一九世紀初頭、スコットランド北端の町、サーソーの教師ウィリアム・マンローが証言したものだった。第一報は一八〇九年六月十三日、ロンドンの〈モーニング・クロニクル〉紙だった。マンローは「十二年ほど前……サンドサイド湾の岸辺を歩いていた」ときに不思議な生き物を目撃したらしい。女性の顔と胴体、魚に似た尾をもつその生き物は、長く垂らした髪を櫛でとかしており、美しいマーメイドのように見えた。日射しのなか岩の上で水浴びをしていたので、「体の特徴がはっきり見えた」。マンローはさらに、自分の証言の正しさを訴えようと、地元の人の噂は聞いていたが信じておらず、「実物をこの目で見て初めて、その生き物が現実に存在するのだと確信するにいたった」と説明した。以前は疑念を表明していたが、動かぬ証拠を前にして認めざるを得ない自分は、信用できる目撃者だというわけだ。マンローはまた、約一世紀前のコットン・マザーと同じく、「博物学者には信じがたかった事物が存在すること」をはっきりと示し、「自分の理解のおよばぬものにはなんでも異議申し立てをしようとする人の疑念を取り除きたい」と考えた。この試みは成功した。グレートブリテン島とアメリカじゅうの新聞と定期刊行物がマンローの目撃譚に「熱狂的な関心」を寄せ、一八〇九年十月、先進的なスコットランドの啓蒙時代の中枢、グラスゴーの哲学協会は検証に乗り出した。協会は、地元のジェントルマン、デイヴィッド・マッカイに連絡をとった。マッカイは、「サーソーの教師の投稿の内容は……偽りではなかった。それに、彼はその誠実さを疑われようのないジェントルマンである」と保証した。ほかにも目撃者がいるともいった。[★08] 信用できる目撃者と、哲学協会の調査と承認により、この人魚目撃事件は決着したようだった。

マンローの一件を発端とする一連の記事の人気が高く、一応のお墨付きも得たことは、当然ながら新聞の作り手たちを励まし、同種の記事がつぎつぎと掲載された。一八一〇年三月、ロンドンの〈モーニング・ポスト〉紙が、ワイト島（イングランドの南側の沖合三・二キロメートル）のある住民が最近、「血色がよく、緑がかった豊かな髪を肩のずいぶん下まで垂らした……マーメイドらしき生き物」を銃で負傷させたと報じた。[★09] 翌年の一八一一年にも、まちがいないと認められた目撃譚が二件つづいた。まず六月に、イングランドの船長が、バハマのナッソー沖に停泊中、「船腹のすぐそばまできた」マーメイドを目撃した。マーメイドを銃で撃とうとすると、「乗組員の黒人たちが慌てふためき、そんなことをすれば必ず破滅が訪れるといいだした」。この短い証言は、一八世紀の報告により近く、発見と迷信が対等であることを示している。しかし、同年に、もっと信憑性の高い目撃譚が報じられた。一八一一年十月、スコットランドのジョン・マイザックが、マーメイドとの遭遇を裁判官の前で証言したのだ。州長官、裁判官、キャンベルタウンの指導的立場にある複数のジェントルマンが、マイザックともうひとりの目撃者に時間をかけて詳しく話を聞いた結果、「彼の正直さを疑う理由はない」と明言した。裁判官らが自分の名前を公表したことも、「その動物の外見は、彼の証言どおりだった」との結論をあと押しした。[★10]

一九世紀に掲載されたマーメイドとトリトンの目撃譚を逐一精査していると、本章が扱う範囲を超えてしまう。だが、一八一二年から一八一七年に新聞と定期刊行物を埋めつくした大量の目撃譚、標本、ほら話が明白に示していることがある。それは、一九世紀初頭の哲学者と科学者が啓蒙時代の理想を大衆の領域まで広げようと努力するのと同時進行で、その努力が科学を信じたい気持ちや資本主義的な利益と重なりはじめたということだ。その五年間だけで、英国とアメリカの出版業者は、目撃譚五件、「本物の」人魚の版画二点、ほら話ひとつの宣伝をしたことになる。たとえば一八一二年八月、ロンドンの〈オブザーヴァー〉紙は、「ミスター・J・トゥーピン」と「ジェントルマンとレディの一団」がエクスマウス沖（イングランドの南西部、エクセター大聖堂から十九キロメートル〈十二マイル〉）を船で遊覧中に、「話に聞くマーメイドに似た動物」を目撃したと報じた。この記事は英語圏全域に衝撃を与えた。ある「ジェントルマンの医師」はこのハイブリッド生物にいたく興味をそそられ、捕獲した者に十八ギニー（人口の八十パーセントにあたる労働者の給料四ヵ月分以上）を支払うと申し出た。一方では、エクスマウス事件に触発されて、〈リヴァプール・マーキュリー〉紙に「小生もマーメイドは想像の産物だと考えていたひとりだが……誤った考えだったと今は認識している」という告白の投稿をするイングランドの男性も現れた。このジェントルマンは、エクスマウス沖での目撃の記事に詳細な説明を加え、人魚の目撃譚の歴史も書き添えて「どなたか有能な博物学者が……この不思議な生命体に関する仮説を新聞紙上で人々に示してくださるように」と願った。ついにアメリカの〈ペンシルヴェニア・ガゼット〉紙も、一八一二年十一月四日付の〈オブザーヴァー〉のエクスマウス関連の記事を部分的に転載するだけでなく、「フランスの某紙によれば、七月三十一日、ムラン（モルビアン県）の入り江で漁師五人がトリトンまたはマーマンを目撃した」という記事を載せた。[★11] 不思議な人魚を探し求める西洋世界の男たちを団結させるには、目撃譚がひとつあればよかったのだ。

エクスマウスの目撃譚は広い意味での興味に火をつけた。一八一四年の八月から十月に登場した一連の目撃譚、標本、ほら話が如実に示すのは、人魚が金銭的な利益を生む可能性はいうにおよばず、マーメイドとトリトンへの世間の信奉がいよいよ強固になっていった過程だ。すべてのはじまりは一八一四年八月二十日、〈アバディーン・クロニクル〉紙が掲載した、スコットランドの教師ジョージ・マッケンジーの報告だった。スコットランド北東部のポートゴードン沖で漁師ふたりが最近マーメイドとトリトンを目撃したという。前述のマッカイ、マイザック、トゥーピンと同様に、マッケンジーもこの奇妙な事件に対して科学的な態度をとるとして、「編集者への書簡」を「マーメイドという存在は長くつづいている論争の核心であるが」と書きだし、自分の書簡は「博物学者が重要な争点を解決する際、なんらかの貢献をする」だろうと述べた。まるで優秀な審判者のように、マッケンジーは漁師の名前（トーマス・ジョンソンとウィリアム・ゴードン）と、マーメイドとトリトン双方の詳細な描写（「片方は大きな乳房をもち、巻き髪ではなく……最近目撃されたほかの例より色白だった」）を情報として提供するとともに、自分の尋問の厳正さを強調した（「彼らはわたしを訪ねてきて、以上のような説明をした。ふたりの証言には寸分の食い違いもなかった」）。信用のある教育者が反対尋問という検証手法を用いたため、マッケンジーの記事は哲学者と一般の人々双方の共感をよんだ――英国の大手新聞各紙が彼の書簡を掲載し、十二月六日にはアメリカの新聞も報じた。[★12] それ以上に忘れてならないのは、マッケンジーの記事が口火を切った二ヵ月にわたる人魚騒動は、一九世紀前半の英国人とアメリカ人がマーメイドとトリトンの存在を証明するために――利益も得るために――どこまでやろうとしたかを示しているということだ。

　つぎの一ヵ月半で、事実と認定された目撃譚一件、笑い話の類の目撃譚一件、「自然から写しとった」図版一点、偽物の標本一体が英国の新聞に掲載されたのは偶然ではないだろう。人魚の信奉者から興行主、風刺家にいたるまで、こぞって人魚パイのひと切れを食べたがっているようだった。ロンドンの〈オブザーヴァー〉は、マッケンジーが報告した目撃譚を不滅のものにした翌日、ある目撃譚を皮肉るこんな記事を載せるという力技をやってのけた。「この立派な市民の奥方」にはマーゲートの浜辺で保養するときに緑のドレスで水浴びする習慣があるので、「マーメイドが現れたと勘違いする人が続出！」。もちろん、ただの茶番だった。だが四日後、ロンドンの〈モーニング・ポスト〉が、マッケンジーの話に対抗してべつの目撃譚を独自に仕入れ、スコットランドのアーガイルシャーから最近送られた手紙によると、「沖合でマーメイドを見たという話が……多くの人から続々と届いている」と報じた。このマーメイドは、女性的な上半身と「巨大なタラのような尾」をもち、美しい姿をしていたという。翌日、〈リヴァプール・マーキュリー〉へのある寄稿者は「諸君は訝《いぶか》りの笑みを浮かべるだろうが、これだけ多数の（マーメイドに関する）報告が実際に寄せられているのだから、事実であるのは疑いの余地がない」と述べた。[★13] これは皮肉でもなんでもなく、人魚が実在する可能性に対する近代的な興味そのものなのだった。もちろん新聞の作り手たちは、書かれていることが正確かどうかはおかまいなしに、売り上げを伸ばしてくれるこの種の投稿を大喜びで掲載した。この風潮は新聞に限らなかった。

一九世紀の都市の風景を特徴づける科学、資本主義、エンタテインメント、欺瞞の流れを映し出すように、一八一四年九月から十月にかけて、ロンドンとベルファストでそれぞれ、人魚ブームに便乗した展覧会が開かれた。[★14] 最初のロンドンで展示された身体標本は、それが一八一四年でなく一七一四年であってもくつろげたことだろう。ポケットに一シリング硬貨が一枚余分にあるロンドンっ子は、レスター・スクウェアへ行けば「自然史上選りすぐりの博物コレクションと、そのなかにひそむ自然を再現したあの希少動物、マーメイド」に迎えてもらえた。標本が本物だと納得させるため、キュレーターは、マンモスなどよく知られた生き物や「ほかの展覧会では見られない多種多様な動物」のあいだにマーメイドを配置した。こうした展覧会はけっしてめずらしいものではなく、主催者に何ポンドかの儲けをもたらしたはずだ。[★15]

しかし、一八一四年十月、あるペテン師が二ヵ月におよんだ新聞での熱狂を利用して、ベルファストの市民にいたずらを仕掛けた。十月八日、〈ベルファスト・クロニクル〉紙の郵便箱に届いた手紙いわく「（北アイルランドの）アイランドマージーの小島、ポートマックでマーメイドが捕まり、海水を満たした小舟のなかに入れられて、好奇心旺盛な人々に調べられた」。このいかさま師が実に巧妙なのは、手紙の最後の署名に、実際にアイランドマージーで暮らす「信頼厚き人物」ウィリアム・マクレランドの名を用いたところだった。また、同じマーメイドを見たという「ベルファストではそこそこ知られた」人たちの名前も書かれていた。要するに、実務能力の高いいたずら屋が、長年信用されてきた正当化のプロセスを究極の悪ふざけにしてしまったのだ。信用のおける情報源も、事実だと確認された証言も、身体標本もそろっていた。のちに一紙が力説したように「陰鬱なこの時代にあってさえ、マーメイドが一日の話題を独占した。ことさら疑り深い人も降参し、軽々しく信じた隣人を責める者もいなかった。あまりにも明確に事実が述べられていたため、ウィリアム・マクレランドの正直さは疑いようがなかったからだ」。マクレランドの話を載せた新聞が売店に並んだとたん、「一頭立ての馬車も乗り合い馬車も、荷車も、馬上の人も、歩行者もマーメイドを見ようと路上にあふれた」。しかし、この人々が仰天させられたのは、ポートマック住民と同じだった。マーメイドを見せろと小さな村に押しかけてきた大勢の人が、すべて茶番だと知って怒りをつのらせた――ポートマックのとあるパブの主人の顔に浮かんだ表情は想像がつく。がっかりした（恥もかいた）「お客さま」がベルファストへの帰途につくと、キャリックファーガス（道筋にある村）の村人たちが「盛大な歓声で迎え、馬のしっぽをぶら下げた大きなタラで彼らを先導した」らしい。つぎの一週間、マクレランドの騒ぎは英国とアメリカの新聞を駆けめぐり、一八一四年十月二十一日付のロンドンの〈モーニング・ポスト〉が掲載したこんな詩によって頂点に達した。

マーメイドの悪ふざけ

キャリックファーガス近くの邪《よこしま》なやつ
泥にまみれ涙にまみれ水に潜ったカモ

夢を見たか、酒に幻を見せられたか
現れたは世にもめずらしい――海の乙女か
そして男は惑わされた
ほんとうの話といいはった
嘘を隠し、おのれの労を飾って
みなが知る善き隣人の名を添えて
疑う者もいたが、信じる者のほうが多かった
広げられた騙し網にとらえられた
興味しんしん、誰も彼も
車がよばれた、あれもこれも
大きな馬車に小さな馬車
豪華な馬車に貧相な馬車
この幻についていったのが運の尽き
ポートマックへ大急ぎ
古き良きアイランドマージーでひと目見ん
水のない地でうるわしき海のニンフを拝まん！
だがなんということ！　彼らの怒りはいかばかり
なにもかも作り話とわかり
それはあつかましい策略家の仕業

暗い海に潜る者を騙す業《わざ》
こんなペテンで堂々と儲けるやつ
樫の棒で打たれるはず★[16]

騙されて恥をかいたにもかかわらず、英国の科学者も庶民も、マーメイドとトリトンの調査と正当化への熱意をもちつづけた。一八一七年、人気と実力をかねそなえたロンドンの版画家ジョン・パス（パースともいう）は、「マーメイド、一七五八年、一七七五年、一七九四年 Mermaid-Mermaids Exhibited Successively in the Years 1758, 1775, & 1794」［図061］と題した美しい版画の連作を公開した。本書の読者はこれらに見覚えがあるだろう。一七五八年と一七七五年のマーメイドは、《ジェントルマンズ・マガジン》に掲載されたもののカラー版だし、一七九四年のほうはロンドンのスプリング・ガーデンズで展示された標本をモデルにしている。ベルファストの場合とは異なり、パスの版画には、見る者を罠にかけたり騙したりする意図はなかった。むしろその逆で、ジョン・ミルナーの『ウィンチェスターの歴史、市民と教会、および古物史概観 *The History, Civil and Ecclesiastical, and Survey of the Antiquities of Winchester*』二巻（一七九八年－一八〇一年）のような貴重な書のために制作した版画ですでに評価を得ている人物が、科学性を重んじて人魚をとらえようとした結果だった。ジョン・パスが近代の運河や機械を正確に描いていたのはいうまでもない。ただ、人魚といえば大衆が飛びつくことをパスが理解していたのも確かだ。おそらく彼は、この版画が手っ取り早い金儲けの手段であることをわかっていたのだろう。このあとの三十年に多くの人がそうしたように、パスも人魚の人気を利用したのだ。★[17]

いずれにせよ、ここから二十五年にわたるサミュエル・バレット・イーデス船長とP・T・バーナムの大仕掛けが示すとおり、人々はたやすく人魚を信じ、たやすく財布の紐をゆるめるようになった。イーデス船長のマー

［図061］ジョン・パス画「マーメイド、1758年、1775年、1794年 Mermaid-Mermaids Exhibited Successively in the Years 1758, 1775, & 1794」（ロンドン、1817年）。

メイドが一八二二年にロンドンの大衆を夢中にさせるまでの過程は、何人もの歴史学者が詳しく記している。★[18] 貿易の仕事でバタヴィア（オランダ領東インド諸島）に足止めされているあいだに、このアメリカの船長は干からびたマーメイドに心を奪われ、船と積荷を六千ドル（二〇二〇年の約十三万ドル）で売ると決め（彼の所有分は全体の八分の一だけだったにもかかわらず）、その金で謎の小さなマーメイドを買いもとめた。それがまがい物の域を出ないとは知るよしもなかった。オランダの貿易商に、この奇跡の生物は日本の漁師の一団がとらえたもので、ロンドンにもち帰るやいなや人々の賞賛を浴びる（金も転がりこむ）にちがいないといわれ、その言葉を信じた。最初はイーデスがこの賭けに勝ったかに見えた。南アフリカのケープタウンに寄港すると、見物人はわが目を疑った。ある伝道師はあっけにとられ、「今日、町で展示されているマーメイドを見てきた。ずっと架空の生き物だと思っていたが、もはやその存在を信じるしかない」と手紙に書いた（この手紙は〈ロンドン・フィランスロピック・ガゼット〉紙に掲載された）。イーデスのマーメイドが一八二二年の秋にロンドンに到着したときには、彼のマーメイドはすでに有名で、ターフ・コーヒーハウスに展示スペースが用意され、英国じゅうの新聞という新聞が話を拡大させていた。★[19]

　イーデスの標本は、西洋人の人魚信仰と探究のひとつの頂点にはちがいないが、何もないところにいきなり出現したわけではない。結局のところ、ロンドンの庶民は何十年も前からイーデスのマーメイドを受け入れる万全の準備ができていたのだ。過去二十年だけでも、毎日のように人魚の目撃の確証が得られているように思われたし、読者の多い信用ある新聞や定期刊行物では、信頼度の高い執筆者が「これまで博物学者はマーメイドとマーマンの存在を疑ってきたが、いまやわれわれには動物界の二重の秩序への懐疑を慎める力がある」と声高に述べているのだから。科学者がカンガルーやカモノハシなどの新奇な生物に関する論文を発表し、自然界の矛盾の論証を進める一方で、マーメイドとマーマンは詩、小説、戯曲といった文化の表現では常連となった。それに、イーデスの標本はほかに例を見ない唯一のものではなかった。ほんの一年前にも、「本物のマーメイド」がスマトラ経由でロンドンに到着していた。ロンドンの新聞からフィラデルフィアの新聞まで、各紙がその奇妙な生き物の最新の情報を掲載したが、最終的にはロンドンの科学者がそれはアザラシだと判断し、胸が飛び出していることが「異常な現象を招き、通説になってしまったにちがいない」と述べた。だがそんなことは関係なかった。彼女はエディンバラにある外科医の博物館のメインホールに「マーメイド」として展示されたままだった。[20]

わたしたちは、イーデスのマーメイドそのもの――体長約九十センチメートル（三フィート）の奇怪で恐ろしい、干からびた小さな物体――もよく検討しなくてはならない。近年、科学者がX線を使用して、現存する多様なマーメイドの標本に実際に使われた材料を明らかにした。標本は「金属部品（針金と釘）、木材（胴体、両肩、尾の内部構造）、紐（頭の内側）、粘土と同質らしき材料、密度の低い布らしきものの層」［図062］でつくられていた。[21] 熟練の技をもつ日本の職人は、さまざまな材料を使ってサルの上半身と魚の下半身をもっともらしくつなぎ合わせた。これを製作した理由は今もわからない。第六章で詳しく見るように、日本人には独自の人魚との交流の歴史があったのだが、ヨーロッパとかかわりはじめる前の日本では、人魚が人間に似た生き物だと考えられることはめったになかった。ところが、日本の寺社仏閣にはイーデスの人魚と同じような小さな偽人魚が現在も所蔵されているというし、なかにはずいぶん古いものもあるらしい。ここでまた「鶏が先か卵が先か」の謎かけのようになってしまう。日本の職人は、江戸時代（一六〇三年－一八六八年）に人魚との出会いを期待して「極東」にやってきた、騙されやすいヨーロッパ人に売りつけるために偽人魚をつくったのか、それとも、文化や宗教の慣習にしたがって昔からつくっていたものを、たまたまヨーロッパ人が何体か手に入れたのか。人魚にまつわる問いの常として、ここでも明確な答えは出されていない。[22]

わかっているのは、一九世紀が展開するにつれ、とくに日本が開港した一八五四年以降、日本のマーメイドが西洋世界のいたるところに存在するようになったことだ。たいていは学者が挙げるふたつの型――「絶叫」型（立っているが体はグロテスクにねじ曲がっている。イーデスの標本が典型）と「腹這い」型（腹部を下にして水平に伸びた体勢）——のどちらかだった。日本のマーメイドに美の要素はなく、初期のキリスト教会や動物寓話集を美しく飾ったマーメイドやマーマンとは似ても似つかなかった。それらは醜悪な時代の醜い生き物だった。人魚を実在する生物として人々に受け入れさせるなら、それは海の向こうの不思議と物理科学が巧みに組み合わさったものでなければならなかった。日本の職人がつくった人魚は、この要件に適っているように思われ、だからこそ、イーデス船長はなにがなんでもマーメイドをロンドンに連れ帰ろうとした。自分の財産と人脈と面目をかける価値があると考えたのだ。

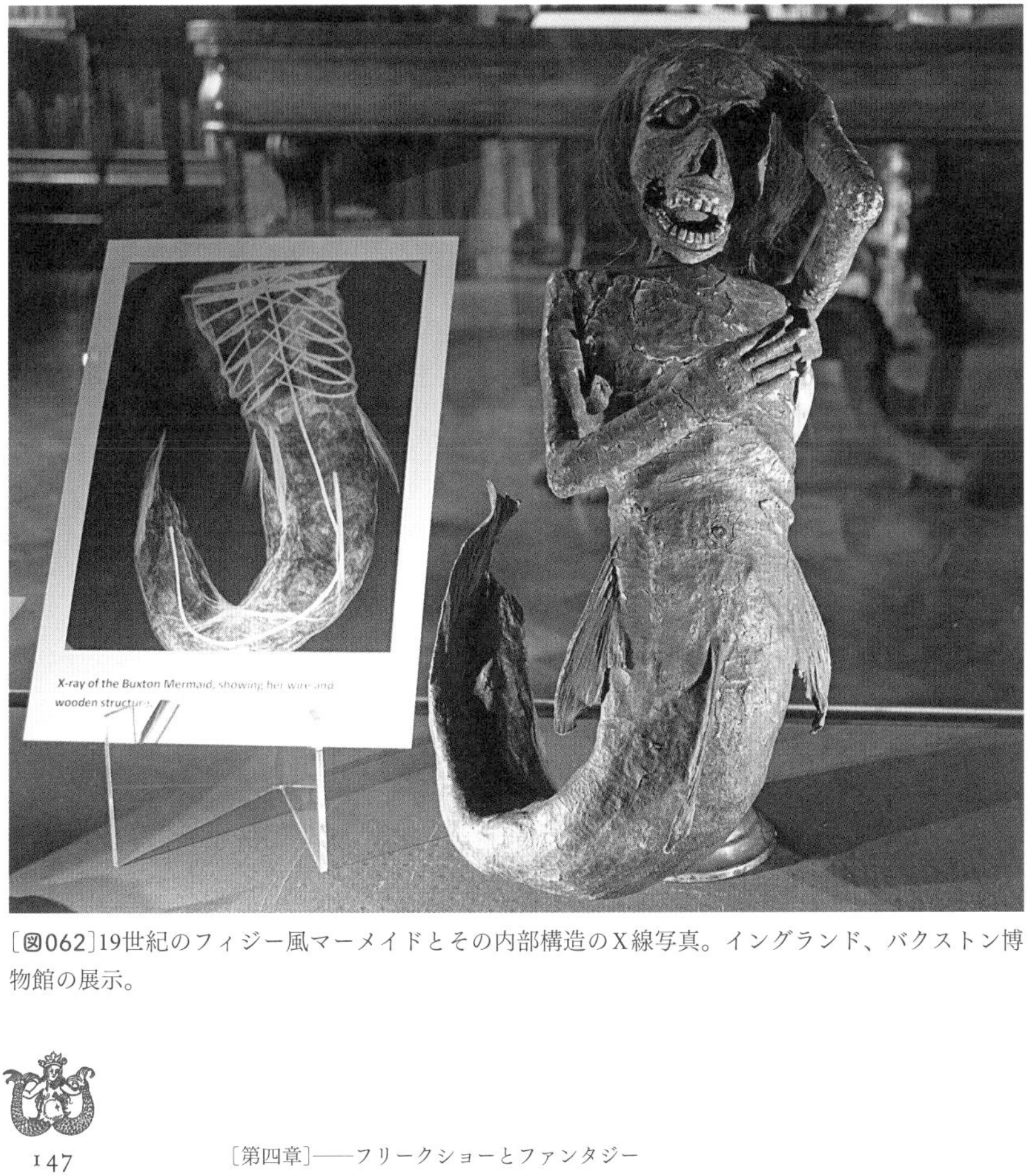

［図062］19世紀のフィジー風マーメイドとその内部構造のX線写真。イングランド、バクストン博物館の展示。

当初、ロンドンの税関職員はイーデスのマーメイドを輸入禁止品として押収した。この中断が逆に功を奏した。イーデスは空いた時間を使ってロンドンのターフ・コーヒーハウスに展示場所を設け、英国の新聞各紙に広告をうった。有名なイングランドの画家ジョージ・クルックシャンクにマーメイドの絵を描かせ〔図063〕、「世界の不思議、全時代の憧れ、哲学者と歴史学者と詩人のテーマ」と銘打った。だが、誰もが納得したわけではなかった。「分別と科学の人」を自称する男が、一八二二年八月上旬、〈ロイヤル・コーンウォール・ガゼット〉紙に投書し、軽はずみに信じるなと人々に警告した。「世間がいうことの半分しか信じるなという格言がある。わたしはこの警句とそれにまつわる逸話にしたがって、自分の目で確かめるまでは、半分しか信じるつもりはない」。彼は痛烈な一文で投書を締めくくった。疑り深い人間と見なされていることも「変わり者《オッド・フィッシュ》と思われている」ことも承知しているが……「署名が示すとおり、わたしはただの男《ミア・マン》である（ただしアメリカの船長に捕まりはしない）」。ある「スコットランド人《サーニー》」がロンドンの〈モーニング・クロニクル〉に宛てた投書も記事になった。「この生き物がバタヴィアに到着したときに、自分の手で触れ、細部まで調べて」、まがい物だと確信した。この人物は、イーデスに対して「王立外科医師会が指定する個人または団体に標本を提出し、解剖を依頼するべきだ。万が一、ほんとうに自然がつくったものだと判明した場合、損失分はわたしが補償しよう」と申し出た。〈ザ・ガーディアン〉紙は「なんらかのペテンだと強く疑っているが、まもなく明らかになるはずだ」というにとどめた。★23 そして実際、すぐに明らかになった。

イーデスは自分がとらえたものが本物であることをみじんも疑っていなかったので、スコットランド人の要求にたやすく応じた。拒否する理由があるだろうか？　真の奇跡を手にしたと思い込んでいたのだから。十月下旬、ついに展示会が始まると、一シリングの見物料を支払って日に何百人もが喜びいさんでロンドンのターフ・コーヒーハウスを訪れ、奥の一室のガラスのドームに収められた小さな化け物を見た。ある人が初めて見物に

Etched by Geo Cruikshank
Pub by G Humphrey 27 St James's St London Octr 20th 1822
The Mermaid!
Now Exhibiting at the Turf Coffee-house
39 St James's Street.

［図063］ジョージ・クルックシャンク画「マーメイド！」、1822年の広告。

いったときの様子を〈モーニング・ポスト〉に記している。

告白すると、部屋にはいったときには、マーメイドという名が意味する真実に多少なりとも近いものを見定める心の準備をしていた。すると驚いたことに、目の前に現れたのは、マクベスを観劇した直後の人よりおぞましい表情をして、ガラスケースにねじこまれている、身の丈八十センチメートル足らずのしなびた体だった！　老齢とわかる深いしわ、皮膚は茶色く、まだら模様まであった！　とほうもない苦痛のなかで死んだのだろう。類のないほど醜い顔つき。歯をむき出しにしたままの表情が、激痛に耐えたことを物語っていた。子どものように両手を挙げ、わたしの運命を憐れんでくれと叫んでいるようだった！★24

伝承のマーメイドとはまったく別物だった。彼女はどうやら「ガラスケースにねじこまれている」、「とほうもない苦痛」のなかで死んだとおぼしき「おぞましい」生き物であり、ロンドンっ子が地元の展覧会や博物館で見られる、しなびた状態で保存された平凡な部類の生物に近かった。つまり、信用できる科学標本だった。

残念ながら、イーデスと彼の醜いマーメイドは坂道を転げ落ちた。船長の過信が身の破滅をもたらした。金はどんどんはいってくるし、新聞は毎週のように新しい記事を載せてくれる。イーデスは科学者にマーメイドを調べさせようと決めた。標本が本物と証明されるのはまちがいなく、そうすればもっと人気が高まると信じていた。ところが、ウィリアム・クリフト——解剖学と動物学の分野で実績のある科学者——が解剖したところ、マーメイドは偽物と確認され、なかの詰め物、木の骨組み、作り物の目玉が白日のもとにさらされた〔図064〕。イーデスは先手を打って、クリフトに黙秘を誓わせており（口でいうほど自信がなかったのだろうか?）、その後、どうにか二流の博物学者にマーメイドは本物と証言させた。だが、ロンドンの科学者たちの結束は予想以上に固く、その証言がなされた直後の一八二二年十二月、《ジェントルマンズ・マガジン》——この出版物はそもそも近代初期から人魚の科学に深くかかわっていたことを思い出してほしい——が、イーデスの策略に一杯食わされた科学者をひとり残らずこきおろす、J・マレーによる批評を載せた。《ジェントルマンズ・マガジン》と《ロンドン・マガジン》は、それから何ヵ月も人魚の記事を掲載しつづけ、新聞もしばしばそれを転載した。大衆はイーデスの本性を見抜き、イーデスもそれに気づいていた。切羽詰まったイーデスは、金をつぎこんで、「セイレンあるいはマーメイドとよばれる海獣の歴史追想録」と題したインチキ科学展の宣伝冊子をこしらえた。そのうえ、偽物と知りながら黙秘を誓ったべつの人物、サー・エドワード・ヒュームの名を出して、このマーメイドは科学者のお墨付きを得ていると発表した。★25

イーデスは債権者にもじりじりと追い詰められ、バタヴィアで売った

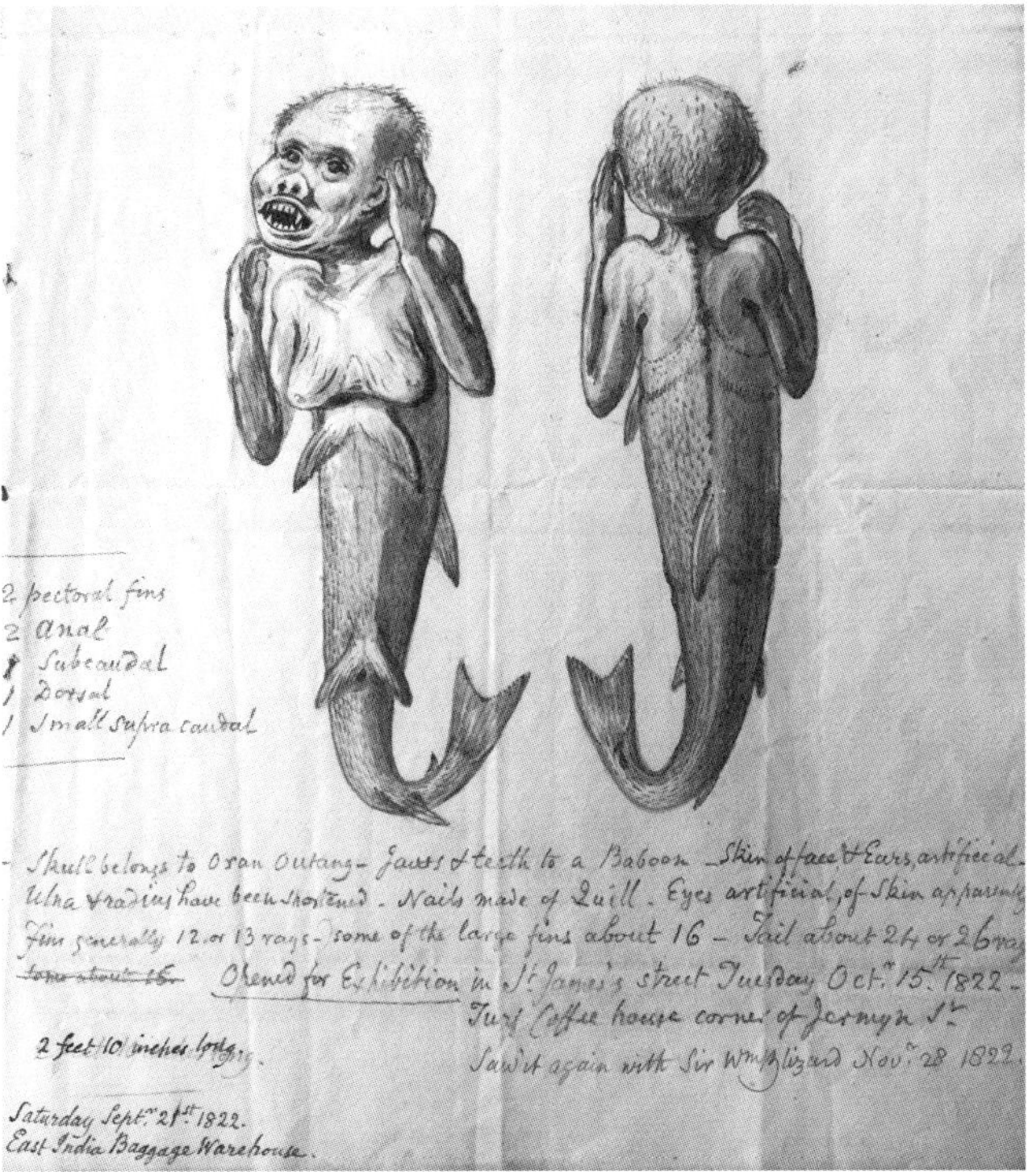

［図064］ウィリアム・クリフトによる、イーデスの偽物マーメイドの分析と絵（1822年11月29日）、王立外科医師会（キャビネット11.7）。

船の大口所有者スティーヴン・エラリーからも、正式な承認なしに商取引をしたかどで訴えられていた。一八二三年の前半には、イーデスのマーメイドは「博学なブタのトビー」［図065］の脇役として巡業に出ていた。観衆はしだいに不満をつのらせ、あるとき、ひとりの男がマーメイドをふたつにぶった切って哀れなトビーを生きたまま丸焼きにするぞと脅した。数年間、イーデスはマーメイドといっしょにイングランド各地をまわったが、成功したとはとてもいえなかった。一八二五年、美しいマーメイドと宣伝してロンドンのバーソロミューの市に出したが、最後の悪あがきでしかなかった。イーデスは結局、船を売った金をスティーヴン・エラリーに返すはめになり、ふたたび一介の船長に戻った。しかし、海で余生を送った失意の船長とは対照的に、彼のマーメイドの世界ツアーはまだ始まったばかりだった。[★26]

　イーデスのペテンのせいで英国人が人魚に幻滅したと推測するのは自然――論理的でさえある――だろう。だが、そうはならなかった。実際には、イーデスの手口をまねて手っ取り早く儲けようとする人間がイングランドとアメリカにうようよ現れた。イーデスのマーメイドが人気絶頂だった一八二三年からP・T・バーナムのマー

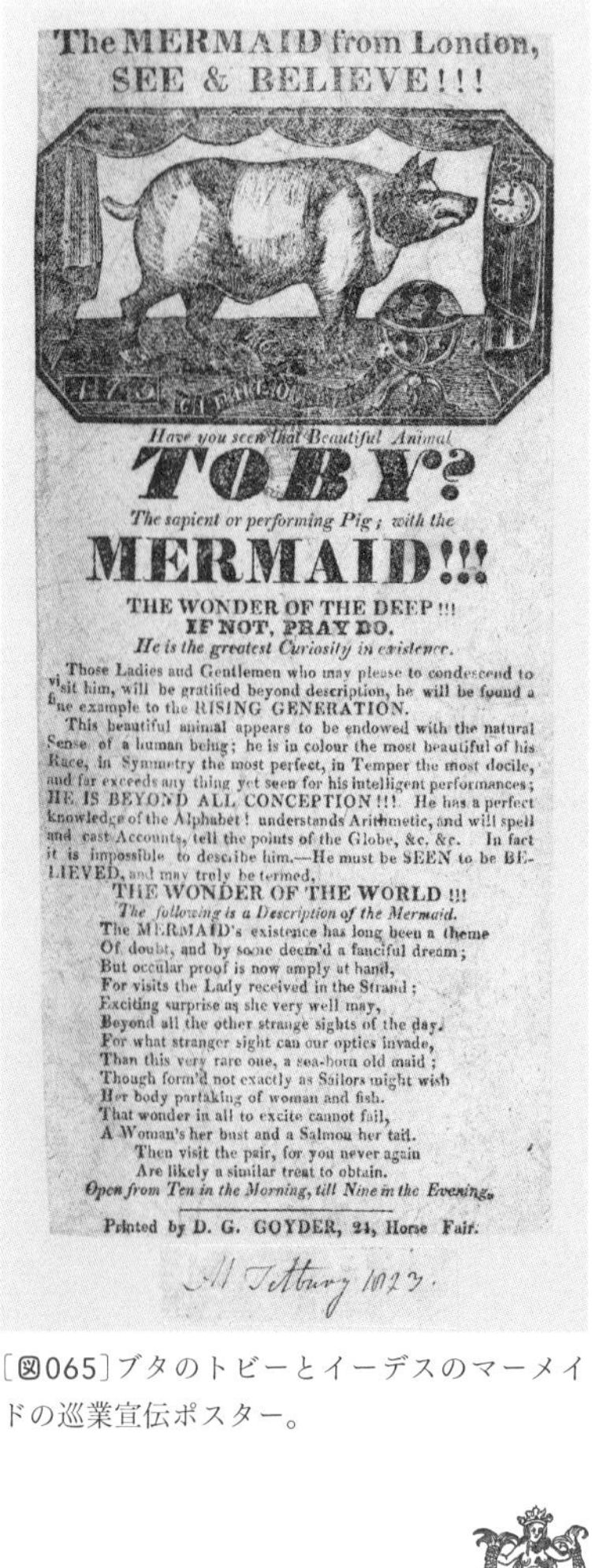

［図065］ブタのトビーとイーデスのマーメイドの巡業宣伝ポスター。

メイドがアメリカに届く一八四二年までに、「本物」の標本八体、目撃譚十一件、ほら話七つ、公式の人魚史多数、科学の小論文数本（解剖図のようなものだが）が西洋の新聞と雑誌に掲載された。商売人と編集人による標本やほら話や目撃譚の売り込みの度が過ぎたため、早くも一八二四年には、「新聞はいまや、すでに二十回も語られた……マーメイドの物語ばかり載せている」と警鐘を鳴らした筆者もいたほどだ。新聞編集者は、標本を本物と紹介することもあれば（そのなかに、近年イングランドに届いて「ロンドンの高名な博物学者らが調べ、自分たちの見立てでは本物だと明言した」一体が含まれていた）、明らかな偽物として紹介することもあった（「ワッピング〔テムズ川沿いの海運業の町〕で水先案内人《パイロット》の古いかつらと腐りかけのサケからつくられた、本物の生きたマーメイド」）。だが、自己矛盾にすぎないような文言もあった★27（「怪物を製作するこの習慣も、そろそろ鼻につきはじめている」）。

とりわけおぞましい事例がある。一八四一年二月、ハドソンというイングランド出身の男がローマでマーメイドを展示した話をロンドンの〈モーニング・ポスト〉が報じた。見物客は、ハドソンが人間の女性に無理やりマーメイドを演じさせていると気づいて驚愕した。哀れな女性に首輪をつけ、彼女が助けを求めて叫ぶたび、首輪を引っぱって水槽に沈めた。幸いにもローマの役人が女性を救出し、ハドソンは終身刑に処された。★28

一方、ポスト・イーデス時代の科学者と歴史学者は、人魚の問題と真正面から取り組んだ。イーデス論争が最高潮に達した一八二三年、リンネ協会はエドワード・ドノヴァンに対して、「のちに〝マーメイド〟と称されて大衆の関心を集めた多義的物体」についての短い論文を、ドノヴァン自身が発行する月刊誌《ナチュラリスツ・リポジトリ》に掲載してはどうかとすすめた。著名なヨーロッパの学者や「日本と中国に現存する書物」から苦労して得たとされる新情報を盛りこんだその記事は、協会もドノヴァンも「けた違いに興味を引くはずだ」と自負した。★29

歴史学者もこの奮闘に参加して、古代の西洋世界がマーメイドとトリトンに向けた関心を理解するため（本書の趣旨に近い）、新聞・雑誌への投稿記事や短い著作を数多く発表した。イングランドの著名な批評家にして随筆家のリー・ハントは、「詩人が描いたセイレンとマーメイド The Sirens and Mermaids of the Poets」（一八三六年）、「トリトンと海の男たち Tritons and Men of the Sea」（一八三七年）と題した詳細な分析を英国の主要な雑誌で発表し、古代西洋の哲学、芸術、宗教におけるマーメイドとトリトンの歴史を、それぞれ解説した。[★30] ハントの発表の目的は、人魚の実在を証明することではなかった――むしろ、マーメイドとトリトンが科学的事象ではなく文化的現象であると明らかにすることだった。

ハントによる歴史の分析と歩調を合わせるように、科学者も努力を重ね、一八二三年から一八四二年にかけて、人魚の正当性の完全な反証とまではいかなくとも、くつがえそうとする小論文を十本は発表した。[★31]「人魚とはジュゴンかアザラシかマナティが謎めいた未知の生き物と誤解されているだけ」という説がとくに支持された。一八四〇年にある博物学者が述べたように、「船乗りらが想像をふくらませるうちに、アザラシ……あるいはほかの何かしらの海獣を美しい女のようだと妄想し、波紋か夏の穏やかな波を青緑色の波打つ髪と見まちがえたのだ」。つづけてこのイングランドの学者は、人間にはパレイドリア〔精神医学用語で、対象が実際とは異なって知覚されること〕の傾向があると読者に思い出させた。「われわれは炎のなかに人の姿や何かの光景が見えたと思い込んだり、雲を城や実在しないものに見立てたりしがちだ」。波間を突き進む肉体であれ、ガラスのなかの干からびた小さな標本であれ、マーメイドはいぜんとして、よくても錯覚、最悪の場合は「ならず者が珍品の収集家に仕掛けたペテンの一種」だった。[★32]

だが、さまざまな意味で、目撃譚、ほら話、歴史解説、科学論文は、人々のなかにくすぶっていた、人魚に関する迷信や興味や文化との関連性を鎮めると同時に燃え上がらせた。結局は、その類の記事がマーメイドとトリトンをつねにニュースにして、人々に「話題」を提供したのだ。マーメイドはロンドンの舞台でも、大西洋の両側で人気を博した詩でも、いろいろな分野の短編小説でも、文化的なジョークでも主役を演じた。[★33] グレートブリテン島の北東の突端、アバディーンシャーの海沿いの町でも、人魚の意義はあいかわらず大きかった。一八四二年三月十八日付の〈ハル・パケット〉紙はこう書いている。「しかしながら、ケイルンバル、コーリエストン、フィナン、フットディーの住民は……水に棲むケルピー〔スコットランドの伝説に登場する馬の姿をした水の精〕やマーメイドや幽霊を今でも信じている。目に見えない空想の存在を前にして、彼らは身を震わす」★34。科学と軽信はたいてい表裏一体だった。前述の博物学者が人魚を「ペテンの一種」と断じた同じ年に、たとえば、ペンシルヴェニアの新聞は、船乗りとマーメイドの交流の物語を掲載し、船乗りに「自然には起こり得ないことなどない……アザラシとアリゲーターは獣と魚の性質を結びつけている。ヒヒと類人猿は獣と人間を結びつける。ならば、マーメイドも人間と海の魚を結びつけるのではないか?」といわせた★35。十年間でマーメイドの目撃譚と標本は何倍にも増え、探険家は新たなハイブリッド生物や奇妙な土地を発見し、技術はすさまじい速さで進歩した。そのなかで、多くの西洋人が「自然には起こり得ないことなどない」と信じてしまった。これこそが、一八四二年、ボストンでイーデスのマーメイドを購入した三十二歳のアメリカの興行師、P・T・バーナムが期待していたものだった★36。

イーデスとちがい、バーナムは「フィジーのマーメイド」(彼はそう名付けた)を本物の標本と信じてなどいなかったが、大儲けをさせてくれそうだという点では「そのマーメイドを信じて」いた。アメリカの大衆の大半が「マーメイドの存在に懐疑的」だとわかっていたバーナムは、彼の言葉を引用すれば「引力の中心から少し離れたところで〝ボールを転がしはじめる〟」ことを望んだ。そこでこの抜け目ない実務家は、数十年にわたり人魚の正当性をめぐる議論を報じてきた新聞のネットワークを活用して、フィジーのマーメイドという存在を世界に知らしめた。さらにバーナムは、科学的な報告書と思われる書類(書いたのはバーナム本人だ)をアメリカ南部から郵送するという知恵も働かせた。そこでは「知識をそなえた医師」が「太平洋と東インド諸島を経由してフィジー諸島から」最近到着したマーメイドを見たと明言していた。それからフィラデルフィアに人を送ってニューヨーク市の文化団体、自然史ライシーアムの会員のふりをさせ、偶然をよそおってフィラデルフィアの新聞の編集者にフィジーのマーメイドの標本を見せた。その後まもなく、フィラデルフィアとニューヨークの新聞は、「近年まれに見る珍品」であるこの干からびた小さな生き物の話でもちきりとなった。バーナムとしては、「フィラデルフィアの新聞がニューヨークの新聞と協力して、マーメイドを見たいという拡大しつつある大衆の好奇心を活気づけた」と声を大にしていうばかりだった。[★37]

それからの三年間、バーナムはペテン、「科学」、エンタテインメント、資本主義的広告といった要素を悪賢く組み合わせながら、なかなか消えない大衆の騙されやすさを利用して先達の誰よりも多くの利益を得た。そうするなかで、西洋世界にあった、マーメイドとトリトンは存在するという信仰めいた気持ちをあおると同時にうち砕いた。一八四二年の夏、バーナムは（新聞広告とはべつに）彼のマーメイドをイメージ

［図066］1842年にバーナムが製作したパンフレットの三人組のマーメイドの絵の複製。P・T・バーナム『P・T・バーナムの生涯、自叙伝 *The Life of P.T. Barnum, Written by Himself*』（1855年）より。

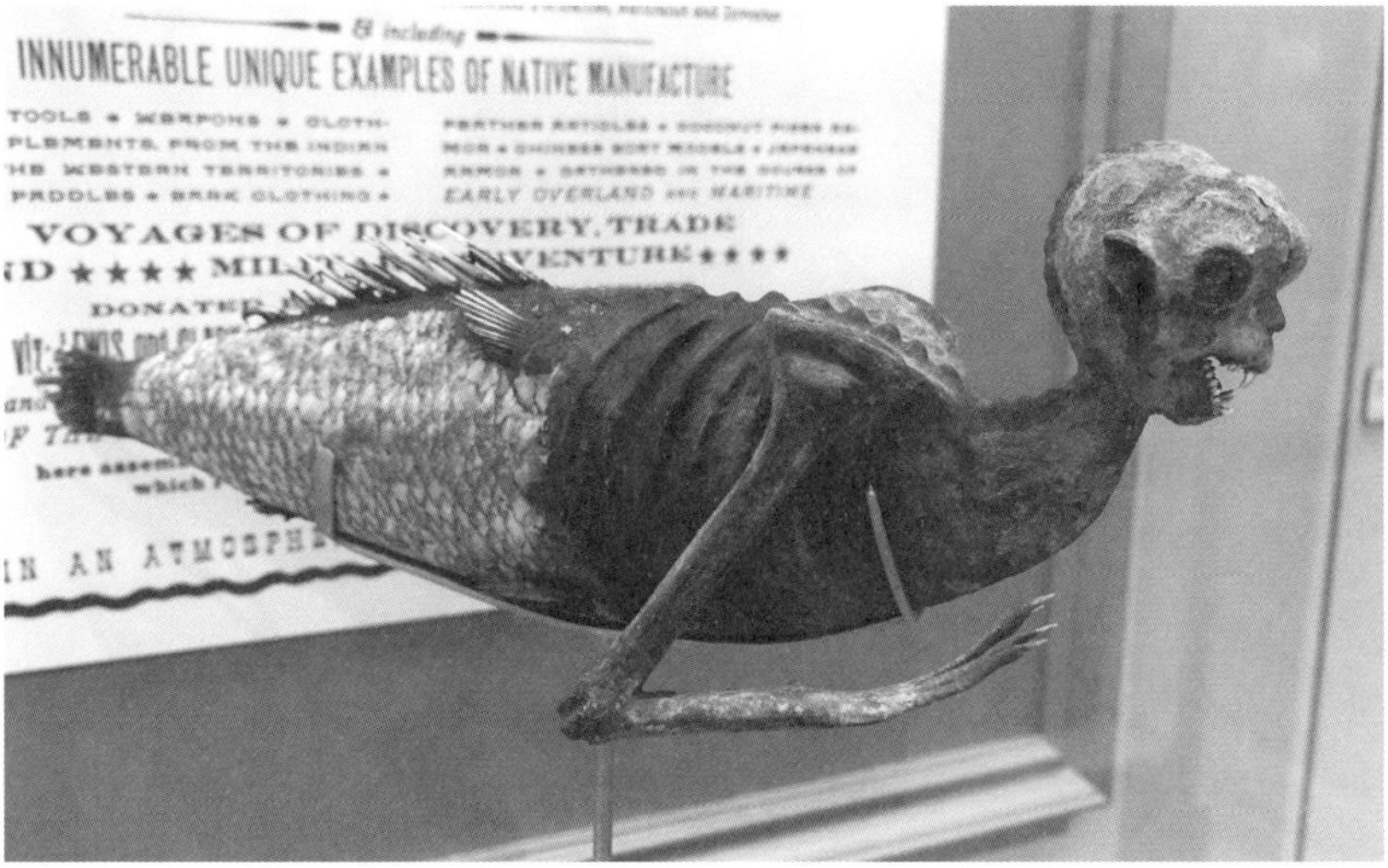

［図067］バーナムの「フィジーのマーメイド」を模した紙張り子。マサチューセッツ、ケンブリッジのピーボディ考古学・民族学博物館の展示（2017年）より。

した絵［図066］と「マーメイドの信憑性」に関する科学的証拠を呼び物にした宣伝冊子を一万部ばらまいた。この狡猾な前宣伝作戦が成功したのは、バーナムのいうとおり「人々のマーメイド熱がいまや十分に盛り上がっていた」からだ。一八四二年の秋に一般公開されると、フィジーのマーメイドはニューヨーク市を熱狂の渦に巻きこんだ。大喜びの観客は、フィジーのマーメイドがパンフレットの美しい乙女と似ても似つかないという事実もたいていは前向きに受けとめた［図067］。この「世界最大の驚異」によって、観客の熱狂は頂点に達した。実際、バーナムは、観客たちは喜んで騙されたと主張し、『ヒューディブラス』の一節「騙すと同様　騙される喜びも／疑いもなくこれまた大きい」（『ヒューディブラス』、松籟社、二〇一八年、バトラー研究会訳）をよく引用した。★38

さまざまな意味で、バーナムは正しかった。マーメイドはニューヨーク市で大衆に娯楽を提供する一方、新聞社の社主に利益をもたらすことを証明してみせた。一般大衆も新聞も「それが喧伝されているとおりのもの――正真正銘のマーメイド――だと心底納得させてほしい」

と願っていた。〈ニューヨーク・トリビューン〉紙の編集者は、「われわれの疑いはまだ消えてはいない」としながらも、白旗を掲げた。「目端が利くヤンキーがどこでどのようにサルの頭と魚の体をくっつけたのか、見破ってやろうとがんばってはみたが、諦めるしかなかった」。疑念を残したままとはいえ、受けたダメージは深く、「ほかにどう考えたらいいのだろう。この目で見たものに今なお動揺している。もっと鑑定力の高い人々の精査を待って意見を仰ぎたい」と述べた。口コミと紙上の宣伝のおかげで、バーナムは最初の二ヵ月で四千六百十三ドル九十三セント(二〇二〇年の約十一万ドル)を稼いだ。★39 だが、この大儲けもさらなる関心をよび、「もっと鑑定力の高い人々」すなわち地元の科学者による「精査」がおこなわれることになった。そして、ただちに明らかになるように、バーナムがつなぎ合わせた嘘とペテンは顕微鏡の下でもちこたえられなかった。

最初の数ヵ月は、世間も新聞もバーナムを支持する声のほうが比較的強かったが、ひどいほら話にうんざりし、生物の進化と分類の論争でますます防備を固められる方向へ進んでいた科学界は、ペテンを前に手をこまねいてはいなかった。バーナムは、自身の名を冠した「バーナムのアメリカ博物館」でフィジーのマーメイドを展示し、たんまり稼いだが、一八四三年の夏には、ニューヨークの片隅で生じていた問題にも気づいていた。見物客は徐々に減り、標本は偽物だと科学者が表明していた。稀代の詐欺師であるバーナムは、場所を変えればこの苦悩も軽減されるかもしれないと考え、フィジーのマーメイドを南の土地へ送った。残念なことに、新たに雇った宣伝人はニューヨークで宣伝を担当した仲間のように立ちまわりが上手くなく、サウスカロライナのチャールストンの権威ある科学者と教授の一団が、バーナムのマーメイドは完全な偽物であり、「類人猿の頭と肩をタラの尾と不自然に接合した代物……さほどの労なく確かめられた胴体の皮膚は魚のもので、その内側にあるサルの皮膚に上からかぶせている」と断定すると、たちまち論争が沸き起こった。バーナムと彼のマーメイド、それにまんまと騙された大衆をからかう記事が、その後何ヵ月も(いや何年も)アメリカじゅうの新聞をにぎわした。ヴァーモントの〈ミドルベリー・ピープルズ・プレス〉紙は「マーメイドがいないとしても、荒稼ぎ《マニーメイド》はまちがいなくなされたのだ」と皮肉った。[★40]

たしかに大金が動いた。フィラデルフィアのピール一族がバーナムの悲哀に乗じて、一八四二年、「バーナムのアメリカ博物館」と対抗していたピール博物館に「嘘八百《ファッジ》のマーメイド」を展示した。科学的な見地に立った評判の呼び物、ファッジのマーメイドは、標本の尾を「壊して骨組みのつっかえ棒の一本が見えたまま」にするというやり方で、フィジーのマーメイドを揶揄《やゆ》した。つまり、ピール一族は、そうした偽の標本の構造をしかと暴き、大衆の騙されやすさ、科学の進歩、いかさま、博物館の多様な目的を見る者にじっくり考えさせることによって、バーナムの（遡ればイーデスの）大ぼらを大ぼらに戻したわけだ。[★41] バーナムと彼のマーメイドは——少なくとも信用できる本物という意味では——終わったとアメリカの大衆の目には映った。

「バーナムの時代」は、科学界も世間一般もマーメイドとトリトンの実在を信じる時代の終焉を暗示していた。ニューヨークの〈ブルックリン・デイリー・イーグル〉紙は、一八六〇年八月十日付の紙面で「バーナムがマーメイドに与えた結末は、（この種の生き物）にまつわる古くからのロマンスをすっかり消し去った」と巧みな表現をした。[★42] 大衆向けの刊行物が取り上げる人魚はいかにもうさんくさく、ほら話やペテンや偽善の象徴として、とくに政治や個人を攻撃するために使われるのが普通になった。それでも、歴史学者や科学者がアメリカ西部の特定の地域に残るマーメイドとトリトンの迷信は誤りだと証明しようと、新聞社や出版社に出向く頻度も高まったという事情から、人魚はニュースで扱われつづけたのだが、一般的には、人魚を現実に存在する生き物としてとらえる人魚信仰は衰退した。そしてこの事態こそ、ほとんどの科学者が求める方向だった。

一九世紀後半の西洋の科学者による人魚研究は、かつてないほど複雑さと矛盾を増した。科学者の多くは、「科学から主観的、文学的、神話的な要素を排除」するため、「事実」に重きを置く「近代」の考え方を利用した。そのなかで彼らは、人魚をはじめとするハイブリッド生物という概念の完全な不合理性を証明しようとした。だが、単なる合理性の追求だけでなく、チャールズ・ダーウィンの進化論に対抗するのを目的として、人魚信仰の不合理性を探る者もいた。その一方で、マーメイドやトリトンなどの神話の生き物の存在を反証するよりむしろ、証明するために近代的な科学手法の採用を目指す思想家たちも（少数だが）いた。さらに少数だが、中世の西洋世界の信念にしがみつき、人間が神の御業を完全に理解することは不可能で、あまたいる奇怪な生き物と同様に人魚も存在するかもしれないと考える者もいた。矛盾をはらんだ混沌の世紀を映し出すように、当時を生きる科学者の人魚研究は、この奇妙な生き物に対する人々の理解を前進させた分だけ、後退もさせた。★43

ダーウィンの進化論は、西洋の科学者のあいだの論戦に火をつけた。妙なことに、その論理的な数々の議論のなかで、人魚がしばしば重要な役目をはたした。英国の大衆向け週刊誌《パンチ》から閉鎖的な講堂まで、あらゆる場所で人魚は「自然学者や素人解説者がダーウィンの理論の価値や意味を論ずるための材料」となった。一八五九年に出版されたダーウィンの『種の起源』（一九九〇年、岩波文庫ほか）が多数の科学者を激怒させたのは、異なる種のあいだには進化の過程を示す「失われた環《ミッシング・リンク》」が存在するという仮説、多種多様な進化上の変異を説明する自然選択の理論、そして、自然の理解に際して創造主である神の関与は不要だという示唆が原因だった。彼らは、論争の的となったダーウィンの説にことごとく反対し、そのような過激な理論が助長するだろう軽信性や混乱や愚かしさの証拠として人魚を例に挙げた。一八六八年、《パンチ》が人魚を使って、博物学者が世間知らずなのはダーウィンの理論のせいだと揶揄した［図068］。べつの雑誌は「ダーウィン氏が求める適応性はとどまるところを知らない……彼の主張にしたがえば、かつては世界の海にマーメイドがあふれていたと人々が簡単に信じてしまうのが目に見えるようだ」と、ダーウィンの理論が可能にする世界のばかばかしさを指摘した。英国を代表する科学者サー・ウィリアム・ジャーディンは、人魚の存在を信じるとまではいわなかったが、ダーウィンの理論の不調和はすべてを可能にし、すべてを不可能にしたと述べた。その不調和によって過去の分類、進化、人類学の概念はいともあっさり捨てられたので、ダーウィンの世界では、マーメイドとトリトン――「少年時代にわくわくしながら本で読んだのに、ただの詩的な空想と見なすように教えられた」生き物――はやはり存在しているかもしれない、もっといえば、存在してしかるべきだろうと。[★44] しかし、ダーウィンに対する中傷者はさておき、「近代」の科学談義では、人魚はいぜんとして、神話、不思議な事象、宇宙における人間の位置づけの象徴として重要な意味をもっていた。

一八四五年から一九〇〇年に西洋の新聞に登場した科学論文のほとんどは、ダーウィンの理論の精査をしなかった。むしろ、「無限の」可能性をもつ「驚異の科学技術」が、過去の軽信性と劣等性をどれほど凌いだかを示すことに専念した。[★45] 科学的なアプローチで人魚に迫る記事は、一八四五年を境に急増し、五十五年間で少なくとも七十本が

MR. PUNCH'S DESIGNS FROM NATURE.(P)
TOILETTE DU SOIR À LA SIRÈNE.

［図068］リンリー・サンボーンが描いたマーメイドによる風刺画、《パンチ》誌(1868年7月11日)より。

掲載された。前述したように、バーナムのペテン以降のその長い年月に書かれた記事の内容は、マーメイドの目撃とは、マナティやアザラシやジュゴンを神話の生き物と見まちがえただけだというのが一般的だった。博物館はマナティを「マーメイド」と宣伝しさえした。前者は本物で、後者は神話の生き物にすぎないことが常識となったからだ。[★46]

もっとも、バーナムのペテンは人々の記憶に残っており、科学は年々めざましい進歩をとげていた。第一線の思想家もまた、これを自分たちの近代観を大衆に知らしめる好機ととらえた。一八五四年、ある筆者は、人魚は「消えてなくなった……まだやるべきことが残っているのか？　世界は探険しつくされ、鉄道もほぼ敷設されている」と思案した。一八七八年、ロンドンの〈イラストレイテッド・ポリス・ニュース〉紙に載った新着の「マナティ」マーメイドの広告は、そのような生物を「理想のマーメイド」や「日本的なマーメイド」とはっきり対比させるもので、同紙の科学的な姿勢を実証する結果となった〔図069〕。翌年、過去の人魚信仰を論じた某編集者は「かつて人々が深く愛したあらゆるものを、科学がこの世界から追放する日も遠くないだろう」と結論せざるを得なかった。一八九二年、古代の人魚にまつわる迷信を調査した某筆者も「今こそ古代の神話について対話を始めるとき」といい、数年後には、あるイングランド人が「科学の冷光が地球のもっとも辺鄙な地まで照らし出す今、伝説の生き物が棲む余地はない……マーメイドはただのジュゴンなのだ」と述べた。[★47]

とはいえ、例によってマーメイドとトリトンに関する限り、物事は単純でなかった。科学者と哲学者のなかには、地球と宇宙の未知の領域の考察にこの謎の生物を取り入れる者もいたからなおさらだ。一九世紀後半になってもなお、人魚が実在する可能性を否定しない科学者もいた。リンネ協会の会員であり、西ヨーロッパ全域で影響力のあったサイモン・ウィルキンは、一八五二年、「なんの根拠もなく大昔から広範な地域で（人魚が）存在すると人々が信じていた可能性を認めることはわたしにはできない」と記している。[★48]　だが西洋人の根強い信念は過去

［図069］「ウェストミンスター水族館のマーメイド」の広告、〈イラストレイテッド・ポリス・ニュース〉紙（1878年7月6日）。

の哲学者への憧憬にとどまらなかった。それどころか思想家は、人魚が暴きだす科学、哲学、不思議な事象の将来の展開と自分の研究をよく結びつけた。たとえば、チャールズ・ダーウィンの友人だった大学教授のチャールズ・キングズリー牧師は一八七四年、「この惑星の五分の三をしめる、すばらしき海の世界！　この世界の住人に、理性をもつ者がいないなんてほんとうだろうか？」と述べ、近年のマーメイドとトリトンの多彩な目撃譚を列挙したのち、「科学は深刻な沈黙に陥っている――いまだマーメイドを目撃していないが……火のないところに煙はたたず、核となる事実をもたぬ世界の伝説はほとんどないのに」と結論した。★49

ある英国の哲学者は、人魚はかつて存在したが、おそらくもう絶滅していると主張する新聞記事で一九世紀を締めくくった。「残念ながら、われわれのもとには、人魚の生体試料も、むろん標本もなく、あるのは日本からきたもののみだが、ドードーにしても大英博物館に絵があるだけではないか」。先人と同様にこの英国人も「そんな半人半魚の生き物は、どこかの学者ぶった人間の脳みそから飛び出したのだ」と考える多数の懐疑派を評価していたが、異種交配の動物と微生物検査が自然界における人間の位置づけの過去の解釈を崩壊させるという状況にあっても、当代の科学が解き明かせない不思議から自身を完全には切り離せなかった。彼のような人にとって、バーナムのマーメイドはまちがいなくペテンだったが、ペテンによって人魚が存在する可能性が完全につぶされるわけではなかった。[★50]

それなりに博識な哲学者はこのように繊細な考えをもっていたが、ポスト・バーナム時代の庶民の大多数は人魚といえばペテンを連想した。実際、一八四五年以降の西洋の新聞で、人魚をいかさまやばからしさと結びつけた記事は八十本以上もある。一八五三年の記事では、あるロンドンっ子が新しくできたオペラハウスを人魚の姿になぞらえて「頭と胴体は芸術的で美しいが、尾はうろこが剝げ落ちたようなありさまで、商売っ気たっぷりのうさん臭さ《フィッシュネス》を発している」と評し、その前年にはべつの筆者が、英国議会の見識を「マーメイドの実在論と変わらぬ荒唐無稽」と意見した。[★51] この種の記事のおおかたは、人魚を信じつづける人をからかいつつ、大勢を騙したバーナムを恥じ入らせるのが目的だった。一八五五年、バーナムが自伝的暴露本を出版すると、世間の冷笑はピークに達した。〈ニューヨーク・タイムズ〉紙は、「フィジーのマーメイドは、彼が劣悪な偽物だと気づいたときに単なる動物の残骸になった」とバーナムを非難し、ニューヨークの〈バッファロー・コマーシャル〉紙は「たわ言を科学と騙《かた》った」と糾弾した。[★52] バーナムの名は、欺瞞と愚行の象徴として、笑い話のオチに使われるようになった。だが、敗北を喫したかに見えて、バーナムの遺産と文化的資本は年々その価値を増しているように思われた。抜け目ない実務家のバーナムにとって、その手の注目も大歓迎だっただろう。よくいわれるように、どんな記事でも載ってしまえばよい記事なのだ。

新聞を売ることに余念がなかったアメリカの編集者は、世間にまん延したバーナムと彼のマーメイドへの冷笑（と親近感）を、南北戦争（一八六一年－六五年）へ向かう数年間、政治の風刺に利用した。〈バッファロー・モーニング・エクスプレス〉紙は、P・T・バーナムと著名な民主党員トーマス・リッチーの架空の対話を連載して、奴隷制と准州の帰属をめぐる対立に際してとられた一八五〇年の妥協策を批判した。この対話のなかでリッチーは、アメリカ合衆国を救うためにペテン攻撃をやめてくれとバーナムに繰り返し請う。「合衆国は解体の危機にあるのだから」と。不正直な政治家とバーナムを同一視する記事はほかにも数多くあった。メリーランドの〈ボルチモア・サン〉紙は、「真の改革者」がいたら、バーナムの「本物のマーメイド」よりはるかに大きな驚異として展示されるだろうといい、べつの新聞の編集者は「自分の能力だけで執務室にたどりついた人物が見つかれば、（バーナムのマーメイドが）完全にかすんでしまうほどの呼び物となるだろう」と考えた。[★53]

　このような政治不信は政治家個人を超えて拡大し、一八五〇年代のアメリカの北部と南部はまさにバーナムのマーメイドのように、相容れないふたつのものが無理に接合され、日ごとに干からびていくという状態にあった。ノースカロライナの〈ローリー・レジスター〉紙の一八五一年十月の容赦ない記事に書かれたとおり、「悪名高きマーメイド、すなわち、その不調和な部品や異なる性質が現在の自由土地党をあらわすにはまずまず適切と思われる合体組織は、〝国民民主主義〟の半分も希少でもなくすばらしくもない珍品となるだろう！」。べつのノースカロライナの新聞も同様で、一八五四年のホイッグ党大会を「化け物――一種の政治的マーメイド……上半身は党大会に見せかけた美しい彫刻だが、下半身の先端に近づくにつれて徐々に、ただし優雅さのかけらもなく、法的規定や条件や制約といったうろこのような形に変わる」と切り捨てた。アメリカは万事休すだった。亀裂のはいった不安定な国家を象徴するのに、バーナムと彼が有名にした偽のマーメイドよりふさわしいものがあっただろうか？[★54]

　バーナムの遺産は、ほかのところで、とくにインチキなマーメイドを見世物にして儲けようとする者たちのなかではもちこたえた。ロンドンの〈タイムズ〉紙は、一八五一年、「われわれが英国のマーメイドの系譜を傷つけるものに気づいてからしばらく経つが……痛ましく深刻な事態がつづいている」と嘆いた。確かに「痛ましく深刻な事態」だった――一八四五年から一九〇〇年のあいだに登場したマーメイドの偽造標本は少なくとも二十一体[55]。しかし、一八世紀後半から一九世紀前半の新聞が、どちらかというと標本を信じる立場で論じたのに対して、ポスト・バーナム時代の編集者は、まともに調査するより、ばかにするべき「カモのための罠」としてこの生き物を提示した。一八五一年には、ある編集者が「おそらくバーナムの自伝にヒントを得て、生きているマーメイドらしきもの」を展示したニューヨーカーを嘲笑し、一八七五年にはべつの編集者が、巡業中の「マーメイド」の標本を、「体長約十五・二センチメートル、二千年間ピラミッドで眠っているミイラより干からびたパサパサの〝珍獣〟……一見したところ、生臭いタラの香水をふりかけたコウモリの剥製もどき」とからかった[56]。だがここでわたしたちは新聞報道の本質にたち返る。新聞各紙は、そうした化け物を侮蔑することによって人々の意識のなかに生かしつづけたのだ。

一八五〇年代後半にもフィジーのマーメイドの展示をつづけたバーナムはもちろん、大衆を相手にひと儲けしてやろうという人間はほかにもいた。うんざりした編集者の言葉を借りれば、「大衆はダッシュやカンマや感嘆符で派手に装飾された誇大広告を信じて最後の二十五セント銀貨一枚をつぎこみ、家に帰れば必ず〝この世界の〟真の不思議を見たと誰かに話す[57]」。一八七〇年、ずる賢い興行師がインドの〈デリー・ガゼット〉紙の記事をよそおった広告を出した。いわく、インドの都市で展示された「本物のマーメイド」のことが「気になって頭から離れない」。そこで「一パイサ（インドの通貨）」を払って入場し、その小さな生き物を「この手で触ったが……偽物らしいところはひとつもなかった」。標本の持ち主にも話を聞くと、「それは日本の近海で見つかった本物のマーメイド」で、カルカッタのオークションにて五百ルピーで買いもとめたという。ここで、その干からびた小さな偽物の真の持ち主は、好奇心旺盛な目撃者を演じて、自分の展示会への関心をあおった。この啓発記事めいた広告の末尾で「目撃者」が訴えたのは「できることなら実物をとくと観察し、真実を引き出してもらいたい」ということだけだ。★58詐欺師はつぎつぎと現れた。ポスト・バーナム時代の新聞は、日本のマーメイドを本物といいはるおびただしい数の興行師を追放した。★59だからといって、マーメイドで金儲けができなくなったわけではない。戦法の変更が必要とされただけだ。

一八八六年二月、イングランドのハリー・フィリップスが、ブライトン水族館に来れば「生きている伝説のマーメイド」が見られると約束した［図070］。「マーメイド」の垂れ幕の下にマナティやアザラシを並べてみせたそれまでの水族館とは異なるのは、目の錯覚を利用したことだった。フィリップスは「平凡な水族館という環境で、いかにもくつろいだ様子で横

［図070］ハリー・フィリップスの「生きている伝説のマーメイド」の広告、ロンドン王立水族館（1886年2月）。

になっている婦人」を披露した。「魚が泳ぎまわり、水槽の全面が観客の目にさらされていた」。フィリップスは、すべて錯覚だとおおっぴらに認めていた（四年後には、「マーメイドのトリック」の仕組みを説明する図の新聞掲載までされた）。フィリップスの目新しさは、大衆を騙そうとか、本物の標本だと信じさせようとかするのではなく、可能な限りもっとも現実感のある方法でマーメイドのイメージを示したところにある。フィリップスの呼び売り新聞《ブロードサイド》に描かれたマーメイドは、バーナムのマーメイドのような醜い生き物ではなく、長く垂らした髪から美しい魚の尾まで昔ながらのマーメイドの特徴をすべてそなえている。さらに、このマーメイドを囲んでいろいろな魚たちが泳ぎまわるという「自然」の環境が演出されていた。ロンドンの〈エラ〉紙はこう記した。「すこぶる魅惑的である。その優雅すぎる微笑みからすぐに思い浮かぶのはセイレンだ。見物客は立ち去りがたく、目の前の光景にうっとりと見とれてしまう」★60

フィリップスが自分のマーメイドは目の錯覚だと公言したのは、賢い策だった。そうすることで彼は、マーメイドとトリトンは偽物を使ったペテンだと暴くことに四十年を費やした編集者たちに取り入ったのだ（ついでに顔も売った）。新聞の関係者がとくに執心したのが、職人はどうやって偽のマーメイドをこしらえるのか、その「舞台裏」の暴露記事だった。人魚をつくったドイツの男に関する一八七四年のイングランドの新聞記事は、「製作者の手を離れたマーメイドは、いつかきっとマーメイドを見られるだろうと思っている無知な田舎者しか騙せない、明らかな偽物ではなくなってしまう」と認めざるを得なかった。★61 それらはもはや、製作するにも偽物と暴くにも多大な労力を要する巧妙なペテンなのだ。フィラデルフィアの〈タイムズ〉紙は、「マーメイドのつくり方」を明かした職人のいきいきしたインタビューを掲載した。この記事の書き手は、フィラデルフィアの街路に堂々と掲げられた「マーメイドの製作・修理」の広告を見てあっけにとられた。記者は雑然とした店内にはいり、年老いた男と対面した。男は自らの工芸品の説明を始めた。「ここでおれがつくったものは医者にも見破られなかった。

知ってのとおり、マーメイドほど昔からつくられているものはないんだ。中国人は何世紀も前からこしらえているし、出来がいいからみんなが信じるんだよ」。この職人は、興行師のために人魚の製作をしていて、実入りもかなりいいようだった。この暴露記事に、いっさい手心は加えられていなかった。「セイレンの両親」(ヒヒと魚)に関する詳細な記述もあり、年配の職人と「完成したセイレン」の挿絵が添えられた［図071］。マーメイドの製作工程についても、「両親」の仕入れから接合法、祖先にまつわる物語の捏造の仕方などこと細かに説明してあった。西洋の新聞の編集者は、とくに一九世紀最後の二十年、こうした「奇形《フリーク》工場」の内幕を暴露することに精力をそそいだ。★[62]

同時期に、出版業者は新聞や雑誌や書籍において、人間の長きにわたる人魚への執着を研究した記事や著作も発表した。一八八三年には、英国の博物学者ヘンリー・リーが『海の寓話について *Sea Fables Explained*』と題した小冊子に、「人々は日頃の訓練と準備によって、マーマンとマーメイドを信じ、海での遭遇を期待し、それまでに培われた概念と矛盾しなさそうな外見と動きの動物をマーマンやマーメイドと認識した」と書いた。彼は自分が生きた時代までの人間と人魚の交流をふり返り、「虚構のマーメイド」が現実のマーメイド、つまりマナティと結びつく経緯を繙いた。実用主義に徹したリーは、詳細な分析の結論として

［図071］「完成したセイレン」、フィラデルフィア、〈タイムズ〉紙(1890年4月6日)。

「マーメイドをつくればきっと神はお喜びになるが、神がマーメイドをつくったとは思えない」というイングランドのサー・ハンフリー・デイヴィの見解に同意した。[★63] 二年後、アメリカの海軍将校フレッチャー・S・バセットが『全地域、全時代の海と船乗りの伝説と迷信 *Legends and Superstitions of the Sea and of Sailors in All Lands and at All Times*』を出版し、百科事典のような手法で、マーメイドとトリトンにまつわる迷信と伝説の年表を完成させた。そしてリーと同様、バセットも包括的な分析を懐疑的な調子で締めくくり、「水の精《ネッケン》はもう川面で歌わない／衣を洗うマーメイドの戯れもない／ぎらついた陽の光に波が揺れるだけ」というスウェーデンの詩人スタグネリウスの一節を引用した。[★64] このふたりにとっても一九世紀のほかの多くの学者にとっても、マーメイドとトリトンは、不思議な事象や宗教や迷信に対する、さらには科学に対する人類の認識の進化を鋭く反映するものだった。だがマーメイドもトリトンも現実に存在する生き物ではなかったし、過去に存在したこともなかった。[★65]

　分野を問わず一九世紀の人魚を研究する際にはずすことができないのが、一八三七年に発表されたかの有名なデンマークの物語、ハンス・クリスチャン・アンデルセンの『人魚姫』(二〇〇三年、福音館文庫ほか)だ。人間との交流をとおして永遠の魂を求めた若い人魚の悲劇は、西洋人がなおもマーメイドとトリトンに魅了されていたことを物語っている。この本の出版が、展示された人魚を見物する人々のあいだでブームが最高潮に達した「標本全盛期」(一八二二年－四五年)だったのは偶然ではないだろう。挿絵〔図072、073〕が示すとおり、流れるような長い髪、美しい顔、ほんのり色づいた上半身、真珠、そしてもちろんうろこに覆われた魚の尾と、西洋人が昔からマーメイドに期待してきた装飾的な要素をすべてそなえたアンデルセンのマーメイドは、発刊から五十年かけて独自のスターとなった。彼女は女性の純潔の体現者だった。

　『人魚姫』は、この謎めいた生き物をとり囲むことになるロマン主義の予兆でもあった。近代化、資本主義、産業化がもたらす極端な変化を経験した西洋の人々は、過去にはあったはずの単純さにノスタルジックな慰めを見

［図072］チャールズ・ロビンソン画「マーメイド」、『ハンス・クリスチャン・アンデルセン童話 *Fairy Tales from Hans Christian Andersen*』(1899年)より。

［図073］イヴァン・ビリビンによる挿絵、ハンス・クリスチャン・アンデルセン著『人魚姫 *The Little Mermaid*』（1937年）より。

いだしはじめていた[66]。スコットランドやほかのグレートブリテン島北部の人々が、人魚や非現実的な伝説の生き物に関する迷信を信じているとばかにされる一方で、ロンドンっ子は――スコットランドの歴史と風習に関心を示したヴィクトリア女王に触発されて――スコットランドの田舎の「原野」へ「娯楽旅行」にでかけたがった。一八五四年、都会から「楽しみを求めてきた人たち」もそのような一例だった。彼らは、「エリザベス朝様式の堂々たるフィンガスク城」に喜び、その城に残る「かつての一時代の数えきれない遺物」のなかに「熟練の石工の彫刻刀から生まれたすてきなマーメイド」を見つけた[67]。

西洋の芸術にロマン主義が浸透するにつれ、劇場や画廊や書物においてマーメイドが重要な役どころで登場することも多くなり、セイレンは官能的で謎めいた危険な海の住人として描かれた。ウィリアム・バートンによる三幕構成の壮大なロマン派のオペラ風のショー『ナイアスの女王 *The Naiad Queen*』(「ナイアス」はギリシャ神話の水の精で、しばしばマーメイドと結びつけられる)は、フィラデルフィアの《パブリック・レジャー》誌が歌う人魚の華やかな表現を「これまで観たこともない美しいショー」と賞賛するなど、大好評を博した。この作品はフィラデルフィアで一八四一年から一八四八年まで連続上演された。一八五二年、ロンドンの〈レイノルズ・ニュースペーパー〉紙が、『人魚姫』全編を転載し、同じ年にロンドンの〈デイリー・ニューズ〉紙が載せたアンデルセンのその有名な本に対する書評は、「おとぎ話」に命を吹き込んだこのデンマークの作家の技量を褒め称えた[68]。マーメイドに関するジョークやばか話も紙面をにぎわせ、人魚の信憑性についてマナティに尋ねる疑似インタビューや、「家族の輪」の欄にはマーメイドの愉快な小話が掲載された[69]。

マーメイドはもっと高尚な芸術界にも侵入した。著名なデンマークの画家エリザベス・イェリカウ゠バウマンは一八六三年、『マーメイド *Mermaid*』と題した見事な一作をロンドンで公開した〔図074〕。〈ジ・イグザミナー〉紙は「大人の女の悲しみで翳る美しい顔はどこか恐ろしさを感じさせるとともに、女が生きる拠り所とする同情

［図074］エリザベス・イェリカウ＝バウマン画『マーメイド *Havfrue*（*Mermaid*）』（1863年）、油彩・画布。

のいっさいから離れて漂っている……絵本で見る従来のマーメイドとはまったく次元の異なる」表現だとしてイェリカウの技量を絶賛した。ロンドンの〈モーニング・ポスト〉は、「偉大なるミスター・バーナムがこんな海のニンフを手に入れたら、もう一度たんまり稼げるだろう」とジョークを飛ばした。★70

名だたる画家が続々とこの例にならい、息を呑むほど美しく、たいていは官能的なマーメイドを細やかに描いた。人魚の絵画は、一八八〇年代だけで三点、西洋の美術界に現れた。誰もが知るイングランドの画家エドワード・コーリー・バーン＝ジョーンズは『海のニンフ *A Sea-nymph*』（一八八一年）［図076］で象徴派の華麗な技を見せつけ、スイスの画家アルノルト・ベックリンは『海で *In the Sea*』（一八八三年）［図075］で、ひとりのトリトンに身を投げ出すマーメイドの一団を描いた。そのわずか三年後にイングランドの画家イーヴリン・ド・モーガンが制作した『海の乙女 *The Sea Maidens*』（一八八六年）［図077］には、金髪のマーメイド五人の優美でありながらも内省的な偶像が描かれていた。

もう少し「格下の」芸術界では、船乗りがマーメイドのタトゥーを入れ、女たちは体にぴったりと沿って、足首のまわりで広がった「マーメイド・スカート・スタイル」の服装をしはじめた。★71 だが、芸術とファッションと文化だけでは終わらなかった。きたるべき世紀の人魚の苦境を暗示するように、モンタナの化粧品会社グレイト・ギャログリーは、一八九九年に売り出した「海草クリーム」で神話のマーメイドを思い起こさせた。その「極上の肌」を宣伝に利用したのだ。[★72]

つまるところ、一九世紀を整然とひとつにまとめるのは不可能である。一九世紀という時代は、イーデスと

［図075］アルノルト・ベックリン画『海で *In the Sea*』(1883年)、油彩・板。

［図076］エドワード・コーリー・バーン＝ジョーンズ画『海のニンフ *A Sea-nymph*』(1881年)、油彩・画布。

［図077］イーヴリン・ド・モーガン画『海の乙女 *The Sea Maidens*』(1886年)、油彩・画布。

バーナムのマーメイドのごとく、醜いハイブリッドであり、相容れないもの同士の人工的な組み合わせであることがしばしば証明された。ある意味でこの「信頼の時代」は衰えを知らず前に向かって荒れ狂いながら、それまで不調和だった産業と資本主義と科学と都市を発展させたといえる。だが同時に、富と健康、進化と退化の格差は恐ろしいほど明白になった。[★73] にもかかわらず、人魚という薄くとも欠くことのできないレンズをとおして一八〇〇年から一九〇〇年の新聞と雑誌を眺めると、三つの「段階」に大別できる。第一段階(一八〇〇年－二二年)は、大衆も哲学者も、啓蒙時代の科学と不思議の思考にとらわれたままで、目撃譚も標本も科学論文も、人々にそんな怪物を信じる準備をさせていた。「標本全盛期」と称してよさそうな第二段階(一八二二年－四五年)は、イーデスとバーナムのマーメイドが人魚の実在を信じる大衆の気持ちを増大させると同時にうち砕いた。「ポスト・バーナム」期(一八四五年－一九〇〇年)は、新聞の編集者、科学者、歴史学者が人魚はよくて人為的過誤の所産(マナティと見まちがえたとか)、悪くすれば詐欺の産物だと示そうと努めた。

　しかし、おびただしい数のそれらの記事や論文はまた、マーメイドとトリトンを大衆心理のなかに生かしつづけた。ほとんどの西洋人が、人魚が実在するとは思わなくなったからといって、この神秘の生き物の文化的な重要性が失われたわけではない。むしろ、逆だった。二〇世紀中に、地球規模の資本主義が着々とマーメイドとマーマンを消費した。抜け目ない資本主義者は、人魚と文化との深い複雑なかかわりを利用して利益を上げた。そのなかで、彼らはマーメイドとトリトンを過去最高の人気者に仕立てたのだ。

「カット!」ハリウッドの映画監督アーヴィング・ピシェルの怒声が、人いきれのするセットに響きわたる。女優のアン・ブライスが水面から姿を現す。カリフォルニアのユニバーサル・スタジオでまたひとつ水中シーンを撮りおえた彼女は、息を切らし唾を飛ばして水槽の縁へ腕を伸ばす。「誰か引っぱり出してやれ」ピシェルがスタッフにどなる。「所詮、本物のマーメイドじゃないからな!」アンはどうにか自力で水槽から体を出すものの、魚の尾はまだ水のなかで、青と緑の万華鏡のようにきらめいている。「アーヴィング、何か食べさせてよ」いらだったアンがいう。「よし」監督は応じ、出演者と撮影クルーに大声で告げる。「一時間の昼休みにしよう。ただし、一分でも遅れるなよ! 予算も厳しいが、スケジュールはもっとタイトだ。一九四八年が終わる前に完成させるぞ!」アンはなんとか地面に足を下ろし、魚の尾をつけたままよたよた近くのゴルフカートへ向かう。スタッフがすばやい運転で彼女をカフェテリアへ運ぶ。数分後、野外撮影所の見学にきた女性観光客ふたりが、異様な光景を目にする。マーメイドとフランケンシュタインがいっしょに食事しているのだ。「ねえ！　あれ、グレン・ストレンジのフランケンシュタインと、アン・ブライスのマーメイドじゃない？」ひとりが驚きの声を上げる。「さすがハリウッド」もうひとりが答える。「ここはほんとになんでもあるのね。怪物ふたりのフライドポテト争奪戦まで」★01

〔第五章〕現代のマーメイド

一九世紀の西洋人の様子をマーメイドとトリトンに夢中と形容するなら、つづく二〇世紀の人々は完全に取り憑かれているといっていい状態だった。二〇世紀は人魚の高尚な芸術表現で始まった。それは、さらなる発展の幕開けにすぎなかった。一九〇八年から一九二四年にかけて、泳ぎ、飛び込み、おしゃべりするマーメイドを演じたオーストラリアの女優、アネット・ケラーマンが映画愛好家を虜にした。「完璧な女性」として西洋のメディアに売り出されたケラーマンは、マーメイドのハイブリッド性を使って、従来のジェンダー観を体現する一方、性と資本主義の西洋的概念に立ち向かうこともした。米国では、第二次世界大戦後の好景気（一九四五年－七三年）がマーメイドをかつてない突出した存在にした。広告主は中世のセイレンの性的特質《セクシュアリティ》を利用して、客を怖じ気づかせるのではなく誘い込んだ。観客はそれを食い尽くした。一九四五年以降、西洋社会では、映画から観光客用のアトラクション、広告、マスコットキャラクターにいたるまで、露骨な性的特徴をもつマーメイドがどこにでもいた。それでもなお、マーメイドが矛盾と融和、恐怖と欲望という不調和な組み合わせのハイブリッドであることには変わりなかった。そのため、何世紀もかけてつくりあげられた人魚の性的特質を西洋のメディアが資本主義的な目的に利用しても、マーメイドは一九八〇年代のポストモダン・フェミニズムのアイコンにもなった。《ライフ》誌を発行するヘンリー・ルースが一九四一年に述べたとおり二〇世紀が「アメリカの世紀」であるなら、それは同時に「マーメイドの世紀」でもあったのだ。[★02]

二〇世紀初頭、アメリカの白人は（一般的にいって）驚くほど質の高い生活を享受していて、そのことはマスメディアや自動車をはじめとする資本主義的な製品や職業の隆盛につながった。一九二九年の大恐慌は西洋世界に衝撃を与えたが、最終的には第二次世界大戦がアメリカをその泥沼から引き上げる役目をはたした（ヨーロッパはいよいよ深みに引きずり込まれた）。全速力で稼働する産業機構と日ごとに拡大する消費社会のおかげで、一九四五年に二千百三十億ドルだったアメリカの年間GDPは、一九六〇年代末には一兆ドルを超えていた。この富裕な社会を構成する個々の市民も相当な利益を受け、標準的なアメリカ人の実質所得は一九四六年から一九五九年で二十五パーセント上昇した。「アメリカン・ドリーム」はいとも簡単に達成できそうに見え、広告主は、その夢が百貨店で買ったり映画館で体験したり、郊外の住宅街に建設したりできるのだと強調した。[★03] そして「現代のマーメイド」――官能的なセイレンであり、怪物であり、メディアの大スターであり、多国籍のマスコットでもあるもの――はそれらすべての中心にいた。

マーメイドは、とくにロマン主義の美術において、女性という希望と危険をあわせもつ重要なシンボルとして描かれたが、この傾向は二〇世紀にはいってもつづいた。[★04] 一九〇〇年から一九一〇年のあいだに、四人の西洋の著名な芸術家が豊かな色彩で細やかにマーメイドを描くことを選んだ。一九〇一年、イングランドの画家ジョン・ウィリアム・ウォーターハウスはロンドンの王立美術院で『マーメイド *A Mermaid*』を発表した〔図078〕。ウォーターハウスのマーメイドには中世の象徴主義が随所に染みわたっていた。長い髪を櫛でとかし、魚の尾を裸の腰に巻きつけて遠くを見つめる彼女は、暗い青や茶や緑の落ち着いた色合いを背景に真珠（自分が死に誘った船乗りの涙でできていると考えられていた）を守る、孤独な人物でもある。マーメイドの視線は、構図内にはない遠くの何かに据えられている。ウォーターハウスが鑑賞者に想像させようとしたのは、悲惨な運命が自分を待ち受けているのも知らず、水浴びをするセイレンに近づく哀れな男だったのかもしれない。英国の彫刻家ロバート・アニン

［図078］ジョン・ウィリアム・ウォーターハウス画『マーメイド *A Mermaid*』(1901年)、油彩・画布。

原書房

〒160-0022 東京都新宿区新宿 1-25-13
TEL 03-3354-0685 FAX 03-3354-0736
振替 00150-6-151594

新刊・近刊・重版案内

2021年2月 表示価格は税別です。

www.harashobo.co.jp

当社最新情報はホームページからもご覧いただけます。
新刊案内をはじめ書評紹介、近刊情報など盛りだくさん。
ご購入もできます。ぜひ、お立ち寄り下さい。

**その起源からサブカルチャーまで、人類を魅了しつづける
マーメイドの歴史とイメージをめぐる決定版！**

[図説] 人魚の文化史
神話・科学・マーメイド伝説

ヴォーン・スクリブナー／川副智子、肱岡千泰訳
アマビエの流行を受けて、海の幻獣に対する関心が高まっている。リンネによる人魚の解剖記録とは？　興行師バーナムの「偽人魚」と日本の関係は？　美術、建築、科学、見世物、映画などさまざまな点からマーメイドの秘密に迫る。

A5判・3200円（税別）ISBN978-4-562-05901-0

ほのぼの美味しい
ミステリはいかが？

コージーブックス

ISBN978-4-562-06113-6

私立探偵になったアガサを試練が襲う！

（英国ちいさな村の謎⑮）

アガサ・レーズンの探偵事務所

M・C・ビートン／羽田詩津子訳

ついにアガサが探偵事務所をオープン！　ところが雇った女性秘書エマが探偵として優秀すぎるせいで、アガサの出る幕がない。やっと舞い込んだ大きな調査依頼でも、空回りしたアガサは依頼人を激怒させてしまい……？ **文庫判・1040円**（税別）

子どものために描かれた愛すべき名作たち

世界で読み継がれる子どもの本100

コリン・ソルター／金原瑞人＋安納令奈訳

19世紀に刊行された古典的作品から、永遠の傑作、長く読み継がれてきた童話、映画化されたYA小説、21世紀のダークファンタジーまで、将来に残したい本、時代を代表するベストセラーなど100点を初版本を含む書影とともに紹介。

A5判・2800円（税別）ISBN978-4-562-05794-8

SNSでも「映える」と話題のファンタジック・レシピ集第二弾

魔法使いたちの料理帳II

オーレリア・ボーポミエ／田中裕子訳

チェシャ猫の舌、ドビーのクッキー、不死の秘訣、ガンダルフ・ケーキ……「読んで見て食べるファンタジー」第二弾！『ホビット』から『チャーリーとチョコレート工場』『ファイナル・ファンタジー』にジブリ映画まで、色鮮やかで「映える」マジカルスイーツを中心に雰囲気たっぷりの写真とともに！

B5変形判・2400円（税別）ISBN978-4-562-05860-0

たくさんの方からのリクエストにお応えして新装版として刊行！

世界香水ガイドII★1885

「匂いの帝王」が五つ星で評価する

ルカ・トゥリン、タニア・サンチェス／芳山むつみ訳

表現しづらい香りを匂いの帝王とも呼ばれる嗅覚研究家の著者らが、ウィットと愛情に富んだ言葉を駆使して批評。類いまれな知識と経験に基づいた文章は新しい香水との出会いのみならず、現代香水の辞書としても活躍するだろう。2010年12月刊の新装版。

A5判・2400円（税別）ISBN978-4-562-05872-3

郵便はがき

料金受取人払郵便

新宿局承認

4399

差出有効期限
2022年9月
30日まで

切手をはら
ずにお出し
下さい

160-8791

343

東京都新宿区
新宿一-二五-一三

(受取人)

原書房

読者係 行

1608791343 7

図書注文書 (当社刊行物のご注文にご利用下さい)

書名	本体価格	申込数
		部
		部
		部

お名前　注文日　年　月　日

ご連絡先電話番号 □自宅 (　　)
(必ずご記入ください) □勤務先 (　　)

ご指定書店(地区　) (お買つけの書店名をご記入下さい)　帳合

書店名　書店 (　店)

5901

[図説] 人魚の文化史

愛読者カード

ヴォーン・スクリブナー 著

＊より良い出版の参考のために、以下のアンケートにご協力をお願いします。＊但し、今後あなたの個人情報(住所・氏名・電話・メールなど)を使って、原書房のご案内などを送って欲しくないという方は、右の□に×印を付けてください。 □

お名前《フリガナ》 男・女（ 歳）

ご住所 〒 -

市 町
郡 村

TEL （ ）
e-mail @

ご職業 1会社員 2自営業 3公務員 4教育関係
5学生 6主婦 7その他（ ）

お買い求めのポイント

1テーマに興味があった 2内容がおもしろそうだった
3タイトル 4表紙デザイン 5著者 6帯の文句
7広告を見て（新聞名・雑誌名 ）
8書評を読んで（新聞名・雑誌名 ）
9その他（ ）

お好きな本のジャンル

1ミステリー・エンターテインメント
2その他の小説・エッセイ 3ノンフィクション
4人文・歴史 その他（5天声人語 6軍事 7 ）

ご購読新聞雑誌

本書への感想、また読んでみたい作家、テーマなどございましたらお聞かせください。

精密なCGや地図、イラストと簡素な説明でポイントを理解

ヴィジュアル歴史百科

DK社／フィリップ・パーカー監修／小林朋則訳

古代世界から現代まで、精密な再現CGや、鳥瞰図や断面図、3Dイラスト、写真、年表、地図、コラムなどを縦横に駆使し、時代ごとに重要な出来事、歴史の転換点となった事柄など、要点を簡潔にまとめ、わかりやすく説明する。

B4変型判・4500円（税別）ISBN978-4-562-05765-8

場所から読み解くマリー・アントワネットの実像！

12の場所からたどるマリー・アントワネット 上・下

ジャン＝クリスティアン・プティフィス／土居佳代子訳

ウィーンから墓場まで、マリー・アントワネットが過ごした土地や場所を12ヶ所取り上げ、悲劇の王妃の足跡をたどる。本書は、たんなる評伝でも、史跡案内でもない。マリー・アントワネットという人間を作り上げた場所をとおして、彼女の人物像を浮き彫りにする。

四六判・各2000円（税別）（上）ISBN978-4-562-05861-7
（下）ISBN978-4-562-05862-4

歴史の裏側を彩った、権力闘争、嫉妬、宮廷貴族像

マリー・アントワネットと5人の男 上・下

宮廷の裏側の権力闘争と王妃のお気に入りたち

エマニュエル・ド・ヴァリクール／ダコスタ吉村花子訳

マリー・アントワネットの「お気に入り」だったローザン、ブザンヴァル、ヴォードルイユ、フェルセン、エステルアジとの交流と当時の宮廷における権力闘争、嫉妬、典型的宮廷貴族像を、最新の研究成果から浮き彫りにする。

四六判・各2000円（税別）（上）ISBN978-4-562-05796-2
（下）ISBN978-4-562-05797-9

人類が生み出した怪物たち

「悪」が変えた世界史 上・下

上 カリグラからイヴァン雷帝、ヴォワザン夫人まで 下 ランドリューから毛沢東、ビン・ラーディンまで

ヴィクトル・バタジオン編／神田、清水、田辺、村上、松尾、濱田、松永訳

ネロ、ジル・ド・レ、ポル・ポト、チャールズ・マンソン……古代から現代までの皇帝、王妃、専制君主、凶悪な犯罪者、独裁者から原理主義者まで20人をとりあげ、その狂気とイデオロギーで過激に走った実態を明らかにする。

四六判・各2000円（税別）（上）ISBN978-4-562-05851-8
（下）ISBN978-4-562-05852-5

人々の魂をゆさぶった言葉の力

世界を変えた100のスピーチ 上・下

コリン・ソルター／大間知 知子訳

力強いことばは、魂をゆさぶり、大勢の人々に訴えかけ、ときに世界を動かすことがある。人々を鼓舞した名演説を歴史的背景、写真とともに紹介する。

四六判・各2000円（税別）（上）ISBN978-4-562-05786-3
（下）ISBN978-4-562-05787-0

人は住所に何を読みとるのか

世界の「住所」の物語

通りに刻まれた起源・政治・人種・階層の歴史

ディアドラ・マスク／神谷栞里訳

社会の近代化をはたすための条件である「住所」。住所のないインドのスラムから、ステイタスを求めて買われるマンハッタンの住所表記まで、住所にまつわる歴史と権力、人種、アイデンティティの問題を文献と取材から描く労作。

四六判・2700円（税別）ISBN978-4-562-05791-7

歴史のエンジンは本当に「国家」「政治」なのか？

商業から読み解く「新」世界史

古代商人からGAFAまで

宮崎正勝

世界はもともとボーダレスだった！「国家」「生産力」ではなく「商業」「交換」から見ると世界史はこんなにも違って見える。古代の商人から現代のGAFAまで、真に世界を牽引してきた「商業」に着目した新しい歴史の見方。

四六判・2500円（税別）ISBN978-4-562-05853-2

核シェルターなど旧共産圏の強大な軍事力の爪痕

［フォトミュージアム］東西冷戦時代の廃墟図鑑

平和のための記憶遺産

ロバート・グレンヴィル／岡本千晶訳

核実験場、潜水艦基地、ミサイル格納施設、地下シェルター、弾道ミサイル試験場、通信施設、かつては人が立ち入れなかったような閉鎖空間など世界各地に残る冷戦時代の強大な軍事力の痕跡を地域別に迫力ある写真で紹介する。

A4変型判・5000円（税別）ISBN978-4-562-05795-5

グ・ベルも世紀の変わり目に同様のマーメイド——こちらは石膏像だが——を制作した［図079］。一九〇七年には、ベルの多色彩飾の石膏作品『マーメイド *The Mermaid*』の複製がヨーロッパじゅうに広まっていた。波打つ髪を櫛で梳きながら、美しい顔と、ほっそりとした上半身と、魚の尾を惜し気もなく見せるベルのセイレンは、アンデルセンが半世紀をかけて築いたマーメイドのイメージにぴったりあてはまっていた。★05

ウォーターハウスとベルが自分の想像するマーメイドを制作した（おそらく一八三〇年のテニスンの詩に着想を得たのだろう）のに対して、イングランドの古典主義の画家ハーバート・ジェームズ・ドレイパーは一九〇九年、ユリシーズ［オデュッセウス］とセイレンの有名な遭遇に目を向け、画題もそのまま『ユリシーズとセイレンたち *Ulysses and the Sirens*』とした。これより前の一八九四年制作の『海の乙女 *The Sea Maiden*』で描かれたのは、欲望をむき出しにした男たちが無力な海の女ひとりを網で捕まえる場面だったが、一九〇九年のこの作品では逆の方針をとり、海から船に上がってきてユリシーズと臣下を襲う、あからさまに性的魅力をたたえた

［図079］ロバート・アニング・ベル作『マーメイド *The Mermaid*』（1904年-07年頃）、彩飾石膏レリーフ。

危険なセイレンとしてマーメイドを描いた［図080］。彼女たちは、海の底の棲家《すみか》から出ると、乳房をあらわにした豊満な女体に変わり、恐れつつも覚悟を決めた船乗りたちに誘惑の歌を聴かせる。青白い肌はエドワード七世時代に期待された女性性に準じているが、力強く攻撃的に男たちに近づくさまが喚起するイメージは真逆だ。彼女たちのハイブリッド性を考えれば、こうしたシンボリックな表現が少しも不自然ではない。というより、ドレイパーはこの作品を対立する要素で満たした。闇と光、善と悪、男らしさと女らしさという対立は、女性の肉体がもつ危険に起因する矛盾とハイブリッド性に満ちた不安な場面をつくりだしている。

一九一〇年、アメリカの画家ハワード・パイルは後世の人々を悩ます『マーメイド *The Mermaid*』を制作した［図081］。この絵のマーメイドと水夫の関係はほぼすべてが曖昧だ。ふたりの腕は互いの体にしっかりと巻きつけられているが、このセイレンが水夫を冷たい海に引きずり込もうとしているのか、安全な岩の上に置こうとしているのかはわからない。水夫に意識があるのかどうかさえ判然としない。彼は死んでいるのか、気絶しているのか、あるいは抱擁の快楽に目を閉じているだけな

［図080］ハーバート・ジェームズ・ドレイパー画『ユリシーズとセイレンたち *Ulysses and the Sirens*』(1909年頃)、油彩・画布。

のか？　はっきりしているのは、パイルのマーメイドがほのめかす深い意味合いである。彼女は何にも覆われていないらしい乳房、長く垂らした髪、裸の胴体、波のようにうねる魚の尾、魅力的な顔、ばら色の唇をもった、まがうかたなき美貌のセイレンだ。パイルはドレイパーと（ある程度はウォーターハウスとも）同様に、当時の人々にとって女性美の象徴だった青白い肌をマーメイドに与え、ほかの色の選択にもこだわった。特徴的な青と緑は、マーメイドの海草の髪に唐突に現れたような飾り、乳首、すぼめた唇、水夫の帽子のわずかな赤を際立たせている。金色の使い方も面白い。日はこれから沈むのか昇るのか。それが暗示するのは希望なのか破滅なのか。マーメイドの金のブレスレットとネックレスは、彼女が海の王族だと示している

［図081］ハワード・パイル画『マーメイド *The Mermaid*』（1910年）、油彩・画布。

のか。それとも、この水夫の前の犠牲者から奪った安物の宝飾品なのだろうか？

これらの絵画が明かすのは、マーメイドに関する事柄よりも、女性および性差《ジェンダー》に基づく役割に対する二〇世紀はじめの考え方だ。二〇世紀の変わり目までに、西洋ではこの謎の生き物への信奉はほぼ完全に消失していた。グレートブリテン島やアメリカの辺境では民間伝承がいくらか残っていたものの、一般的には人魚は童話や古代の神話にふさわしい架空の生き物でしかないと考えられていた。エドヴァルド・エリクセンが一九一三年、コペンハーゲンに設置した有名な『人魚姫』の彫像が、アンデルセンの童話をもとにしていたのは当然のことだろう★06［図082］。同じように、ウォーターハウス、ベル、ドレイパー、パイルの制作意図も、見る人にマーメイドが現実にいると納得させることではなく、その可能性について考えさせることでさえなかった。むしろ、芸術家である彼らが望んだのは、男性と女性、強さと弱さ、性《セックス》と危険、闇と光など、人間の本質や現代的な問題にかかわる、もっと重

［図082］エドヴァルド・エリクセン作『人魚姫 *Den Lille Havfrue*』（1913年頃）、銅像。

要で深いテーマを思い起こさせることだった。この点をわかりやすく示すのが、アメリカの大衆向けユーモア誌《パック》一九一一年一月号の表紙に描かれたマーメイドたちだ［図083］。この絵の中心にあるのはばかばかしい笑いだが、前景でゆったりとくつろぐマーメイドふたり（ひとりは女性らしい家庭的な性格を強調するように花瓶敷きか何かに刺繍をしている）は、通りすぎる遠洋定期船の水夫に媚《こび》を売る第三のマーメイドを眺めている。マーメイドは海にあってさえ人間が想定するジェンダー規範に縛られているという《パック》のジョークなのだ。女性が権力や報道・出版という新たな領域へ進出しはじめ、男女の性差による役割が日増しに複雑化していた二〇世紀初頭、こうした事柄は軽視されてはいなかった。マーメイドが、ジェンダー、セックス、資本主義にまつわるさまざまな懸念をあらわす必要不可欠なシンボルでありつづけたのは驚くにあたらない。

オーストラリアの元水泳選手で、一九〇八年から一九二四年まで数々のマーメイド役を演じ、アメリカ映画界で確固たる地位を築いたアネット・ケラーマンは、二〇世紀前半のジェンダーとメディアのハイブリッド性の典型例だろう。実際、当時のメディアはケラーマンを「完璧な女性」、「アメリカの身体文化を牽引する女性の代表的存在」とよんでいた。[★07] 水泳と飛び込みの能力を美貌、健康、ファッションセンスとあわせて活用し、おおむね大衆の目で見れば「現代のマーメイド」となったケラーマンは、つまるところ、やり手のビジネスウーマンだった［図084］。

ケラーマンの卓越した水泳技術は、西洋での最初の成功を引き寄せる鍵だった。幼い頃、脚に問題を抱えていた彼女は治療の一環で六歳から水泳を始め、一九〇〇年代のはじめには女性の水泳の世界記録をことごとくぬりかえていた。その後、収入を得るため、オーストラリアのメルボルンで、魚がいる水槽で泳ぐということを始めたが、一九〇五年、オーストラリアは「わたしたちの野心を満たすには人口が少なすぎる」と考えて、父親とともにイングランドに渡った。テムズ川を二十七キロメートル（十七マイル）泳ぎ、イギリス海峡横断にも挑んだ（失敗し

JAN 25 1911

VOL. LXIX. No. 1769.

Puck

PUCK BUILDING, New York, January 25th, 1911

Copyright, 1911, by Keppler & Schwarzmann. Entered at N. Y. P. O. as Second-class Mail Matter.

PRICE TEN CENTS.

AN OLD ACQUAINTANCE.

First Mermaid.—I think it 's awfully brazen of Tessie to flirt so with a perfect stranger.

Second Ditto.—Oh, he is n't a stranger. He 's a fellow she met at Bar Harbor last summer. She says he taught her to swim.

［図083］ゴードン・ロス画「昔なじみ An Old Acquaintance」、《パック》誌1911年1月25日号の表紙。マーメイドふたりが、遠洋定期船の水夫に媚を売っているらしき第三のマーメイドについて話している。

［図084］有名な特注の水着を着たアネット・ケラーマンのポートレイト（1900年頃）、ベイン・ニュース・サービス。

たが）。海峡横断に挑戦という離れ業で手にしたそれなりの稼ぎ（三十ポンド、二〇二〇年の約三千六百ポンド）は、一九〇六年の渡米を可能にした。ただ、「現代のマーメイド」という呼び名を最後に獲得するために、ケラーマンの類いまれな水泳技術が欠かせなかったのはまちがいないにせよ、彼女の美貌とファッションのほうがもっと重要だったかもしれない。ケラーマンは優雅な泳ぎで観客を驚嘆させると同時に、一九〇七年にスカートなしのボディスーツを着て人々に衝撃を与えた。あまりのことに、ボストンのすぐ北側にあるリヴィアビーチの警官は、猥褻行為を働いたとしてこの二十歳の女性を逮捕した。最終的に判事が、ケラーマンの水着は運動のためのデザインであるから許容すべきだと判断した。肝心なのは、この一件が全国的なニュースになったことだ。世界級の水泳選手にしてパフォーマーという名声が高まれば高まるほど、新たに発掘されたケラーマンの性的魅力は、彼女をおそらくは二〇世紀でもっとも有名なマーメイドの地位に押し上げた。★08

一九〇七年以降のケラーマンは本領を発揮し、多くの娯楽演芸《ヴォードヴィル》の舞台でマーメイドや海の生き物を演じては、美と優雅さと健康の比類なき混在で人々をとろけさせた。一九〇八年のある新聞記事は「海から誕生したヴィーナスにも匹敵するプロポーションをもつ美女、完璧なマーメイドが現れた」と感嘆している。筆者によれば、「現代のマーメイドの最高峰」であるケラーマンは、「健康のためのエクササイズの貴重なレッスン」をしてくれたのだから、昔のマーメイドのような「誘惑の罠」ではなく「命の恩人」だった。★09 美と健康をかねそなえたケラーマンは、年齢を問わず、すべての女性の理想のロールモデルとなった。一九一一年の記事は、冒頭でケラーマンを「血色のよい、海風と海水がブロンズにした肌、小柄だが強くしなやかな、完璧にバランスがとれた肉体」と形容したあと、水泳初心者への彼女のアドバイスを引用した。「怠けちゃだめ、でも飽きないように、簡単で効果的なエクササイズをたくさんしましょう……なにより元気よく。そうすれば楽しく健康でいられるわ」。優雅にスワンダイブをするケラーマンと、彼女のまわりを泳ぐ神話のマーメイドの挿絵を添えた記事もあった［図085］。

その記事には、健康から水泳、幸せにいたるまでさまざまなテーマについて「有名なマーメイド」からの助言も紹介されていた。同じ頃、体にぴったりとした、膝丈の上下つづきの水着を、「アネット・ケラーマン・スーツ」と

Annette On Swimming

"If you would learn to be a good swimmer in the water, learn first to be a good swimmer on the ground!"

So speaks Annette Kellerman, the famous mermaid, in an article in current issue of Physical Culture. Miss Kellerman is the foremost exponent of the natatorial art in the world and what she says seems to become authoritative. She says:

"Dry ground swimming is so universally recognized as the best preparation for acquiring a good breast stroke, that schools throughout the world are adopting it as a means of physical culture for boys and girls. It consists of going through the movements on terra firma. One thus becomes familiar with them and they come naturally when one tries them in the water.

"The pupil stands upright with hands held at the chest, palms down, fingers together and pointing forward. At signal one the arms are thrust ahead and up

Annette Kellermann
From a Snapshot taken while doing a High Dive at Sydney, N.S.W.

［図085］ダイブするケラーマンとマーメイド、〈タコマ・タイムズ〉紙、ワシントン（1911年8月26日）。

して宣伝しはじめるアメリカの新聞もぞくぞくと現れ、一九一〇年には、ハーバード大学体育館の指導者がケラーマンを「完璧な体形にもっとも近い女性」と評した。ケラーマンはこうした宣伝記事を使って一気に大衆の前に躍り出ると、健康、美、水泳に関する多数の著作や文章を発表した。[★10] 彼女は、男を破滅させるのではなく男を救う能力がありそうな、しなやかで強く美しい現代のマーメイドとなったのだ。

ケラーマンは、メディアにおいては比喩的な意味での「現代のマーメイド」としての自分をつくりあげながら、同時進行で銀幕に進出し、実際にマーメイドの役も演じた。当時としてはめずらしく、一九一一年公開の海を主題にした短編映画二作『海のセイレン *Siren of the Sea*』と『マーメイド *The Mermaid*』の監督も務めた。それから、長編映画『ネプチューンの娘 *Neptune's Daughter*』(一九一四年)に主演した。[★11] バーミューダ諸島で撮影されたこのヒット作で演じたマーメイドは、人間に姿を変え、王子と恋に落ちる。だが、そんなプロットが活きたのは、ケラーマンの飛び込みと水泳の能力を見せることが念頭にあったからにすぎない。ある新聞は「ミス・ケラーマンの技術が……(〝世界一の女性スイマー〟が演じるマーメイドとして)危険な崖からの高飛び込みや……水深百メートルほどで本物のサメと格闘をするなど、驚くべきシーンを可能にしている」と報じた。べつの新聞は「マーメイドの姿をした〝不滅の存在〟」ケラーマンの大きな写真を掲載し、彼女の「泳ぎと飛び込み」は「演じられた物語が生む格別の興奮」だと褒め称えた。この評論家によれば「ケラーマンのフォームの美しさと完成度」は「ケラーマンの身体構造を見せるいくつかの場面」とあいまって観客を虜にしたが、「淫らになる危険をマーメイドの豊かな髪が十分に隠していたので、誰も映画館で赤面する必要はなかった」[★12]

ここまで、ケラーマンは、西洋の大衆が期待する女性らしい女性をほぼ完璧に演じてきた。水着にまつわる「スキャンダル」は若い女性に泳ぎと健康と美について教える機会に変えたし、結婚という家庭面の理想も、一九一二年、マネージャーのジェームズ・R・サリヴァンの「網にかかり、〝陸揚げ〟されて」実現させた。[★13] ケラーマンがつくる映画もまた、女性的な家庭生活をテーマにして、男に恋をする彼女の努力にしばしば焦点があてられた。だが、「現代」の多様性があるとはいえ、ケラーマンはやはりマーメイドであり、本質的には家庭と危険、セックスと誘惑のハイブリッドだった。結果として、つぎの主演映画『神の娘 *A Daughter of the Gods*』(一九一六年)でケラーマンは、自らを新たな高みにのぼらせ、製作費を百万ドルの大台に乗せた。現代のマーメイドはこの作品で、高さ二十二メートル(七十二フィート)からの飛び込みを見せるだけでなく、銀幕でヌードを披露した最初のスター女優となった[図086]。西洋の大衆がケラーマンを「完璧なプロポーション」にもっとも近い女性」と見なしたことを考えれば、彼女が映画でヌードになったのはけっして小さな進歩ではなかった。ケラーマンならではの「女性らしいパワーと永遠の美」の組み合わせは、一九一七

[図086]ヌードのアネット・ケラーマン、『神の娘 *A Daughter of the Gods*』(監督:ハーバート・ブレノン、1916年)より。

年以降、彼女の名声をますます高めた。[★14]
つづいて『海の女皇 *Queen of the Sea*』（一九一八年）に主演したあと、ケラーマンは自分の映画スタジオを設立した。これは、その時代の女性としては異例なことだったが、ケラーマンには金銭面でも仕事の実績でも力があるのは歴然としているのに、新聞や雑誌はあいかわらずこの現代のマーメイドを、女性の性的特質と身体的特質を語る言葉で表現した。新規事業についてインタビューした〈ロサンゼルス・タイムズ〉紙は、「少し肉づきがよくなった彼女はたいへん魅力的で、頬はばら色、見事なフォームで映画製作事業に臨んでいる」と記した。ケラーマンはこのあとの五年を「女性の体のための運動管理とトレーニングを向上させる」教育映画の製作に費やしたが、性とジェンダーの限界への挑戦はまだ終わっていなかった。それどころか、早くも一九二一年に、ヴォードヴィルの舞台に男装で出演した。ある新聞は、彼女が演じた「イングランドのジョニー」という男の役を「魅力的な人物」と評し、カナダのウィニペグのヴォードヴィル劇場にこの演目がかかると、観客は片眼鏡の男ジョニーに夢中になった。だが「ジョニー」を演じてもケラーマンの女性としてのセクシュアリティに傷がつくことはほとんどなかった。なにより本人にマーメイドの自覚がしっかりとあるので、一九三三年に小説の執筆を勧められると、「最近の小説はセックスアピールがないとだめでしょう。わたしはそういうことには疎《うと》いのよ」とジョークで返した。[★15]

この現代のマーメイドはすべてを手にしていた。二〇世紀初頭の女性性《フェミニニティ》、健康、美の概念にしたがえば、ケラーマンは「完璧な女性」の代表だった。それでいて、彼女は自分の人気を活用して性、ジェンダー、利益の限界を押し広げようという試みもした。若い女性に健康法を教えるときの彼女も、映画でヌードを披露したり舞台で男装したりするときの彼女も、同じくらいのびのびとしていた。そして大衆はそんな彼女が大好きだった。ハイブリッド性がこうして一般に受け入れられたことは、二〇世紀のマーメイドの未来にとって重要な意味をもっていた。西洋世界にあった謎めいたセイレンへの信奉が歴史的に低落する一方、セクシーで健康的で美しく、スキャンダルのにおいをまとったケラーマン式のマーメイドがメディアにあふれるようになった。

第二次世界大戦後、西洋のメディアはケラーマンがつくりあげた「現代のマーメイド」像を、自社の利益を上げるために、こぞって活用した。一九四五年以降、楽観的なアメリカ人は成功の波に乗っていた。使える金はあったし、消費は愛国者の義務だと考えていた。[★16]ハリウッドはこの好機を無駄にはしなかった。すでにケラーマンが現代のマーメイドのための舞台を整えてくれていたので、一九四八年から一九五四年にかけて西洋の映画会社によるマーメイドが主役の映画は計四本にのぼった。[★17]とくに『彼と人魚 *Mr Peabody and the Mermaid*』と『恋の人魚 *Miranda*』の両作品が大々的に公開された一九四八年は、マーメイドが豊作な年だった。

『彼と人魚』(一九四八年)〔図087〕の主人公、ウィリアム・パウエル演じる中年の既婚男性ミスター・ピーボディは、カリブ海での休暇中にアン・ブライス演じるレノアという名のマーメイドと思いがけず恋に落ちる。[★18]物語のほとんどはセックスと力についてだ。序盤では、ミスター・ピーボディは五十歳を迎えることに不安を感じており(「若者のなかでは年寄り、年寄りのなかでは若者」とうちひしがれる)、海辺のパーティで若い男が妻にちょっかいを出すのをただ見ている。そんな意気消沈したピーボディをセイレンの歌が近くの島へと

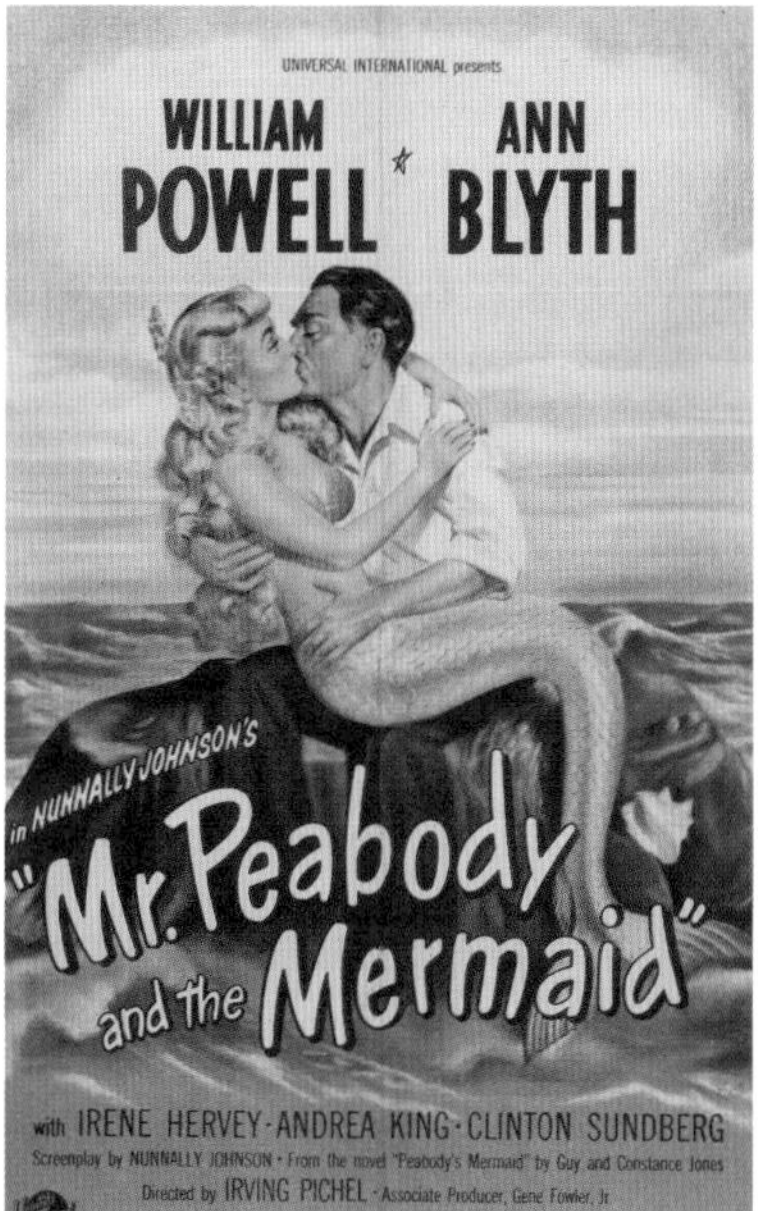

〔図087〕『彼と人魚 *Mr Peabody and the Mermaid*』(監督:アーヴィング・ピシェル、1948年)、公式映画ポスター。

誘い込む。そこで彼はついに、美しいが意思がなさそうなマーメイドのレノアを捕まえる。ピーボディはレノアを本来の棲家に帰さず、自分の別荘に連れ帰ってポチャンと浴槽に放りこむ。魚を釣ってきたのだと勘違いした妻が、海に捨てろという。それでもピーボディは声の出ないレノアを海には戻さず、別荘の池に住まわせようと決める。彼はレノアのあどけない大きな目をのぞきこんでいう。「海になんて帰りたくないだろ！　あそこは広すぎるし、きみはこんなにかわいいのだから」。それからキスの仕方を教え、彼女を自分だけの囚われのマーメイド――性欲を満たすよう調教できる無垢な海のニンフ――に変える。

つぎつぎと滑稽な騒ぎが起きるなか、ピーボディは捕まえたマーメイドに恋をし、彼女を訪ねてはキスや抱擁を交わし、気が向けば一方的に話しかける。《ライフ》はピーボディの偏った愛情の向け方に注目し、「執拗に繰り返されるべとついたキスから本作を分析すると、さまざまな妄想の可能性へと突き進む。それは、若いマーメイドとボストンの上流階級に属する白髪まじりの男の、陸地での愛の生活を主軸にしたプロットにも提示されている」と否定的な論評をした。[★19] なんでもミスター・ピーボディの思いどおりになるように見えるのは、島で休暇を楽しむ歌手と浮気していると誤解した妻が彼を置いてニューヨークシティに帰ってしまうまでだ。妻の殺害を地元の警察が疑いはじめると、ピーボディは別荘からこっそりとレノアを連れ出し、海に戻さざるを得ない（レノアが彼も連れていこうとするため、彼は溺れかける）。最後にピーボディはレノアより妻を愛そうと心に決め、謝罪の証《しるし》にレノアの櫛を妻に贈る。もちろん、その櫛のもとの持ち主が性的搾取のためにとらえた女だったことは永遠の秘密だ。[★20]

『恋の人魚』（一九四八年）〔図088〕も同じく性をめぐるドタバタ劇だ。グリフィス・ジョーンズ演じる医師のポール・マーティンは、妻を置いて休暇でコーンウォールへ釣りにでかけ、魅惑的なマーメイドのミランダ（グリニス・ジョンズ）に捕まり、監禁されてしまう。[★21] ロンドン見物の約束と引き換えになんとか解放されたマーティンがようやく自宅に戻ると、「大物」は釣れたかと妻が問う。連れ帰ったミランダについては、車椅子に乗ったままロンドン見物をしたがっている脚の悪い子どもということにする。珍事が立てつづけに起こる。ミランダは魚を食べたり、動物園のアザラシに甲高い声で話しかけたりして、人々から奇異の目を向けられ、マーティンはあわてて車椅子を押してその場を去るはめになる。ついに——必然的といえるかもしれないが——ミランダは美貌と性的なほのめかしとエキゾチックな雰囲気を利用して、自分のものになるはずのない三人の男を誘惑する。マーティンと、彼の運転手と、マーティン家のある友人の婚約者を。これが不信と嫉妬の醜い三角関係を生み出す。最終的には、マーティンの妻が、ミランダは家庭を壊すマーメイドだと見破り、彼女の正体を世間に公表するよう夫に詰めよる。するとミランダは自分で車椅子を操って、テムズ川に逃げ込む。奇妙なひねりを利かせた最終シーンでは、岩でくつろぐミランダの膝に人魚の赤ん坊がいて、三人の男のうちの誰かとの情事を完遂したことが示唆される。いずれにせよ『恋の人魚』は人気作となり、続編『男たちに夢中 *Mad About Men*』(一九五四年)が製作されたほどだった(第一作のようにヒットはしなかったが)。続編でのミランダはコーンウォールの教師になりすまして、出会う男全員をふたたび誘惑する。

『彼と人魚』と『恋の人魚』は、ケラーマ

［図088］『恋の人魚 *Miranda*』(監督：ケン・アナキン、1948年)、公式映画ポスター。

ンの「現代のマーメイド」の異なる側面をそれぞれに描き、セイレンが昔からもつ二元性を証明した。『彼と人魚』のレノアは、二〇世紀半ばに期待されたセックスと女性性にしたがっている。マーメイドとしてはこのうえもなく慎ましく、乳房が収まるビキニのトップをこれ見よがしに着て、カールした前髪を短く切りそろえている。ミスター・ピーボディは彼女をとらえ、キスを仕込み、自分の気が向けばいつでも性的な接触を目的に彼女を訪ねるのだから、レノアは性欲をかき立てる女性というよりただのものでもある。彼女は声が出せないため、肉体的な関係しか成立しない。レノアはこの男性支配の関係における従順な囚人で、ピーボディから逃げようとも彼の接近に抗おうともけっしてしない。それどころか、ひとたびピーボディからキスの仕方を教わると、彼の腕に身を投げ出す。

　ミランダは反対に、ケラーマン式マーメイドの従順な性質よりも官能的な性質のほうをあらわしている。レノアはビキニのトップをつけているが、ミランダは長く垂らした髪だけで裸の乳房を隠している。さらに中世の危険なセイレン像を体現するように、マーティンを捕まえて無理やり車椅子でロンドンを案内させ、三人の男を誘惑したあげく、無傷で逃げきる。彼女は男たちを所有し、そのうちの誰かの子どもまで産む。そして、ひとりで赤ん坊を育てると映画はほのめかす。続編のミランダは懲りもせずに同じことを繰り返し、今度は町じゅうの男を誘惑する。だが、ケラーマンが「現代のマーメイド」をつくって育てなければ、これらの映画が日の目を見ることはなかっただろう。

　アネット・ケラーマンの伝記映画『百万弗の人魚 *Million Dollar Mermaid*』（一九五二年）でケラーマン役を演じたのは、やはり水泳界の元花形選手で、オリンピック出場の機会を第二次世界大戦に奪われたあと、ショービジネスの世界にはいったエスター・ウィリアムズだった。ウィリアムズもケラーマンと同じく、泳ぎと飛び込みのパフォーマンスで名を上げ、美しいフォームと優雅な泳ぎの技術を呼び物にしたハリウッド作品に数多く出演した。一九一四年のケラーマンの大ヒット作『ネプチューンの娘』のリメイクである『水着の女王 *Neptune's Daughter*』(一九四九年)でも主役を務めた。だが今日までの最大のヒット作は『百万弗の人魚』であり、この作品によって彼女は、文字どおりの意味でも比喩的な意味でも、ケラーマン役を引き継いだことになる。そしてそれが成功し、「若さと美と運動能力」を見せつける数々の「アクア・ミュージカル」映画に主演した。これらの役どころの多くで彼女の力強さが示されたことも忘れてはならない。映画評論家のデイヴィッド・ファントルとトム・ジョンソンがのちに述懐するように、そうした作品は「相手役の男優を水中で引きずりまわす」ウィリアムズのキャラクターを売りにすることが多かった。にもかかわらず、ウィリアムズも、女性性とジェンダーの結びつきを完全に壊せたことは一度もない。映画会社は、水のなかで演じる役で有名になった彼女の才能を水の精という描き方以外では発揮させなかった。『おおい、スカート! *Skirts Ahoy!*』(一九五二年)から最後の出演作『魔法の泉 *Magic Fountain*』(一九六三年)まで、映画製作者はウィリアムズにカメラの前で美しい姿で泳ぐことを期待しつづけた。大物プロデューサーのルイス・B・メイヤーはかつてこんな皮肉をいった。「彼女は濡れているとスターだが、乾けばスターでなくなる」[★22]

ウィリアムズがケラーマン式マーメイドを用いて、出演作の多くで力強いマーメイド像(限られた範囲ではあったにせよ)を打ち出したのであれば、ダイアン・ウェバーは、『ティブロン島のマーメイドたち *The Mermaids of Tiburon*』(一九六二年)〔図089〕で「現代のマーメイド」の性的な側面を利用して筋書きをひっくり返した。監督のジョン・ラムが映画製作の原動力としていたのは、「女体の露骨な表現」だったから、この作品では、美しいマーメイドが棲む島を見つけた男がどうなるかよりも、半裸の女性たちがカメラの前で泳ぐどぎつい映像に重きが置かれている。この官能的なセイレンたちの中心にいたのが、《プレイボーイ》誌の元「プレイメイト」で、ケラーマンと同じく自分の体を人目にさらすことを恐れない女性、ウェバーだった。映画は当初、魚の尾をつけ、花で乳

［図089］『ティブロン島のマーメイドたち *The Mermaids of Tiburon*』(監督：ジョン・ラム、1962年)、公式映画ポスター。

房を隠したウェバーを目玉として、米軍基地限定で上映されていた。しかし、マーメイドが象徴するようになったセックスと資本主義の合流に乗って儲ける好機と気づいたラムは一九六四年、『ティブロン島のマーメイドたち』を『アクア・セックス *Aqua Sex*』と改題して再公開した。この扇情的な娯楽作のポスターには、「粗野な刺激に満ちた……野生の女たち！　海の底のシャングリラで男を愛し戯れる荒々しくもまばゆいニンフ」という宣伝文句が躍っていた。ラムは既存の映像に、全裸の女性たちが泳ぐ場面を追加しただけで『アクア・セックス』を完成させた。映画における露骨なヌード表現は、一九六〇年代にもっと一般的になっていった。ポルノ映画『ディープ・スロート *Deep Throat*』（一九七二年）はついに商業的な大成功を収め、一九七六年にはマーメイド映画をパロディ化したポルノ映画が二作つくられた。『彼と人魚』、『恋の人魚』、『アクア・セックス』といった映画は、そうした変化を映し出すだけでなく推進させた。マーメイドたちはケラーマンの「現代のマーメイド」のエロティックさを毎年更新しているように思われた。[★23]

性的特質と身体的特質を組み合わせるケラーマンの手腕は、映画館のスクリーンをゆうに超えていた。実際、ケラーマンは――この現代のマーメイドの成功で活気づいた映画界ともども――フロリダ西部に観光客をよぶのに一役買い、この地は現在も観光地として栄えている。ハリウッドの元スタントマン、ニュート・ペリーが一九四七年に開いたウィーキーワーチー劇場には、巨大な水槽があり、そのなかで生身の「マーメイドたち」が定員四十名の観客に水中の日常生活を披露した［図090］。こうした見世物には、先例がないわけではなかった。すでに紹介したように、一八八六年開館のブライトン水族館では、イングランド人のハリー・フィリップスが「生身の神話のマーメイド」を見せ、一八四一年のローマでは、イングランド人が哀れな「マーメイド」を水槽に閉じ込めるというおぞましい例もあった。[★24]しかし、ウィーキーワーチー劇場の発想と人気は、現代のマーメイド、ケラーマンとウィリアムズが完成させた「目新しさ、女体の美、運動能力、家庭という糸」を撚《よ》る能力と組み合わさっ

［図090］ウィーキーワーチー・スプリングスの、鏡をのぞきこむマーメイド（1969年5月22日）、白黒写真。

て、この大衆向けの水族館をべつのものに変えた。[★25] 一九四八年、『彼と人魚』の製作者が、のちに賞賛される水中シーンの撮影場所をウィーキーワーチーに決めると、ウィーキーワーチーの名声はさらに高まった。ペリーと地元メディアは、この大作でウィーキーワーチーがはたした役割を誇大宣伝する機会に飛びついた。映画の公開初日には、その後毎年恒例となる「フロリダのマーメイド・クイーン」コンテストが開催され、「水浴びする美女、フロリダ育ちのピチピチ娘十二人が……均斉のとれた体の魅力を競い合った」。それからの十年間、新聞には「マーメイドの一日」や「六週間の〝マーメイド講座〟」を受けた娘が「マーメイドになる方法」をどう学んだかという記事が多数掲載された。[★26] 観光名所としてのウィーキーワーチーの人気は、一九五九年、アメリカ放送会社（ＡＢＣ）による買収を生み、ＡＢＣはこれを定員五百名の水中劇場につくり替えた。一九六〇年代末のウィーキーワーチーでは、マーメイドの多彩な長編劇が上演されていた。大きな竜のロボットまでが設置され、マーメイドたちは「体をくねらせて」竜から逃げていた。[★27]

マーメイドを題材にしたそれまでの美術や映画と同様にウィーキーワーチーも、結局は、性とジェンダーの規範を前面に押し出していた。観客は、管理された環境に半裸ではめこまれた美しいマーメイドを見ることができた（そこにマーマンはいなかった）。ウィーキーワーチーの事業主は幅広い客層に対して、「家庭的な」雰囲気をなおも保とうとしつつ、マーメイドを性的対象として提示した。★28 劇場や映画館に限らず、広告代理店もそれぞれの目的のためにセクシーなマーメイドを取り入れた。たとえば、イーグル・アンド・クイーン・ライン・スチーマーズというイングランドの遊覧船の案内書に掲載された、一九三七年の炭酸水シュウェップスの広告を見てみよう［図091］。遊覧船は、二〇世紀前半のテムズ川では現在と同じくよく見られた光景で、毎年何千人もの乗客を楽しませていたので、その案内書は自社製品を売りたい広告主に引っぱりだこだった。あからさまに性的なシュウェップスの広告では、乳房をあらわにした美しいマーメイドが、泡が出ているシュウェップスの瓶を左手にもち、こちらを見つめている。マーメイドと水の切っても切れない関係以外に、セイレンのイメージをセックスアピールに利用した製作者の意図は明白だ。だがこれだけでは、この図柄に決めた理由の完全な説明にはならない。トップレスの女性が、二〇世紀前半の広告のありふれた要素ではなく、何千という人々（老いも若きも）がたやすく手にとるであろう案内書に登場したとなればなおさらだった。にもかかわらず、この広告のマーメイドは、非常に生々しい女体で見る者を誘惑している。ひょっと

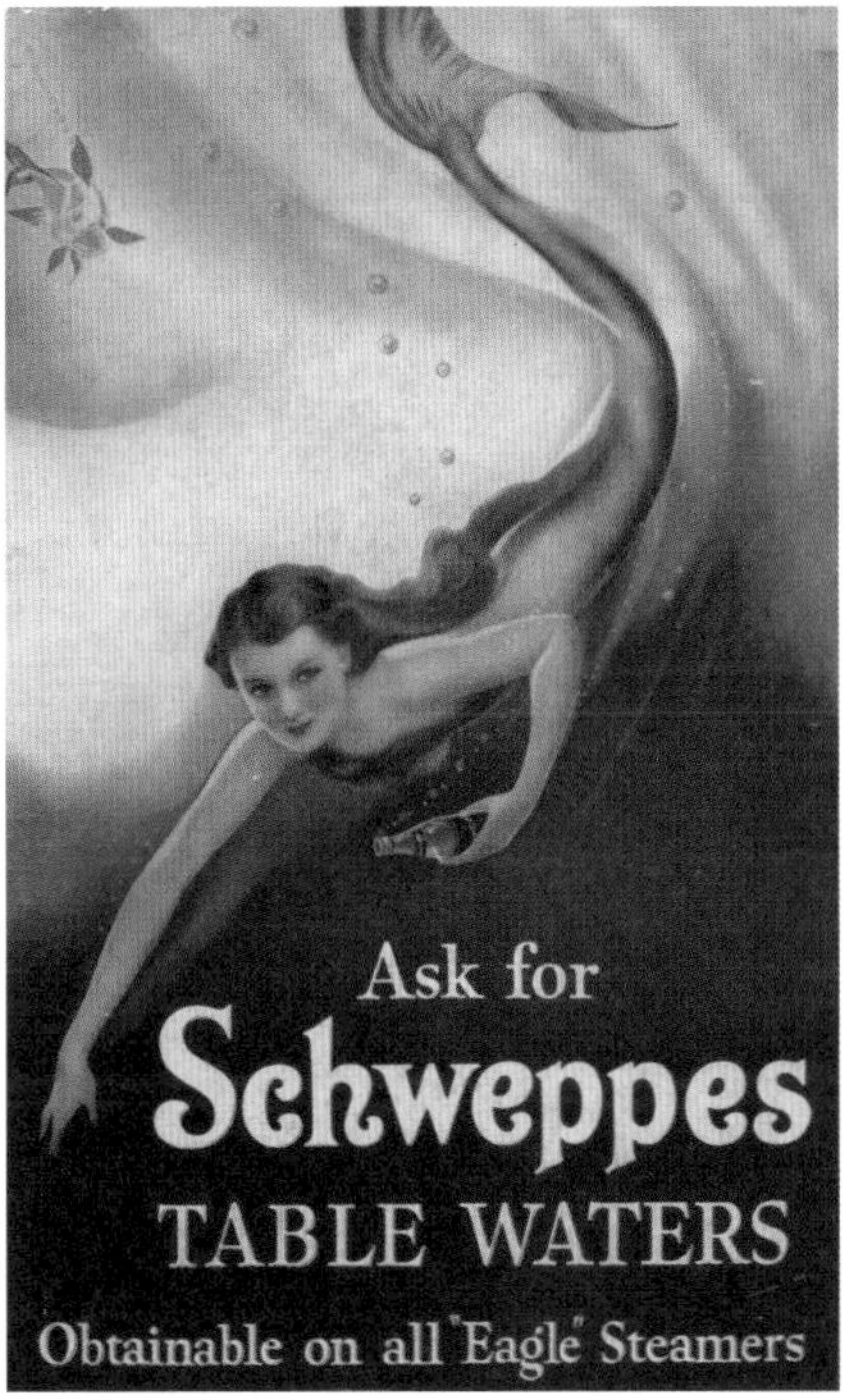

［図091］シュウェップスのマーメイドの広告、イーグル・アンド・クイーン・ライン・スチーマーズ案内書（1937年）より。

するとシュウェップスの広告主は、男たちに、船で待ち受けている「手にはいる」楽しみは卓に出される水だけではないと思わせたかったのではないか。[★29]

マーメイドは、戦後の好況期に、あるいは西洋の広告業界の「黄金時代」に、パンから整髪料、水泳用トランクスにいたるまで、あらゆる広告に登場したが、とりわけ三つの製品――ワイシャツ、雑誌、釣り糸――の広告は、アメリカン・ドリームから利益を得ようとしたメディアによるマーメイドの使い方をよく示している。[★30] 映画や観光名所にもセクシーなマーメイドが登場するという状況であれば、男性の顧客に商品を売りたい広告主にとって、官能的なセイレンは当然の選択肢だった。一九四八年、アメリカのシャツメーカー、ヴァン・ヒューゼンがまさにその策をとった。多分に思わせぶりなある印刷広告［図092］は、まっ白なワイシャツとネクタイを身につけたハンサムな男性が、真珠のごとくカキの貝殻から現れているように見せている。それを裏付けるのが「どのひとつ（のワイシャツ）も一粒の真珠」というキャッチコピーだ。この男性はひとりではない。裸のマーメイド（髪にかろうじて乳首を隠された）が貝殻の縁に手をかけ、男の目をいとしそうに見つめている。男は眉を上げて黒髪の美女を見下ろし、彼女に手を伸ばそうとしているようだ。この広告の掲載と『彼と人魚』が観客を魅了した時期が同じなのはまったく偶然ではない。広告も映画もやっていたことは同じ。つまり、力と機会が欲しい男たちの性的想像をかき立てていた。広告の本文にあるとおり、「ヴァン・ヒューゼンの白いワイシャツを着れば、あらゆる美女が寄ってくる」というわけだ。ここまで歴然としたイラストがあれば、説明はほぼ必要なかっただろうが。

翌一九四九年、《スポーツ・アフィールド》誌四月号に、超がつくほど性的特徴を前面に出したマーメイドが掲載された［図093］。現在では「コパトーンガール」――犬に水着を引っぱられる女の子――の作者としてもっとも知られるジョイス・バランタインだが、一九四九年にも露出度の高いピンナップガールをたくさん描いたことで有名だった。彼女はピンナップガールを描く合間に、アウトドアの男性誌《スポーツ・アフィールド》にも狩りや

［図092］マーメイドを使ったヴァン・ヒューゼンの広告(1948年)。

［図093］ジョイス・バランタイン画「いたずらをするピンナップ・マーメイド」、《スポーツ・アフィールド》誌（1949年4月）。

釣りに関連する、もう少し控えめなイラストを提供していた。バランタインのピンナップへのこだわりが彼女を《スポーツ・アフィールド》の挿絵の道に進ませたというのは、多くの点で納得がいく。要は、この雑誌の購買層の中心である男性読者が、バランタインのもっときわどいイラストをすでに自宅の車庫や仕事場に飾っていたということだろう。だからこそ、同誌の一九四九年四月号に載ったイラスト「エイプリル・フール」には、ピンナップガール風の豊満なマーメイド——トップレスで、波打つ長い髪と魚の尾といたずらっぽい目をもつ彼女は、釣り糸の一本をハサミで切りながら、もう一本を空気の抜けたタイヤにくっつけている——が描かれているのだ。これを見て成人男性がうれしい驚きを感じるのと同時に、親たちはかつて家族向けだったこの雑誌を息子や娘の手からあわてて引ったくるさまが目に浮かぶ。なんという「エイプリル・フール」！　ヴァン・ヒューゼンの雑誌広告から《スポーツ・アフィールド》にいたるまで、一九四〇年代末には、ありとあらゆる場所に過剰に性的なマーメイドがいるようだった。[★31]

セイレンの歌声は一九五〇年代をとおして響きわたっていた。[★32]　一九五九年、カリフォルニアで釣り糸を製造するウェスタン・フィッシング・ライン・カンパニーが、『マーメイドの捕まえ方 *How to Catch a Mermaid*』と題した、釣り糸「W－40」用の説明書をつくった。冊子の大きさは十五×十センチメートル（六×四インチ）［図094］。《スポーツ・アフィールド》のバランタインのイラストを意識したことが明らかな表紙では、大きな乳房のピンナップ風マーメイドが、フランネルのシャツを着た釣り人を情熱的に抱きしめ、キスしている。古典的な叙事詩や中世の伝承の、罠にかけられた魂とちがうのは、この男性は自発的な参加者であることだ。彼は釣ったばかりの魚が逃げようとしているのも気にせず、船縁《ふなべり》から身を乗り出している。マーメイド映画、ウィーキーワーチー劇場、ヴァン・ヒューゼンの広告と同じようにこの冊子も、釣り糸と変わらぬくらい、セックスと力を売り物にしていた。十ページにわたる本文は、そうした戦略を強調するものでしかなかった。アメリカの有名なコラムニストで自然保護論者でもある筆者のエド・ザーンは、マーメイド捕獲の手助けをすると読者に約束し、「マーメイドを捕まえたと噂になったら、きみは有名人だ。みんながきみのサインを欲しがり、新聞カメラマンがきみの写真を撮りにくるぞ。かわいい女の子にもモテモテだ」と記した。★33 実際にマーメイドを捕まえ

［図094］エド・ザーン著『マーメイドの捕まえ方 *How to Catch a Mermaid*』の表紙の挿画（1959年）。

た釣り人について語ったくだりもある。その話にはふたつの挿絵がつけられ、どちらの絵でもマーメイドは、満ち足りた表情で男のそばに座るという行為により、女というジェンダーにかけられた期待にすいすいと応えている。最初の絵では、なぜか釣り人も水のなかにいて、マーメイドに何かを説明している。マーメイドは、背筋を伸ばして思わせぶりに胸を突き出した体勢で、うっとりと聴き入っている。つぎの絵ではマーメイドは釣り人とともに水から出て、満足げな表情で彼の肩先から『マーメイドの捕まえ方』のパンフレットをのぞきこんでいる。

ウェスタン・フィッシング・ライン・カンパニー、ヴァン・ヒューゼン、《スポーツ・アフィールド》のマーメイドたちはまるで同一のマーメイドのように見える。ウェスタン・フィッシングとヴァン・ヒューゼンのマーメイドは、女らしい従者として白人男性――セックスと服従が彼らの最終目的――に仕え、《スポーツ・アフィールド》のピンナップ風マーメイドの奉仕の意図はなによりもまず刺激と喜劇である。『マーメイドの捕まえ方』の筆者は、前例と同じ性的な含意をむしろはっきりと示し、締めくくりにはかなり卑猥なやりとりを用意していた。「目をまわしてふらついている魚の尾の女神」を捕まえた釣り人は、そのマーメイドに逃げていいといった。囚われのセイレンは、逃げられないと答えた。〝だって釣り上げられてしまったもの……ほら、自分の目で確かめて〟〝なんてこった〟ガスは顔をほてらせた。〝たしかにそうだ！　だったら、おれの釣りペンチを握ってくれ〟といった[34]」。マーメイドは中世からずっと、不調和な人間の胴体と魚の尾をもち、セックスと関連づけられてきた。中世のマーメイドの一部には、古代のシーラ・ナ・ギグの彫刻のようにヴァギナをおおっぴらに見せるものもあったけれど、生殖器部は見る者の想像にゆだねられることのほうが多かった。ところが、今回はちがった。ザーンは直接的な言葉は使わず、すべてをほのめかした。この決断は『恋の人魚』の舞台版（一九四八年）にあった台詞を思い出させる。マーメイドが自分の尾について「濡れてるときのほうがいいでしょ、ポール？」と訊くと、ポールは（まごついて）こう答えるしかないのだった。「ああ、いいよ……最高だ[35]」

最後のひとひねりというわけか、ザーンの『マーメイドの捕まえ方』の裏表紙には異なるタイプのマーメイドがふたり描かれていた。片方は、一九五〇年代の子ども向けアニメーションに出てきても違和感がなかっただろう。彼女はザーンの冊子に登場する標準的なマーメイドの姿をしながらも、子どもも親しみやすい雰囲気で、いわばウェスタン・フィッシング・ライン・カンパニーのマスコットとして提示されている。だがもう片方のマーメイドは正反対だ。陳列棚の上に腰かけたこのセイレンは、同冊子のどのマーメイドよりも性的特徴を強調された官能的なマーメイドだろう。上半身は文字どおり一糸まとわず、豊かな乳房に「Western」の文字があるだけ（もちろん、この一語に視線を集めるという戦略だろう）。そのうえ両手を頭のうしろにまわしているのは、彼女の肉体的価値を確かめてみたいという男性の欲望を反映したポーズだ。結局、消費者が最初にこの面白そうな小冊子を手にとったときに、冊子の表紙が上になっていたとしても裏表紙が上になっていたとしても、セックスという信号はほとんど想像の余地を残さなかっただろう。こうした広告が『アクア・セックス』（一九六四年）のような映画に観客が集まる土台をつくったことは認めざるを得ない。

ウェスタン・フィッシング・ライン・カンパニーは非公式のマスコットとしてアニメーション風のマーメイドを起用したが、ほかにも、マーメイドを公式マスコットにした企業が一九五〇年から一九七一年のあいだに二社現れた。カリフォルニアを拠点とする海産物会社「チキン・オブ・ザ・シー」は、一九五一年、ツナ缶のマスコットにブロンドの美しいマーメイドを使いはじめた。前年の一九五〇年には、ハリウッド女優のグレイス・リー・ホイットニーがこの会社のマーメイドの試作モデルとなり、同じような衣装を身につけて「ミス・チキン・オブ・ザ・シーはラベルの上よ〜！」という短いCMソングをラジオや舞台の聴衆に向けて歌っていた。一九五一年の印刷広告では、蜂の巣《ビーハイブ》の髪型にして、いたずらっぽい笑みを浮かべたホイットニーの漫画版が、三種類のツナ缶の横で魔法の杖をかざしている。ただし、このマーメイドは、ヴァン・ヒューゼンや《スポーツ・アフィールド》やウェスタン・フィッシング・ライン・カンパニーのセイレンと比べれば控えめだった。魚の尾と一体化したワンピース形の水着は、胸の谷間をちらりとしか見せないし、首につけたハート形のチョーカーも慎ましやかに欲望をほのめかすだけで、そのほかのはるかに露骨な表現とは対照的だ。一九五四年の広告では「極上のツナ缶、センター・カッツのラベルにいるマーメイドを探してね！」となった。[★36] チキン・オブ・ザ・シーのツナ缶は今日にいたるまで、昔のビーハイブの髪型を長く垂らした髪に変えるというわずかな更新以外は、この一九五〇年代風のマーメイド［図095］を使いつづけている。

だが、チキン・オブ・ザ・シーのマスコットは、一九七〇年代に登場したスターバックスのマーメイドと比較すると、セレブといえどもC級だった。一九七一年、コーヒー、紅茶、スパイスを扱う会社が開業した。そのとき創業者の面々は、広大な公海と、商品がシアトルの会社に着くまでに旅する気が遠くなるほどの長い距離をあ

［図095］「チキン・オブ・ザ・シー」のツナ缶の広告(1954年)。

らわすことができる会社にしたいと考えた。そこで社名を(『白鯨』の登場人物にちなんで)スターバックスとし、マスコットにマーメイドを選んだ。興味深いのは、二〇世紀に資本主義的な目的で使われたセイレンのなかでいちばん性的特徴が顕著なのがこのマーメイドかもしれないということだ。なぜなら彼女は、はじめは中世の教会を飾っていた、人を惑わすあのマーメイド――広げた尾、流れるような髪、あらわな乳房――のコピーそのものだったから［図096］。実際、グラフィック・デザイナーのテリー・ヘックラーは、一九六二年刊行(一九七一年改訂)の『シンボル辞典 *A Dictionary of Symbols*』の著者J・E・シルロが採用した、一五世紀に人気だった「二股の尾のセイレン」にわずかな修正を加えただけだ［図097］。ヘックラーは、一五世紀のマーメイドの腹部のしわを伸ばし、臍を消した。時を経て、スターバックスのマーメイドは保守的傾向を帯びた。ロゴの作成者はまず、あらわな乳房を長い髪で隠し、その後もデザインを変更するたびに焦点を少しずつ顔と冠に絞っていった。今ではほとんどマーメイドだとわからない。いずれにしても、スターバックスのマーメイドは現在、世界でもっとも認知度の高いマスコットのひとつであり、一七世紀の哲学者トーマス・ブラウンの「マーメイドの絵を見ずにすんだ目はほとんどない」という言葉が、おそらく過去のどの時代よりも真実味を感じさせるものとなっている。★37

マーメイドがこのように商

［図096］スターバックス・コーヒーの最初のロゴ(1971年)。

［図097］「二股の尾のセイレン」、J・E・シルロ著『シンボル辞典 *A Dictionary of Symbols*』(1962年)より。

業、文化、芸術との関連性を獲得した二〇世紀後半、西洋の歴史学者は、この人気者の研究に熱を入れはじめた。中世から学者は人類史における人魚の意義について考えてきたが、二一世紀にはいってからおこなわれた大量の調査は、もっと綿密だった。一方でそれらは、歴史の進化を社会科学として、あるいは「歴史的相対主義」として示すこともした。「過去をそれ自体のために評価し、可能な限り政治的な都合を突破しよう」とする現代の努力だと学者たちはいう。[★38] 一九五〇年代はじめの新聞には、人魚と神話を題材とする短い歴史記事が再び掲載されだしていた。まさにこの時期にマーメイドが大衆文化に侵入していたと考えれば驚くにはあたらない。もっとも、こうした記事はたいてい子ども向けで、日曜の漫画欄に「マーメイドは面白いけれど、ほんとうはいない」といった見出しで載ることが多かった。[★39] だが、すべてが愉快な雑学だったわけではなく、二〇世紀後半には、もっとまじめな人魚の歴史書も書店の棚に並びだした。

英国王立人類学協会、王立地理学会、考古学研究所の一員である、イングランド出身のリチャード・キャリントンは、一九五七年『マーメイドとマストドン——自然と非自然の歴史 *Mermaids and Mastodons: A Book of Natural and Unnatural History*』を出版した。キャリントンは自身の「一般読者向けの著作」は「自然科学の数部門にまたがるロマンチックで不思議な事実を収集する」ひとつの試みだといったが、同書は、神話や不思議や科学について人類が長年抱いてきた観念を詳細に分析するもので、その点で本書とよく似ている。第一章「マーメイドの自然史」では、古代から出版当時にいたるまでの、人類の人魚に対する執着を調査し、「民間伝承のなかにマーメイドまたはマーメイドに似た生き物への言及がいっさいない時代も国もほとんど見あたらない」とした。キャリントンは、人類と人魚のさまざまな交流の事例（とくに一七世紀から一九世紀のもの）を挙げたあと、「マーメイドの自然史は……多くの側面からカイギュウの自然史に含めてよさそうだが……自然科学の手法のみでマーメイドの歴史を理解することはできない」と結論する。彼の鋭い分析によれば「謎と危険に満ちた、忘れ得ぬ美しいこの海の

女神たちは、人類の原始の要求に応えて海のカオスから生み出されたにちがいない」とされた。[★40]

わずか八年後、歴史学者のグウェン・ベンウェルとサー・アーサー・ウォー（一九五九年―六一年、民俗学会会長）が『海の魔法使い――マーメイドとその親族の物語 *Sea Enchantress: The Tale of the Mermaid and her Kin*』を出版した。「マーメイドの物語の起源は、地球上の人類が文明人となったばかりの時代にあり、世界じゅうにその背景をもつ」ことを二百八十八ページにわたって網羅的に分析したこの労作は、今日もなお、もっとも緻密な人魚研究のひとつに数えられている。分析の対象範囲は、古代ギリシャや古代ローマの時代から二〇世紀後半まで、民間伝承から紋章学、神話、科学にまでおよぶ。そして面白いことに、ベンウェルとウォーは、人魚の実在説に対するあからさまな非難では同書を締めくくらなかった。むしろ、こんな疑問を投げかけた。「わたしたちが思いつく最高に荒唐無稽な推論でさえ、完全に的外れなのかどうか？　ひょっとしたら、海生生物が自ら属する集団を離れて、現れたばかりの陸地に移り、腕と脚を発達させたときに、謎の親類を海に置いてきたのではないか？」。ふたりの主張はこうつづいた。「人間は今日も海に祖先をもつ証拠を失っていない。人類にはえらの名残がかすかにあり、切除が必要とされるほど目立つ場合も少数ながらある」[★41]。この文章の奇妙な結びは、二〇世紀の豊富な知識を有する学者たちのなかにさえ不思議な事象への旧来の感覚が生きつづけていたことをうかがわせる。少なくともベンウェルとウォーには、何年にもわたる調査が答えと同じ数の疑問を残したようだ。しかも、これはふたりに限ったことではなかった。一九七五年、英国の著名な自然史学者サー・デイヴィッド・アッテンボローがモリー・コックスとの共著で世に出した『世にも不思議な動物たち *Fabulous Animals*』には、「マーメイドの物語は生き残る。マーメイドにはどこか真実の響きがある」と書かれている。ふたりはマーメイドの正体はマナティだという説に疑問すら呈し、「暖かい海に生息するマナティが、スコットランドの北の沖合で目撃されたなどということはまずあり得ない」のに、どうしてそんな生き物がグレートブリテン島の北の冷たい海に到達したとされているのかと述べた[★42]。

歴史的相対主義と真実に人生を捧げた合理的な学者たちにさえ残っていた、不思議な事象に対するこの感覚を、わたしたちはどうとらえればよいだろう？　彼らはすべてのものを確信しているようであり、何ひとつ確信していないようでもあるが、彼らとて真空空間に生きていたわけではない。キャリントン、ベンウェル、ウォー、コックス、アッテンボローが歴史を調べて書物に記していたのと同じ時期、大衆文化は人魚の独擅場《どくせんじょう》だった[★43]。その間に科学と探査は、過去には想像だにしなかった領域に進出し、それまでの可能性と限界の想定をくつがえそうとしていた。人類が月面着陸できるなら、人魚を発見することだってできるはずではないか？　多くの人はまだこの生き物を信じつづけていたし、なかには遭遇したと主張する人もいた。一九五四年、アメリカ合衆国灯台局の局長で当時六十九歳のホアキン・ブリトーは、ニューヨークの〈デイリー・ニューズ〉紙に、「子どもの頃、西アフリカのカーボベルデ諸島沖で父と釣りをしていたとき」確かにマーメイドを目撃したと述べた。記事によれば、「彼は沿岸警備隊本部に集まった聴衆を前にして、中身の濃い経験談の、人類学的にも興味深い細かな内容をすらすらと語った」。マーメイドは十五歳くらいに見え、「われわれと同じポルトガル人のほか漁師たちも近くで同一のマーメイドを目撃した」という[★44]。

一九六一年には、マン島（イングランドの北西沖）当局が、「島民数名が岩の多い海岸で日光浴をするマーメイドたちを目撃し、とても魅惑的な生き物だといっている」という報告を受け、公式に「マーメイド狩り」を始めた。英国議会のある議員は「そのような捕まえにくい獲物を最初に陸に揚げた人物」には二万ポンド（二〇二〇年の四十四万ポンド）の報奨金を約束しようと申し出た。地元の警察官も、ピールの町長の女性も、秘書のひとりも、沖でマーメイドを見た人は何人もいると断言した。観光客をよびこむための仕掛けだったのかどうかは定かでないが、これほど大々的に周知の努力がなされれば、多くの人の好奇心をそそったのはまちがいない。実際、ベンウェルと

ウォーも著書の末尾でこの新たな目撃譚に言及している。★[45]

二〇世紀後半に人魚の問題に取り組んだのは、歴史学者だけではなかった。一九八〇年代には、映画界にマーメイドが復活し、『スプラッシュ *Splash*』（一九八四年）〔図098〕と『リトル・マーメイド *The Little Mermaid*』（一九八九年）は商業的に大成功を収めた。★[46] どちらの作品でも本質的には、主人公のマーメイドは人間の男による救出を必要としている。戦後とよばれる時代の学者や市民はジェンダーの隠喩を通俗的と一笑に付すだけだったが、一九八〇年代には、ポスト・フェミニズムによる批判が必要不可欠な分析手段として現れていた。西洋社会に根付き、文化的に構築された性やジェンダーや言語の概念を解体しようと、一九八〇年代および一九九〇年代のフェミニストの学者は、マーメイド——と新作のマーメイド映画——に真正面から立ち向かった。★[47]

一九九一年、ロバータ・トライツは「ディズニーによるアンデルセンの物語の解釈は、新たな世代に性差別主義者《セクシスト》の価値観を刷り込むことにより、彼らの価値観を永《なが》らえさせている」として、ディズニーへの攻撃の火蓋を切った。トライツの評価では、この映画は「女性を、控えめな存在または邪悪な存在、つまり、男性に依存するか男性から力を盗むかしなければ、自分自身で責任を負う力をつくりだせない存在」として描いていた。彼女の指摘は核心をつくものだった。ディズニー版のアリエル（「人魚姫」）は、人間と、具体的には王子のエリックと暮らすために、自分の声を捨てる。すると、不気味な海の魔女アースラは、アリエルの声を盗む。あとからその声を使ってエリックの、ひいてはアリエルの夢と希望をうち砕いてやろうということだけが彼女の目的だ。アンデルセンの原作には、女性らしくあることを正当で充足した生き方のひとつと認める底意が少なくともあり、人魚姫というキャラクターが女性の上昇志向の漠然とした概念をあらわしていたのに対して、一九八九年のディズニー版は、トライツにいわせれば「女性であることを肯定する価値観を排除し……（その結果として）女性の品位を奪うキャラクター、姿形、対立を生み出し、原作よりはるかに性差別主義を助長する作品となってい

［図098］『スプラッシュ *Splash*』（監督：ロン・ハワード、1984年）のポスター、マーメイド役のダリル・ハンナ。

る」。トライツにとって、ディズニーのマーメイド、アリエルは、伝統的な——おまけに時代遅れの——ジェンダーの隠喩の人質でしかなかった。★48

トライツの主張は賛同のさざ波を起こした。三年後、スーザン・ホワイトはフロイトとラカンの精神分析を用いて、『リトル・マーメイド』のような映画のおかげで、「ほとんどの文化的製品は迫害と反逆の複雑な織物であり、既存の構造、回復、変容をもてあそんでいることにフェミニストの批評家が気づけた」と表明した。ホワイトにす

［図099］ディズニー映画『リトル・マーメイド *The Little Mermaid*』のアリエルのコスプレをする人、ニューヨーク・コミコン（2015年）。

れば、近年のおびただしい数のマーメイド映画は、女性の社会的、政治的状況の変化をめぐって西洋社会がつのらせている懸念に歯止めをかけるものだった。だからこそ『リトル・マーメイド』は「身体的、社会的制約を受けている女性像」の象徴なのだ。ローラ・セルズは、一九九五年刊行の論文集の「〝マーメイドはどこに立っているのか？〟──『リトル・マーメイド』における声と体」と題された章で、ジェンダーの二項対立を繙き、『リトル・マーメイド』は「アメリカのフェミニズムがはらむ緊張関係のいくつかを映し出している。そうした緊張を生んだのは、アクセス権を求める改革論者と……社会変革の前段階としてシンボルの変化を主張できるように、ジェンダーの概念を組み直そうとする急進派というふたつの立場だ」と述べた。セクシーであると同時に幼さの残る、美しいマーメイドのアリエルは、ジェンダーにまつわるこの矛盾の核心にいた。アリエルがあらわしていたのは、海と陸の境界（セルズの表現では「白人男性中心主義」）と、女性がこのシステムに受け入れてもらうために払わねばならない犠牲の大きさだ（この映画ではアリエルは尾と声を手放すことで自分に損傷を加えている）。批判的に見れば、『リトル・マーメイド』の分析は、セルズがポスト・フェミニズムの時代における自身のハイブリッド的な立場について考える手助けをした。セルズは「わたし自身、現代のフェミニズムがはらむ矛盾と緊張の産物であるとともに、支配的な文化の盲従者でもある」と率直に認めている。エフラ・ツィーロンもセルズの議論に加わった。彼女がおこなった独自の精神分析的研究とは「舌と声をなくされるという非常に特殊な状況を前提に構築された父権制のなかで生きる人間のありさま、というより女性のありさま」を表現するために、ディズニーがどれほど過度にアンデルセンの物語を単純化したかを探るものだった。[★49]

これらの論を俯瞰すると、マーメイドが西洋社会にもつ現在進行中のハイブリッド性──さらには矛盾まで──を暴露していることがわかる。『リトル・マーメイド』は大ヒットし、「〝劇場公開されたアニメーション映画では初めて〝興行収入、ビデオの売り上げとも記録を破り」、もっとも利益を上げた長編アニメーション映画となった（この記録は、二年後のディズニー映画『美女と野獣 *Beauty and the Beast*』にぬりかえられるが）。一方で、『リトル・マーメイド』は対立もあおった。西洋人の多くは、「おとぎ話を書き換えてアメリカ的価値観を反映させる」ディズニーの試みを擁護し、アリエルの気まぐれな物語に希望と愛と友情のメッセージを見いだした。一九六〇年なら、この世論が圧倒的だっただろう。だが、時代は変わっていた。女性たちは、ガラスの天井をうち破り、ビジネス、商業、公的領域の新たな道を歩みだしていた。そうした背景があるからフェミニストたちは、『リトル・マーメイド』が暴いたのは支配的な文化規範だと論じたのである。その規範のもとでは「白人男性を中心とするシステムへの参入は、女性らしさを犠牲にして達成され、女性は母親か市民のいずれか一方で定義され、両方にはなれない」のだと。これらのセイレンたちは、過去と現在、支配力と脆弱性のあいだにとらえられたままであると。[★50]

一九世紀と二〇世紀に、有形の文化的象徴としても資本主義の象徴としてもマーマンが不在だったことは、マスメディアの人魚のとらえ方だけでなく、フェミニストの批判に関しても重要な意味があった。西洋のメディアは、性差をつけられたセクシーなマーメイドの性質に頼りきりだったため、マーマンをあまり必要としていなかった。そのかわりに、しばしばマーメイドをセックスと家庭と欲望、往々にして一度にその全部の究極のシンボルとしてうち出した。歴史学者のフィリップ・ヘイワードは、マーマンの文化的な弱さは、「尾の獲得によって人間の生殖器に類するものを失った結果、本質的に女性化した」のが原因だと述べた。マーメイドはどうかといえば、人間の乳房と男根風の形をした尾をもつため、「卓越した男根崇拝の女性」ということになる。[★51]中世にもそうだったように、マーマンは二〇世紀の精神の周縁に追いやられた。

いろいろな意味で、中世からすべてが変わったようで何ひとつ変わっていなかった。西洋社会で力をもつ人々（最初は聖職者、時代を下ればメディア）がマーメイドのセクシュアリティを使って、自分たちのメッセージを可能な限り多くの人に伝えようとした。性、ジェンダー、文化的優位性は、セイレンの歌の中心面でありつづけた。だがまさにこのハイブリッド性——この衝撃的なセクシュアリティ——はまた、否応《いやおう》なく見る者に人間という存在について考えさせた。そのことは、この奇妙な生き物に学者たちがふたたび関心を向け、西洋世界が空前の人魚人気に沸いたことの説明にもなる。一九九五年、ツィーロンは「マーメイドの物語はさまざまな解釈を生んだ」というしかなかった。★52 人魚は文化的な可塑性をもつとする主張は、西洋世界における女性性、性、ジェンダー、権力、資本主義、グローバリゼーションをめぐる進行中の闘争のさらなる表明だった。

アフリカ南部のサン族、通称ブッシュマンのその男は、満月のおぼろな光しかない砂漠をじっと見つめている。時は紀元前二〇〇〇年、もう一ヵ月以上雨が降っていない。背後で人の叫び声がする。シャーマンの雨乞いの儀式が始まったのだ。ブッシュマンは、ゴツゴツした岩の地面から足を守るため、草が生えているところを選んでぴょんぴょんと、近くの洞窟へ駆け戻る。足音を忍ばせて洞窟に集まった人々の輪に加わると、シャーマンが歌いながら小さなたき火のまわりをとび跳ねているのが見える。洞窟の壁に映った影もシャーマンに合わせて踊っている。壁には色とりどりの生き物の絵がずらりと並んでいる。そのなかの一群――魚に似た尾をもつ人間のような生き物――がとりわけブッシュマンの目をとらえる。彼はこの雑種の神々にいつも助けを求め、そのたびに事態は好転してきた。今度もきっとそうなるはずだ。さもないと、自分も家族もからからに渇いて死んでしまう。

それから二千年後、八千キロ離れたインドの地の石工が、ようやく完成した彫刻に見惚れている。埃の舞う作業場に射し込む日の光が、薄紅色の砂岩に彫った「ナラマカラ」をきらきらと輝かせている。この作品は近々、インドのマトゥラにある寺院のアーチ形通路を飾ることになっている。この奇妙な半人半魚の雑種生物の制作を正式に市から依頼されたとき、何をどう考えたらよいかわからなかった。生まれてからずっとここマトゥラで暮らし、増える一方の市の建造物に多様な絵柄を彫ってきたが、こんなのは初めてだった。腹がふくれた姿にしようと決めると、ふと兄を思い出した。もっとも、蛇のようにうねうねと曲がった「脚」は家族の誰にも似ていないし、そもそも現実に存在するものではない。できあがった雑種生物は不思議な充足感を石工にもたらす。市の役人に見せるのが楽しみだ。この奇妙な彫刻が、マトゥラの名だたる工匠のなかに自分の地位を確立してくれるだろうと彼は確信する。

第六章 世界の海へ

どんな文化や宗教にも、水神と人間の形をした海の生き物に関する独自の歴史がある。ただし、いつの時代もどこの地域でも、人魚はなんらかの形で存在してきたとはいえ、現代のわたしたちが知るマーメイドやトリトンは、主にヨーロッパでつくりだされたもので、それ自体が、文化の共有、再生、再解釈という現在進行形のプロセスの産物だ。ヨーロッパの初期キリスト教の聖職者は、古代の近東やギリシャの水神を取り入れて、独自の人魚——腰から上は人間に似た姿、腰から下は魚——を生み出した。中世にはいると、キリスト教徒は、女性性と信仰についての新しい発想に合わせて既存の人魚の表象を修正し、マーメイドに性と危険の空気を吹き込んだ。一六世紀初頭のヨーロッパ人は、丹念に磨きをかけた人魚の概念をたずさえて世界をまわり、ゆく先々で以前からあった多様な文化的信念と出会った。中心と周縁が混ざり合うなかで、ヨーロッパ人は遠い異国の人々と交流しながら、新たな文化に影響を与えた——むろん影響も受けた。一九世紀末を迎える頃にこのプロセスが最高潮に達すると、ヨーロッパの資本主義は世界的な現象となった。ハンス・クリスチャン・アンデルセンの童話『人魚姫』(一八三七年)は数十カ国語に翻訳され、アジアからラテンアメリカ、中東、アフリカ、北極圏にいたるまで、あらゆる地域の人々が、西洋の人魚をその地にもとからあった宗教的、文化的構造物に徐々に融合させて西洋の人魚の現地版をつくりだした。こうして、前述のプロセスが地球をひとまわりしたわけである。★01

人間は、文化的に構築されている認知、先入観、世界観にしたがって、新たな概念を直感的に再生し、解釈し、修正する。[★02] 人魚は、この世界が共有している衝動を鮮明に映し出すものだ。この生き物のハイブリッド性は個々の人間に内省をうながす。人魚は親しみやすいと同時に異質なもの、人間であると同時に怪物なのだ。多様な文化がこの奇妙な生き物を吸収し、同化しつづけるうちに、まさにその境界状態が差異よりも同質性を生み出しているように思える。本書は西洋における人魚の解釈に焦点をあててきたが、こうしたハイブリッド性の地球規模の伝播を調査すると、どれほど多くの人魚という存在が、人間の現況をより正確に理解するための単焦点のレンズを提供しているか、納得がいく。

西ヨーロッパの人々が自分たちの人魚のイメージを世界に「紹介」する(「押しつける」という人もいるかもしれない)ずっと前から、数えきれないほどの社会が水神やハイブリッド生物と深い関係を築いていた。古代バビロニア(最盛期は紀元前一八世紀–紀元前六世紀、現在の中東の一部)の人々は、男の海神オアンネスとその女性版アタルガティスを崇拝していた。文明と秩序を司るオアンネスは、やがて古代ギリシャの海の神々の変化に大きな影響をおよぼすことになる。サルゴン二世が治めたアッシリア(紀元前八世紀、現在のイラク)の宮殿の廃墟から見つかったある彫刻に、人間にまじって海を泳ぐ半人半魚のオアンネスの姿が見られる。アタルガティスもハイブリッドの女神として描かれることが多かったが、彼女がもつ二元性はオアンネスよりはるかに強調された。バビロニア人は、アタルガティスを豊饒の女神と見なしつつ、愛の危険の化身として恐れていた。最終的には、アタルガティスのこのふたつの性質を、古代ギリシャ人はアフロディテに、古代ローマ人はヴィーナスに取り入れ、中世の彫刻家もそのふたつを自らの作品のなかでふたたび結びつけた。[★03]

古代ギリシャの市民がバビロニアの水神の表象を大歓迎すると、アフロディテ、トリトン、アムピトリテ、ネレウス、プロテウスなどの海神が詩や物語や美術で主要な役割を演じた。だが、その際、必要に応じた修正もほどこされた。人間の姿を手に入れた海神もいれば、人間と魚の雑種のままの神たちもいた。一般的には、古代ギリシャの水神は、人間に危害を加えるというより、人間を助ける存在だった。「ネレイス」（海神ネレウスとその妻ドリスの娘たち）は美しい歌声を使って、人間を死に誘うのではなく、父親を楽しませていた。それどころか、ネレイスは船乗りを海の危険から守ることに多くの時間を費やしていた。海洋帝国である古代ギリシャの民には、船乗りの手柄を助けてくれる神や女神が必要だった。だから、さまざまな情け深い水の神がいたのだ。[★04]

現存人類の起源を説く、いわゆる洪水神話は、ハイブリッドの水神の世界的な伝播に欠かせないものだった。オアンネスは、古代バビロニアではいろいろな名前でよばれたが、もっとも長く使われた呼び名はダゴン（Dagon）で、「Dag」（オスの魚）と「Aun」および「Oan」（ノア）を組み合わせた「魚のノア」を意味する語だ。半人半魚として描かれることの多いノア／オアンネスは、エレク、つまり「方舟がある場所」のカルデアで崇拝されていた。シリアとメソポタミアの大洪水と方舟の物語は、かの有名な『ギルガメシュ叙事詩』（紀元前一八〇〇年）（一九九八年、ちくま学芸文庫ほか）に記されている。同じように、古代エジプトで祈りを捧げる者はテーベ（ギリシャ語では「テーバイ」、「方舟」の意）に集まった。歴史学者ヘンリー・リーのいうとおり、「オシリスの棺の歴史は、ノアの方舟のべつのバージョンで、そのエジプトの神が棺に閉じ込められていたとされる期間は……ノアが方舟にいた期間とまったく同じである[★05]」

これらの洪水物語には、神話以上の根拠があったかもしれない。事実、最近のいくつかの考古学研究は、紀元前五六〇〇年頃、黒海地方が大洪水に見舞われたことを示唆している。もちろん、その洪水が半人半魚の神の存在理由にはならないし、一定数の人間を救って人類の絶滅を回避させた巨大な方舟があったという説明にもならない。そして、実際に起きた一度の洪水が、黒海地方の文化における人類の起源神話や神の解釈に影響を与えたことがあったと推測はできても、何千マイルも離れた文化圏に同様の神話や生き物が存在したという説明にはならない。[★06]

洪水にまつわる起源神話とそこに登場する海神の地域的な広がり、数、類似性には驚かされる。リーが述べたように、アステカ族は「ウェウェトナカテオ・カテオ・キパトリ、すなわち〝われわれの肉体の魚神〟と称された」コシコシを崇めていた。アステカ族の宇宙論にしたがえば、コシコシと妻は、イトスギで舟をつくって大洪水を生きのび、ふたたび世界に人間を住まわせた。アステカ族の伝説には、リーが「ノア」の語と関連づけた「ナウィ・アトル」の日に洪水を生きのびたナタとネナの話もある。★07 アステカから何千マイルも北に住むネイティブ・アメリカンも、自分たちと水神をつなぐ起源の物語を語った。五大湖地方（現在の米国北部とカナダ）周辺の複数の部族は、自分たちを北アメリカに連れてきた「魚人」がいたと信じていた。その魚人はよく彼らのもとを訪れて、セイレンの歌で魅了した。「彼は魚の脚を体の下に巻いて何時間も座りこんでは、湖岸で不思議そうに聴き入るインディアンたちの耳に、海の底で体験した楽しい出来事や、その目で見た美しくも奇妙なものについて歌って聴かせようとした。不思議な物語を締めくくるのは決まってこの台詞だ……〝わたしについて来い、そうすればいろんなものを見せてやろう！〟」★08

アメリカの民族学者ヘンリー・スクールクラフトは一八五三年、ファースト・ネーションとよばれる先住民が大昔にスペリオル湖地方の崖に残した彫刻を再現した。そこには「マイーガンまたはマーメイドの狼」という名の首長（あるいは、その言葉が意味するとおり、マーマンの表象《トーテム》）が彫られていた。一九世紀の首長がいうには、マイーガンがこれらの象形文字を彫ったのは、自分の「技量と秘密の力」を記念するためだった★09〔図100〕。似たようなイメージが、アフリカのカルー砂漠（現在の南アフリカの西ケープ州）〔図101〕とギルフ・ケビール（現在のエジプト南西部、リビア国境付近）の古代の洞窟壁画にも見られる。マイーガンと同様にカルー砂漠とギルフ・ケビールの壁画に残されているのも、抽象的な半人半魚（魚に呑みこまれた人間という説もある）の姿だ。これらの抽象的な壁画が実際に描こうとしたものもその目的も謎に包まれたままだが、環境との対立がつねにあった世界で暮らす人々にとって、水に関連する

［図100］セス・イーストマン大尉画「マイーガンまたはマーメイドの狼」、ヘンリー・R・スクールクラフト著『米国のインディアン部族 *The Indian Tribes of the United States*』第1巻（1884年）のリトグラフ。

［図101］C・C・ミシェル少佐画「アフリカ南部の原住民の絵」、エゼリグドゥスポートのマーメイドに似た生き物を描いたもの（カルー砂漠、現在の南アフリカの西ケープ州の南部）、ジェームズ・エドワード・アレグザンダー著『アフリカ西部の植民地における視察旅行記 *Narrative of a Voyage of Observation among the Colonies of Western Africa*』第2巻（1837年）より。

精霊がいれば役立っただろうと考えるのは突飛な想像ではない。そのような絵があったから、シャーマンは幻覚によるトランス状態で儀式を執りおこなう際に「水中での体験」を再現できたのだと学者は主張している。[★10]

シリアからエジプト、さらには南北アメリカと、古代文明は一様に、水にまつわる起源物語とそこに登場するハイブリッドの神に引き寄せられた。紀元一世紀には、特定の文明がさまざまな形で水の神を描きはじめたが、それらが、未来の西洋の人魚のイメージにあまりに酷似しているため、そこにいたるまでにどんな異文化交流がなされたのか、あるいはそもそも異文化交流があったのか、その点は学者もまだつきとめられずにいる。人間はそんなによく似たイメージをなぜか別々のところで発展させたのだろうか。それとも、人魚——しばしば二股の、波打つ尾をもつ人と魚のハイブリッド生物——は、ヨーロッパの人々が世界各地に進出するずっと前からあった複雑な文化交流のプロセスの所産だったのだろうか。

インドは興味深い事例研究となる。インド人は、魚の口から生まれた人の姿をしている神、ヴィシュヌを長く崇拝してきた［図102］。「ヴィシュヌ」という名がサンスクリット語の「イシュ・ヌ」、すなわち「ノアという男」の翻訳であるばかりか、魚から現れる人間というイメージは、ヒンドゥー教の地以外でも散見されることは確認されている。本書でもすでに見たように、早くも紀元三世紀には古代ローマ人が魚の口から現れるヨナを描いたし［図015参照］、一五世紀のイタリアのヴォイニッチ手稿にも魚の口から現れる人間が残されていた［図034参照］。マヤ（現在のメソアメリカ）人ですら、一三世紀のある文書（ドレスデン絵文書として知られる）に、奇妙なほどそれらとそっくりな人間と魚のハイブリッド生物を描いている。これはヨーロッパの侵略者がマヤに到達する百年以上前のことだ［図103］。インドやイタリアの魚人より抽象的だが、マヤの絵も、うろこに覆われた魚らしき生物の口から人が出てきているように見える。ドレスデン絵文書の一部は天体知識の記録だと考えられているが、大部分は謎に包まれたままだ。したがって、絵文書の六十九ページに描かれたこの絵が何——あるいは誰——をあらわすかは

［図102］悪魔と戦うヴィシュヌの化身マツヤ、グワッシュ画(年代不明)。

わたしたちにはわからない。ただ、これだけ離れた土地に住む人々が用いた文化的モチーフに類似性があることは疑う余地がない。インドはもっと大きな何かの一部だったと思われる。[★11]

インドの人魚の絵と類似するものが世界のあちこちで見つかる現象は、この先もつづいた。紀元一世紀、マトゥラ（現在のインド北部、ウッタルプラデーシュ州）の大きなアーチ形通路にある石の彫刻には、二股の尾をもつナラマカラの姿が見られる［図104］。トリトンに似たこの姿は、葉の形をした二股の尾と人間の胴体をもつ、中世ヨーロッパのマーメイド彫刻と実によく似ている。[★12] さらに、このナラマカラの像は、ベナンとヨルバランド（現在のナイジェリア）にある、紀元一〇世紀頃からアフリカの美術や陶器に登場しはじめた二股の尾の人魚の表象とほぼ同一だった［図105］。ヨーロッパ諸国との接触（紀元一五世紀に始まった）のはるか以前に制作されたこちらの像は、驚くほど「アフリカらしい形《フォルム》と型《スタイル》」を示している。鏡はどこにもなく、葉のような形をした尾と、頭飾りをつけた王。歴史学者ダグラス・フレイザーは、ベナンとヨルバランドの人々による人魚の解釈は、「もとをたどれば東（ローマ）帝国で生まれた概念の影響を受け、おそらくは紀元後最初

［図103］マヤのドレスデン絵文書の人と魚（？）のハイブリッド生物（1200年–50年頃）。

の千年で定着した」と考えた。だが、フレイザーの主張はあくまでも仮説であって、本題を離れた思いつきや「視覚的証拠」の「類似点」に頼りすぎている。★13 このような表象が、異文化間の伝達の産物なのか、それぞれが独自の水神の解釈なのか、その中間の何かなのか、わたしたちが知る手がかりはまだない。しかし、その視覚的

［図104］マトゥラにあるアーチ形通路のナラマカラの彫刻(紀元1世紀)。

［図105］神格化されたベナンの統治者オバの銅製装飾。海神オロクンのシンボルであるマッドパピーの脚をもつ。

証拠は明らかに「中間の何か」を指しており、人類は紀元後最初の千年における文化的起動力の世界規模の融合を維持した。

この初期の「世界システム」で、中心的な役割をはたしたのが中東、中国、日本、インドで、とりわけ、貴重な香辛料や織物のほか高価な品々を富者と貧者のべつなく、距離の遠近にもよらず提供する能力を発揮した。当然ながら彼らも、洪水神話やハイブリッドの水神から生まれたことが明白な表現をもっていた。[★14] すでに触れたように、中東の文化には、洪水にまつわる起源物語があり、文書に人魚を描き入れていた。実際、紀元七世紀には、イスラム教の聖典であるコーランが第七十一章にノアと方舟の物語を記した。といっても、水に関する神話を重要視した中東の主要な書物は『ギルガメシュ叙事詩』とコーランだけではない。イスラム教徒に伝わる説話を集めた有名な『千夜一夜物語』(二〇〇三年、ちくま文庫ほか)(紀元八世紀－一三世紀)にも、海に住む人々が登場する別々の三話がある。最初の二話「海から生まれたジュルナール」と「ブルキヤの冒険」の主役は、海で生きる人間と「つかのま登場する」人魚だ。三番目の「漁師のアブズラーと人魚のアブズラー」は、人間と人魚の関係を掘り下げ、イスラム教徒の信仰心と人間のあり方の限界について考察している。物語のなかで、人間のアブズラーはマーマンのアブズラーに出会い、両者はまず、共通する宗教への信仰で結びつき、まったく異なる互いの世界を訪問し合うまでになる。だが結局、人間とマーマンは自分たちの差異を乗り越えられず、それゆえ、歴史学者マナル・シャラビーの言葉を借りれば「互いの他者性をわがものとするにはいたらなかった」[★15]。要するに中世のイスラム教徒は、自己、宗教、そして「他者」という複雑な概念について考えをめぐらすためのレンズとして人魚を用いたのだ。

東アジアでも人魚は繁栄した。古代の中国人の起源物語に、大洪水が起こって、「ニンヴァ」という名の男が人々を安全なところへ導く話がある。「ニンヴァ」が言語学的に「ノア」に通じるだけでなく、中国人は、半人半魚の神や生き物を民話に取り入れつづけた。初期の民間伝承には「ヘボ」という名のトリトンがよく登場するし、紀元四世紀に書かれた『捜神記《そうじんき》』（二〇〇〇年、平凡社ライブラリー）にも、南洋に棲むさまざまなマーメイドが登場する。西洋のマーメイドの記述と同じく、この「ジャオレン」も奇跡の前兆であることが多く、真珠の涙を流した。★16

日本人も、水神やハイブリッド生物と長く複雑な関係を築いてきた。人魚の起源は定かではないが、人魚が妖怪とよばれる大昔の日本の生き物のグループに属することはわかっている。妖怪はとめどなく探求心をかき立てる。「ひとつの謎が解けた瞬間に妖怪はちがう形になり、人のすぐそばで進化して、たえず疑問を投げかけようという気をわたしたちに起こさせる」。これとまったく同じ定義が西洋の人魚にあてはまる。だから、昔の日本人も西洋人のように人魚との具体的な交流があったと主張した。記録に残る最古の事例は、紀元六一九年、現在の大阪付近での出来事で、漁師が罠でとらえた生き物は、「人間

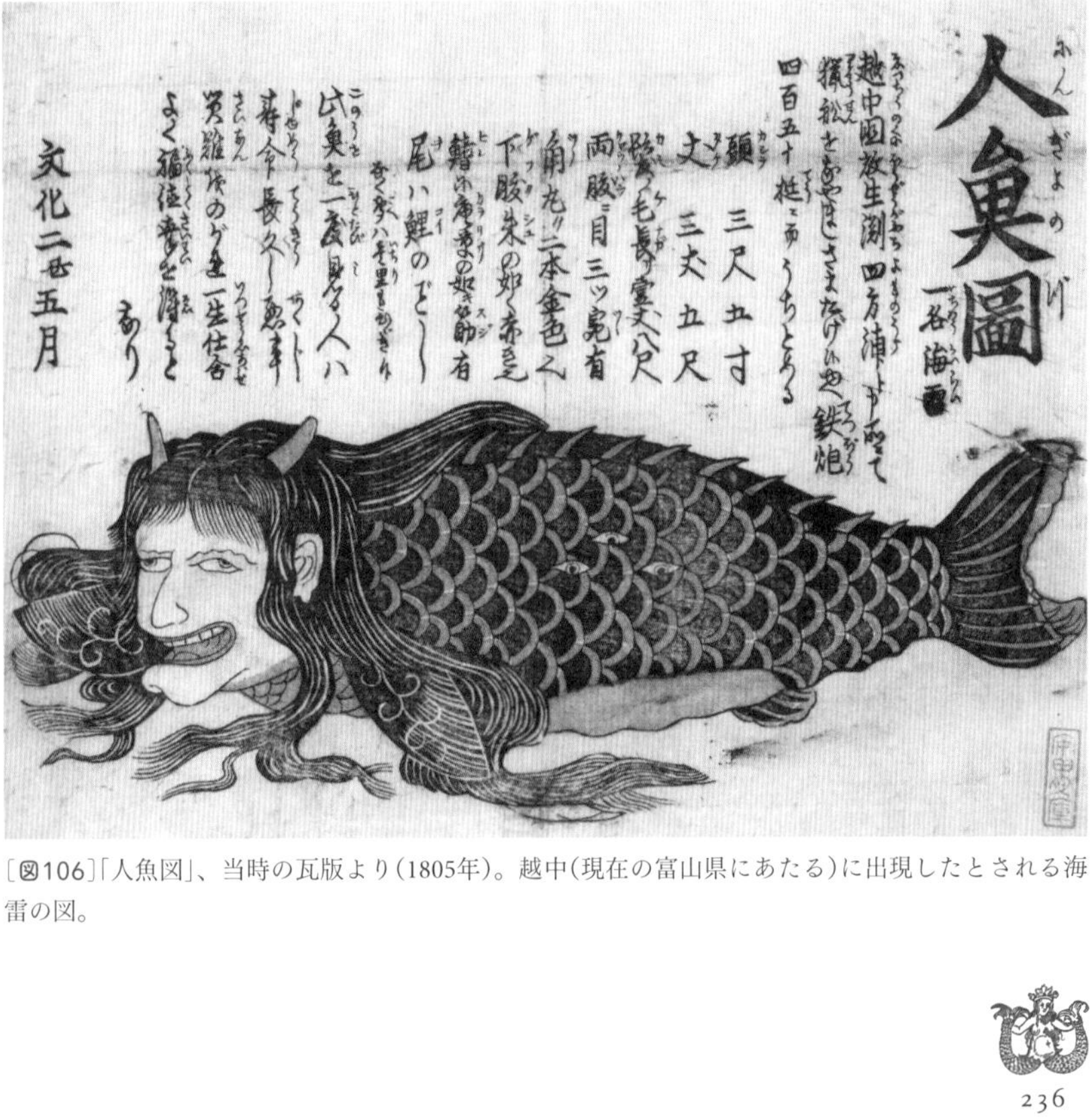

［図106］「人魚図」、当時の瓦版より（1805年）。越中（現在の富山県にあたる）に出現したとされる海雷の図。

の子どものような姿形をしており、魚でも人間でもなく、名前も知られていなかった」[17]。富山湾で捕まえられたという人魚の一八〇五年(ヨーロッパの人々との交流が始まったずっとあと)の図版からわかるように、日本の人魚は必ずしも西洋の人魚のように性別がある生き物ではなく、「金色の角、赤い腹、鯉に似た体、胴体に三つの目」というふうに、より恐ろしく描かれていたのかもしれない[18]［図106］。

しかし、地球上のほかの文化圏と同様に、ヨーロッパ人との接触によって、日本人も西洋の人魚の特徴の一部をもとからあるイメージに組み入れるという道をたどった。日本の職人がヨーロッパ人に売った人魚の標本は、東洋だけでなく西洋の期待にも応えようとするものであり、一八五九年の図版が示すように、日本人は美しい女性の上半身と魚の下半身をもつ人魚も描きはじめた［図107］。この日本の人魚は、ひらひらした衣を身にまとっているため、西洋の人魚より慎ましやかな風情だが、一九世紀の西洋のマーメイド像に沿っていることに変わりはない。日本人は、誰もが知っている日本の神話やイメージや世界観に西洋のモチーフを単純に取り入れた。人魚はそうした文化的適応とハイブリッド化にはまたとない器だった[19]。

一六世紀以降、あらゆる文化で同じような発展が見られるといってよい。ヒンドゥー教の文化は、ヴィシュヌやマツヤ・カンヤ(魚女)など、魚の尾をもつ神を何世紀も信じていたが、一六世紀にポルトガルの影響を受け、西洋の人魚の概念がインドの精神に植えつけられた。それでも一九世紀に英国統治が始まるまでは西洋の人魚の表象はカトリック教会にしかなかった。だが、仏教国タイは、西洋の人魚のイメージに対してもっと開かれていた。タイ人は猿王ハヌマンがナングアック(เงือก、女の魚)のスワンナマッチャと恋に落ちる物語を伝えた。タイの伝承でスワンナマッチャがナングアックに分類されているのは、彼女が西洋でいう半女半魚のマーメイドだったということを必ずしも意味しない。日本の人魚の初期の表象と同じくナングアックも、ときに恐ろしい姿も含め、あらゆる雑種の形をとってきたのかもしれない。それが一六世紀以降、まずポルトガルが、つづいてほかの

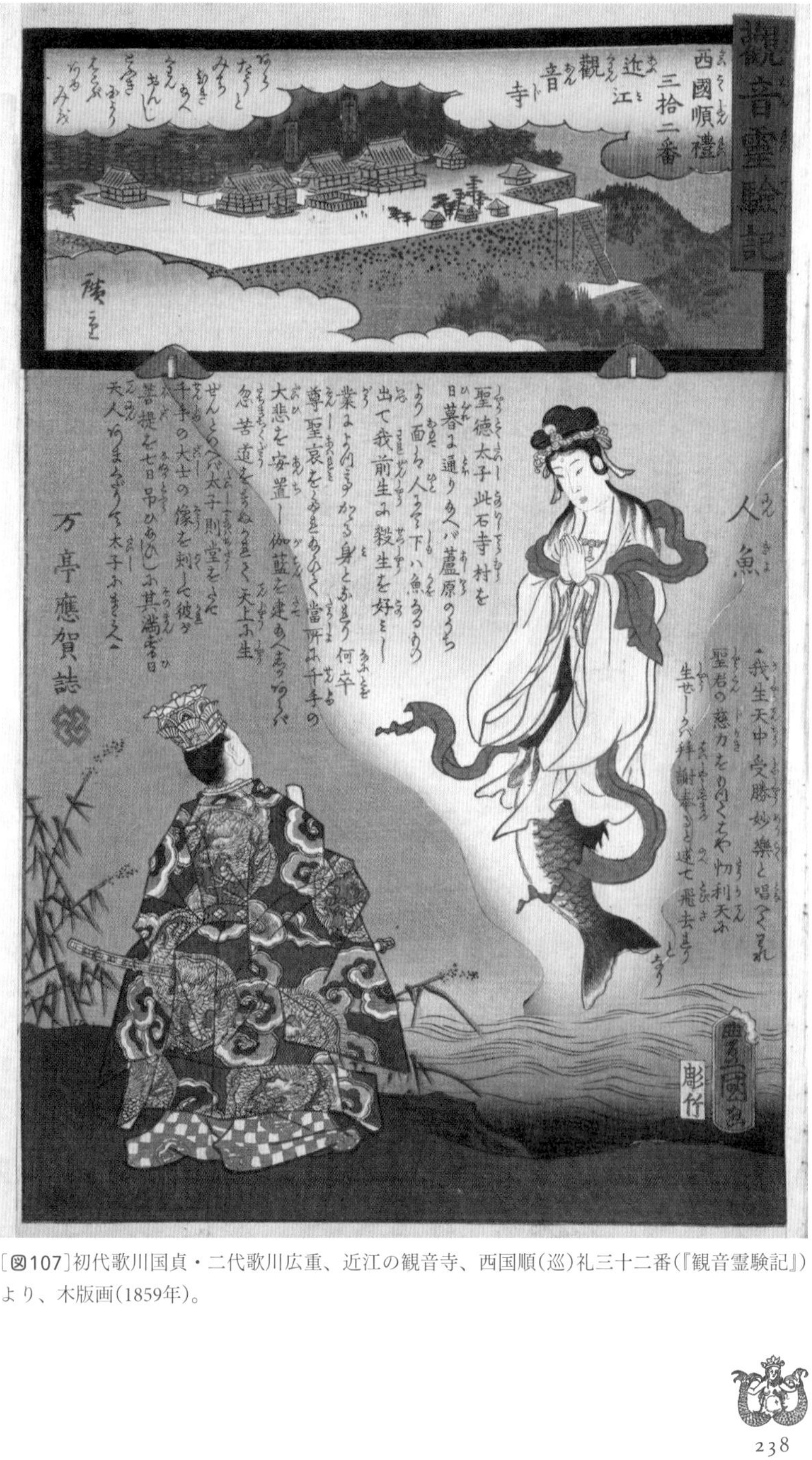

［図107］初代歌川国貞・二代歌川広重、近江の観音寺、西国順(巡)礼三十二番(『観音霊験記』)より、木版画(1859年)。

［図108］『ラーマキエン *Ramakien*』のハヌマンとスワンナマッチャを描いた壁画（1782年）。

ヨーロッパ諸国も盛んにタイと接触するようになると、タイの表象は西洋の人魚のイメージを自国の既存の物語と少しずつ一体化させていった。一七八二年、タイの画家がバンコクの寺院、ワット・プラ・ケオの巨大壁画に国民的叙事詩『ラーマキエン *Ramakien*』を描いた。壁画にはハヌマンとスワンナマッチャの物語も登場し、スワンナマッチャは曖昧なイメージのナングアックではなく、あらわな乳房、美しい顔、長く垂らした髪、波打つ尾で完成された西洋式のマーメイドの姿で描かれている[★20]［図108］。どうやらタイの文化は西洋の文化から自国にふさわしいと考えられる部分を吸収し、マーメイドはそのなかに選ばれたようだ。

西アフリカの人々も、西洋の人魚の概念を、もとからある自分たちの水神と一体化させた。この統合のプロセスにおいて重要だったのが大西洋をまたぐ奴隷貿易で、一六世紀から一九世紀にかけて、奴隷にされた何十万ものアフリカ人は、西洋の文化的、宗教的、帝国的な動機に順応することを強いられた。[★21] 西アフリカの人々は、ヨーロッパ人が上陸するはるか以前からさまざまな水神を崇拝していた。ベナンとヨルバランドには、イェモジャ(魚の母)と川の精霊オシュンがおり、どちらも富と幸福を象徴していた。同じ地域に暮らすフォン族ほかの民族も、身近な川や湖にいろいろな水の精霊が棲むと考えていた。ヨーロッパ人は西アフリカに到着した当初から、西洋式のマーメイドをかたどった工芸品の制作を委託し、現地の芸術家は、これをしばしば「アフリカナイズ」し、アフリカ風の人魚の表象に仕立てていた。[★22] ところが、一六世紀も後半にはいると、ポルトガルやスペインをはじめとするヨーロッパの帝国には新世界の採鉱事業のための大量の労働力が必要となり、結果としてアフリカ人を集団で奴隷として買いはじめた。この大西洋をわたってのアフリカ人の大移動が、地球規模の「アフリカン・ディアスポラ〔民族離散〕」を引き起こし、おびただしい数の新しい文化を世界各地につぎつぎと生んだ。[★23] 人魚の表象はいつでも研ぎ澄まされたレンズとなる。それをとおせば、こんな獰猛《どうもう》な、世界を変えるほどの文化的、宗教的、帝国的な変容も理解できる。

　新世界の各地にディアスポラによるアフリカ文化が芽吹くと、アフリカと西洋の人魚の概念がひとつになって、シレーナとマミ・ワタ(母なる海)がつくりだされた。シレーナは、ヨルバランドの「魚の母」イェモジャの直系だった。だが、アフリカン・ディアスポラによって新世界へやってきた人々が描く水神シレーナは、外見は西洋のマーメイドで、人に災いももたらせば助けもするというハイブリッドな性質をもっていた。怒ると手がつけられなかったが、女性や子どもを守ることもあった。シレーナは、アフリカでの過去にしっかりと立脚しつつ、奴隷にされた人々を守るべく、その土地に合わせて微調整されていた。[★24] ヨーロッパとアフリカの概念が合体したシレーナは、カリブ海諸国から西へ進み、南アメリカ、中央アメリカ、北アメリカにいたると、ヨーロッパの帝国が植民地にしたこれらの地で土着の神と混ざり合った。シレーナは、ジャマイカではリバ・ムマ(川の乙女)になり、ハイチでは「海のエズィリ」とよばれた。[★25] 中央アメリカでは、はじめは美しいうしろ姿を見せて男を誘い、男が近づくと馬の頭蓋骨でできた顔でふり返って殺す長い髪の女、シファナバと合体した。北アメリカの「低地帯《ローカントリー》」（現在のサウスカロライナ）で奴隷にされたアフリカ人は、シレーナを残虐な仕打ちに報復する性格に少しずつ変えていった。[★26]

そんなシレーナも、もう一方のマミ・ワタと比べると、長くもちこたえたとはとてもいえない。歴史学者ヘンリー・ドリューワルが示唆したように、アフリカ人とアフリカ系アメリカ人が何世紀にもおよぶ長い期間マミ・ワタを崇拝しつづけたのは、「エキゾチックなイメージや発想を取り入れ、それらを土着の教えにしたがって解釈し、新たな意味を付与したのちに、大胆な新しい方法で再生産、再提示して、自分たちの審美的、信仰的、社会的必要を満たす」という選択をしたことによる。[★27] 何世紀ものあいだ導入と適応を繰り返したマミ・ワタだが、インド、アフリカ、黒い大西洋《ブラック・アトランティック》、そしてヨーロッパと、数々の影響の独特な組み合わせであることに加え、二〇世紀の圧倒的多数のアフリカ人の民族離散が生んだ文化にとって耐久力のある重要性をもっていたことが、ほかを大きく引き離す決め手だった。マミ・ワタが根付いたアフリカの地域にはもともと水神がいなかった――ヨルバ族やフォン族は、イエモジャとトホスに満足し、マミ・ワタをけっして取り入れなかった。マミ・ワタはヨーロッパ人との交流から生まれた。アフリカ人は西洋の人魚の概念を自分たちの信仰体系と一体化させたわけだ。そのため、彼女の最初の姿（一五世紀から一八世紀）は、ヨーロッパとアフリカのハイブリッド性――アフリカのクロコダイルに囲まれた美しいマーメイド――を保持していた。[★28]

二〇世紀初頭までに、マミ・ワタの姿は、それまで以上に文化横断的なものになっていた。すべてのはじまりは一枚の「クロモ石版画《リトグラフ》」（初期のカラー印刷）だった。原画が制作されたのは一八八五年、ドイツのハンブルクだが、その後八十年にわたってインド、イングランド、サハラ以南、西アフリカで発見され、人気を博した［図109］。

もともとは蛇使いを描いたものなのに、これを見たアフリカ人は、ヨーロッパの水の精の「異国《エキゾチック》」版と解釈した。つまり、彼らはすでに西洋のマーメイドになじんでいたから、自らが求めるものをその版画のなかに「見いだした」のではないか。とはいえ、この女性の語りかけは斬新だった。彼女は黒い肌と髪をもち、多くのアフリカ人にとって水と虹を意味する蛇に囲まれていた。頭上でうねる蛇のさまはまさに虹のようなので、彼女はこの毒蛇を操ると同時に毒蛇に守られているにちがいないとしか解釈できなかった。二〇世紀のアフリカ人は、寺院や彫刻やポスターでマミ・ワタを表現した。マミ・ワタは、たえず変化し、たえず進化するアフリカ人と外の世界との関係性をあらわす決定的なシンボルとなった。[★29]

マミ・ワタの起源と伝播は、人間による人魚像のさらなる変質を示している。現代のはじめには、さまざまな文化が西洋の人魚の概念を既存の水神と一体化させたのに対して、一九世紀は、西洋の資本主義とアンデルセンの『人魚姫』人気との相乗効果で、多くの民族が西洋式「モデル」に応じた独自の姿形の人魚をつくりだした。ロシア、ウクライナ、ポーランドのルサールカの例を見てみよう。決まった季節に現れる危険な精霊にまつわるスラ

［図109］アドルフ・フリートレンダー・カンパニー（おそらくクリスティアン・ベッテルス画）制作『蛇使い *Der Schlangenbandiger*』、初版は1880年代、1995年にインドのボンベイで再版されたもの。

ヴの民間伝承なら何千年も前からあるが、スラヴ社会に西洋のマーメイドに似たものが現れたのは、一八世紀後半か一九世紀前半になってからだった。スラヴ民族は、彼女をルサールカとよんだ。その起源と外見はアンデルセンの『人魚姫』がロシアに行き着いた頃(一九世紀中期から後期)に遡ることができる。ルサールカは、西洋のマーメイドと同様に豊饒と死と結びつけられ、「複雑で、いくらか矛盾を含んだイメージを呈する」[★30]。画家や著述家はルサールカを、「美しい(しばしば裸の)体、緑色またはブロンドの長い髪、大きな乳房など、女性的な特徴を強調した」西洋風のセイレンの姿で描いた。ルサールカは、川岸をうろつき、長い髪を櫛でとかし、セイレンの歌を歌っては、疑うことを知らぬ男を誘惑する。男は彼女の女らしい官能的な肢体に抗えない——そして、近くまでおびき寄せたら、水中の墓に引きずり込むのだった。[★31]

ロシアの画家イワン・ニコラエヴィッチ・クラムスコイの一八七一年の作品には、美しいルサールカが緻密に描かれていた[図110]。この絵のルサールカは、長い髪で大きな乳房を隠しただけの姿で川岸の草むらに出没している。ルサールカの視線が絵のなかの女性たちではなく、絵の鑑賞者のほうに向けられていることに注目してほしい。白い衣装を身につけて水浴びをする二十人の乙女たちは、その顔に浮かんだ憧れめいた表情から、危険にさらされてはいないとわかる。それもそのはず、ルサールカは、唐突な死または不自然な死をとげた美しい処女から生じ、今は人間の男を破滅させ、春の豊饒と婚姻のルサーリナヤの週のあいだに女性を助ける存在なのである。この絵に男はいない。ひょっとすると、ルサールカがすでに命を奪ったのだろうか? それとも、男性である画家のクラムスコイが自分——もしくは絵を鑑賞している男性——をこの魅惑的なセイレンのつぎなる標的だと夢想したのか? つまるところ、マミ・ワタと同じくルサールカも、複雑な文化的適応が生み出したものだった。スラヴ民族はジェンダー、結婚、誕生、死をめぐってつづく緊張関係を映し出してくれそうな、矛盾をはらんだ独自のハイブリッド生物のモデルとして、西洋のマーメイドを使ったのだ。

二〇世紀は、このような進展とそこから生まれるイメージが世界じゅうに反響した時代であり、オーストラリアから東アジア、ラテンアメリカ、アフリカ、中東、インド、北極圏にいたるまで、まったく異質な文化が商業目的で西洋の人魚の概念を活用した。このプロセスの解明は本章の域を超えているが、西洋社会のマーメイドへの(また、マーメイドほどではないがトリトンへの)執着が、世界のほかの地域に波及効果をおよぼし、西洋の人魚モデルのまわりに地球規模の人魚のイメージが合流したと認識することは重要だ。

オーストラリアでは、アネット・ケラーマンばりのパフォーマーたちが、アンデルセンの『人魚姫』人気に乗って、西洋のマーメイドへの大衆の興味をかき立てるとともに、オーストラリア人の連想するマーメイドをテーマにした一連のビーチと彫像が設計された[★32]〔図111〕。二〇世紀にアンデルセンの『人魚姫』に強い興味を示したのは、アジアの文化も同様で、この西洋「モデル」にしたがって独自の物語や

〔図110〕イワン・ニコラエヴィッチ・クラムスコイ画『マーメイド *The Mermaids*』(1871年)、油彩・画布。

［図111］オーストラリア、ウィットサンデー諸島、デイドリーム島のマーメイドの彫像三体。

彫像や映画をつくった。韓国とフィリピンでは、今でも各地の浜辺で西洋式のマーメイドの彫像が眺められるし、第二次世界大戦後のフィリピン人は、アメリカの影響を受けてフィリピンで制作されたフルカラーの連載漫画『ディエシベル *Dyesebel*』でマーメイドたちに出会っていた。一九五三年には、タイトルにその名を冠されたマーメイド、ディエシベルが主役の長編映画とコミック本もつくられ、彼女は今日もなおフィリピンのメディアに貢献している［図112］。二〇世紀初頭にアンデルセンの作品が中国語に翻訳されるや、中国でも文化の各方面で西洋式のマーメイド熱が一気に高まり、世紀末にはブームが最高潮に達して、数多くの映画や小説や観光名所がつくられた。日本人も、もっとも人気の高い視覚的な物語の形態であるマンガとアニメの二種にアンデルセンのマーメイドのイメージを取り入れ、浜辺では彫像やショーが観光客を楽しませた。[★33]

ラテンアメリカ、アフリカ、カリブ、中東の文化も先例にならい、西洋のマーメイドの理想像に近づけたマミ・ワタ、シレーナ、アラーイス・アル＝バフル（海の花嫁、乙女、人形を意味するアラブ語）を描くようになった。[★34] 中東の人々は、二〇世紀前半はアラーイス・アル＝バフルの西洋的な表現に抵抗し、全身をうろこで覆って性的特徴を控えめにした姿で彼女を描いた。だが、二〇世紀が終わりへ向かうにつれ、エジプトのテレビシリーズに西洋式マーメイドが現れはじめた。エジプト人がセクシュアリティと罪に対して長く抱いてきた恐れの向こうへ着実に――ゆっくりではあっても――移行しようという兆しがうかがえる。ド

［図112］『ディエシベル・コミックス *Dyesebel Komiks*』の表紙の絵（1953年）。

バイでは、巨大モール内の水族館でマーメイドのショーを観ることができ、そこではマーメイドに扮したパフォーマーがアラブ首長国連邦のビーチで許可されている基準より露出度の高い衣装を着ている。[★35]

西ヨーロッパとアメリカの拡張主義者の目論見により多数の人が殺されたにもかかわらず、二〇世紀の北アメリカのネイティブ・アメリカンもファースト・ネーションも、従来の宗教的、文化的伝統に西洋の人魚の概念を統合した。[★36] ミクマク族（現在のノバスコシア州にあたる海沿いの地域に住んでいた部族）にはローンバードの物語がある。ミノウという名のマーメイドと恋に落ちたローンバードは、彼女を海岸まで連れてきて、子をもうけた。その名はシーペブル。ミノウが望郷の念をつのらせると、ローンバードはシーペブルと三人で海のなかのミノウの家に住むことに同意する。だが、ミノウはローンバードとシーペブルをサメから守るために戦って死ぬ運命にあった。[★37] ローンバードとミノウの物語は、人間の男がマーメイドに恋をして死と絶望の結末を迎えるスコットランドやアイルランドの民話に驚くほど似ている。ミクマク族が一七世紀と一八世紀にイングランド、アイルランド、スコットランドからの侵略者と接触をつづけてきたことを考えれば偶然ではないだろう。グレートブリテン島の沿岸地帯や小さな島を攻撃し、植民地化したバイキングの襲撃者とも接触があったかもしれない。何千年ものあいだ、グリーンランドとカナダのイヌイットは、主な生存資源であるクジラ、アザラシ、セイウチをこしらえた水の精霊、セドナ（ᓴᓐᓇ）を崇めていた。セドナは人間の姿をしている（姿に関する記述がない場合もある）。ところが、一八世紀と一九世紀にヨーロッパ人との交流が増えると、イヌイットはしだいにマーメイドの西洋式モデルに合わせてセドナを描写するようになった。スペリオル湖地方（現在の米国北部およびカナダ南部）のオジブワ族にもマイマイグワイシ（またはメメグウェシ）という名の「子どもの体と毛むくじゃらの顔をもつ人魚」への信仰が残っている。人魚は水から出ると岩に触るというオジブワ族の伝承は、スペリオル湖の湖岸の特定の場所に古くから残る赤い色の多様な手形があることの説明にもなる。[★38] オジブワ族もまた、ヨーロッパ人とアフリカ人との長きにわたる接触と衝突の歴史をもつだけでなく、そうした類似点が、マナティの特徴や明らかに予知不能な嵐といった不思議な現象を説明する手段に人魚を使う西洋の傾向を反映しているのだ。

　宗教、帝国、商業など、どんな文脈でも、人魚は時空を超え、人類の信条や習慣の今なおつづく変遷、適応、変容を明らかにする。興味深いことに、西洋版のマーメイドとトリトンが世界の人魚の解釈にもっとも大きな影響を与えたのは、二〇世紀だった。これについては、西洋の資本主義と帝国と商業の勃興でたぶん説明がつくだろう。世界の「米国化《アメリカナイゼーション》」――インドにマクドナルドの店舗が定着し、コカ・コーラはアフリカでいちばん貧しい地域でさえ多くの人が入手できるようになり、もちろん、スターバックスのセイレンもロンドンから北京まであらゆる都市の街角に出現している――は、二〇世紀末にはもはや否定しようがなかった。[★39] 裸の胴体、魚の尾、長く垂らした髪が目印の西洋の人魚は、そこにいたるプロセスのあらゆる段階に付き添っているように思われた。

　だからといって、文化と資本をそそぎこむことによって、西洋が世界の残りの地域を二〇世紀末までに力ずくで「征服」したとするのは乱暴だ。むしろ逆だろう。数知れぬ学者が証明してきたように、近代の初期にヨーロッパをつくったのが「世界(の残り)」だっただけでなく、二〇世紀にも、ヨーロッパとアメリカは世界を牛耳る(一時的な)力を手にするために、世界の残りの「背中を上っていた」のだ。[★40] 結果的に、世界各地の文化は(人魚を含む)西洋の文化的モチーフを採用した。しかし、自分たちの目的にもっとも適うようにそれらを適応させ、変容させた。この努力は功を奏し、二〇世紀末へ向かうにつれて、世界の経済力と製造力は徐々にふたたび地球の東側へ移った。文化の共有と再生と再解釈のサイクルは、それまでどおりにつづいた。

船乗りよ、我とともに深く潜れ
波の下に身を隠しつつ
珊瑚の寝床をしつらえたゆえ
そこで静かに安らかに眠れ
汝がきたるはマーメイドの洞窟

いとも青白き頬で女は待つ
嵐と海の唸りのなかで
疾風《はやて》の脅す声にすすり泣き
愛しき男の船の帆に嘆息す
うち上げられし帆の白を見て

想う心はやがて薄れ
つづく悲しみもやがて癒え
紐が解かれれば、囚われの身は放たれ
瞼を閉じれば、夢はなお甘く
その甘さゆえ、覚めることもなし[★01]

終わりに――「結尾」として

二一世紀は、人類が今なお人魚に夢中であることの証人だ。マーメイドとトリトンは、わたしたちが共有する過去との深いつながりを感じさせてくれる。古代の神話から、中世の宗教、近代初期の不思議、ヴィクトリア朝時代の科学と娯楽、現代の世界貿易にいたるまで、この半人半魚の生き物は、文明の夜明け以来あらゆる場面で西洋人を魅了してきた。そして、スマートフォンの大量流通と高速インターネットによって、多様な人々が光速で情報交換できるようになり、人間同士がかつてないほどつながりやすくなった今、人魚は、しばしば矛盾をはらみながらたえず変化する人間なるものの盛衰をたどるための流体レンズとして機能している。

通信、商業、技術がこれほど画期的な躍進をとげても、わたしたちが生きるこの時代は、人間の本質を変えていない。自分の講義をしながらよく考えるのだが、わたしたちが暮らす世界は変わっても、人間は変わらなかった。人間であるということは、ハイブリッドであるということ、矛盾と曖昧な真実と驚異に満ちているということだ。今もつづくわたしたちと人魚の関係が、この現実を簡潔にあらわしている。わたしたちは自らの「進歩」を活用して、マーメイドやトリトンとの結びつきを強め、彼らへの理解を深め、そうするなかで人魚を文化的、商業的な現象に変えてきた。

マーメイドは世界最強のコーヒー・チェーンを象徴し、人魚は史上最高の人気を誇るハリー・ポッターシリーズ第四巻（二〇〇〇年）で物語を動かす重要な役目を担った。[★02] マーメイドもトリトンも、さまざまなハリウッド映

［図113］タイでおこなわれた2018年度ミス・ユニバース大会ナショナル・コスチューム部門の舞台でポーズをとるミス・ペルーのロミーナ・ロサーノ。

画、テレビシリーズ、広告、玩具、インターネット上の写真や動画で主役を演じている。数えきれないほど多くの服飾のモチーフになっているのはいうまでもない。[★03]とくに人魚にはまるのは思春期前後なので、マーメイドに「なる」というファンタジーに特化したシリーズやコースをこしらえた企業はいくらでもある。[★04]むろん、人魚に夢中という点では幼児もティーンエイジャーも同じだ。二〇一八年のミス・ユニバース大会で、ミス・ペルーのロミーナ・ロサーノは、「ナショナル・コスチューム」部門の審査の舞台に上がると、ドレスのスカート部分をマーメイドの尾に早変わりさせて、マーメイドに変身した［図113］。
　マーメイドは、環境保護と「グリーン・リビング［環境に配慮した生活］」の重要なシンボルにもなった。英国の女性リンジー・コールは、二〇一八年、内なるアネット・ケラーマンをよびさまし、使い捨てプラスチックが生む危険への自覚をうながすために、マーメイドの尾をつけてテムズ川を三百二十キロメートル（二百マイル）泳いだ［図114］。その五年前には、オーストラリアのハンナ・フレイザーが、海洋保全問題への注目を集めようと、マーメイドの衣装でマンタと泳いだ。[★05] 残念ながら、マーメイドとトリトンの人気が高まるのと並行して、地球環境の危機的状況は悪化したようだ。生命を維持する海の力が脅かされている今、人魚が実在するか否かという議論は、わたしたちが完全に失ってしまった楽しみなのかもしれない。[★06]

社会問題に対する認識の向上を反映して、二一世紀の世界では、マーメイドとトリトンがありのままの体への肯定感《ボディ・ポジティヴィティ》、フェミニズム、LGBTQ+の権利、二元的な人間の解釈の破壊をあらわす重要なシンボルとして浮上した。たとえば、ニューヨーカーが一九八三年からコニーアイランドで

［図114］「都会のマーメイド」リンジー・コール、レブレード（2018年）。使い捨てプラスチックが環境におよぼす影響への自覚をうながすため、マーメイド姿でテムズ川を320キロメートル泳ぐ直前。

開催している「マーメイド・パレード」がある。差異、自己肯定、セクシュアリティ、「異様さ《フリーキッシュネス》」を称えるこのパレードは、変化する世界観と非二元的な人間の解釈を公に表現する主要な舞台となった。ここでは、ヘテロセクシャルの参加者もLGBTQ＋の参加者も種々の理由から、マーメイドの衣装に身を包んで（しばしばさらけだして）、コニーアイランドをねり歩く［図115］。女装したパフォーマーと「マーメイダー」（としてあるいは趣味で人魚の格好をする男女）が、「他者になる」という新たな取り組みに参加しているのは、ジェンダーやふるまいに関する先入観に立ち向かうためでもある。多くの身体障がい者も、「できること《エイブルネス》」を善しとする従来の価値観を壊す手段として人魚のアイデンティティを用いた。マーメイダーたちは「自分は真のハイブリッドだと考えている。つまり、この世界に存在するが、この世界のものではないと。マーメイドであることは……神秘的な意味合いでのハイブリッド、すなわち一部は人間で一部はほかのものという超・人間のアイデンティティをつくりだす」。男で

［図115］2016年度コニーアイランド・マーメイド・パレードの参加者。

あれ女であれ子どもであれ人魚の装いをすると、「規範的なヘテロセクシュアリティ」、人種、ジェンダー、身体的差異といったものの境界線がぼやけていく。[★07]

現在もジェンダーが明々白々な形で人魚を規定しているのは残念なことだ。マーメイドはたいてい女性と関連づけられ、マーマンは商業の領域でも芸術の領域でも存在感が薄い。[★08] たとえば、着用型ブランケットの銘柄「スナギー」は、二〇一六年、マーメイドの尾の形をした「スナギーテイル」を女児用に売り出し、男児用には「炎のドラゴン」をつくった。女の子が楽しく海で泳いでいるあいだ、男の子は火を噴くドラゴンに食べられなければならないらしいことはさておき、なぜスナギーテイルを全ジェンダー対象の商品にできなかったのだろう？　べつの例を挙げると、フロリダのウィーキーワーチー・スプリングスが、ショーの出演者に男性を雇いはじめたのは二〇一八年六月からであり、そのあとも彼らをマーマンではなく「プリンス」とよんで尾をつけさせなかった。[★09]

しかし、小さな変化は起きている。マーメイドのバービー三体を見ると、肌の色も体形もまちまちだ。製造元のマテル社がマーメイドの表現の真の多様性に向けて一歩前進したのは確かだが、二〇一八年、ついにマーマンのケンが発売されたときには、プラチナブロンドの髪とブルーの目と六つに割れた腹筋をもつ、痩身で白い肌のマーマンしか手にはいらなかった。[★10] マーマンのケンは、購入する可能性がある多様な子どもと大人をあらわしているとはいいがたかった［図116］。マテルのような大企業がマーメイドの具体的なパートナーとしてマーマンを認識しはじめているという事実はあるものの、売り出される商品はいぜんとして、ジェンダーと性と民族性による伝統的なカテゴリーから抜け出せていないのだろう。

時価総額でつねに上位のアップル社は、二〇一七年、こうした伝統的なカテゴリーを乗り越える第一歩を踏みだしたといえるかもしれない。地球上のこの怪物企業がデジタル「絵文字」（感情表現に使われる小さなアイコン）にマーメイドを加えたいと考えたとき、彼らはアイデンティティとジェンダーの進化しつつある解釈に正面から向き

［図116］三種類のバービーとマーマンのケン（2018年）。

合った。同年、アップル社は最終的に「マーメイド」と「マーマン」ではなく「人魚《マーパーソン》」という用語を選択し、ジェンダー、性、民族性の分類の枠を超えた。さらに、人魚の肌の色を六種類からユーザーが選択できるようにした。[★11]

二一世紀という時代は商業的、環境的、人道的な面での努力はもちろん、ジェンダーの枠組みを壊そうとする努力もしたが、それ以上に技術と科学の歴史的な進歩によっても特徴づけられる。そのため人間は自分のことを合理的思考ができる進歩的にして「文明的な」調停者だと考えがちだ。しかし、「文明」は、ひいき目に見ても主観的な語である。本書でたびたび示したように、西洋の思想家はつねに自分を文明的なリーダーだと思ってきた。[★12]それでも彼らは地球の果てまで人魚を追いかけることを繰り返した。一八七〇年、〈ニューヨーク・タイムズ〉のある寄稿者が、神話と科学のこの奇妙な交わりをこう回顧している。

迷信と軽信を一九世紀の文明の顕著な特徴と見なすことには無理があるが、超自然現象を何度信じたか告白したい人間はわたしたちのなかにほとんどいないだろう……バーナムの偽のマーメイドは、その巧妙な仕掛けが見物人の願望のなかに腕の立つ協力者を見つけなければ、ペテンとしてあれほど成功しなかっただろう。★13

今日のわたしたちは、自分がこういった「超自然的な」トリックやペテンに引っかかるはずがないと思いたい。それぐらい単純な話ならよいのだけれど。

現代人は「進歩」と合理性を主張するくせに、宇宙についてほとんど何も知らない（海についてはいわずもがなだ）という人類の自覚は、人魚人気と結びついて、二一世紀の西洋人の多くを、イーデスとバーナムの「フィジーのマーメイド」に群がった一九世紀のロンドンっ子やニューヨーカーがかかったのと同じ罠に導いた。★14 アメリカのテレビ放送局アニマルプラネットは人々のそうした軽信性に目をつけ、さらにあおった。それが二〇一二年制作の「ドキュフィクション」番組『マーメイド――発見された体 *Mermaids: The Body Found*』〔図117〕だ。この「ドキュメンタリー」は全体的にはフィクションだと放送局が公言していたにもかかわらず、視聴者は人魚の実在を信じたいあまり、このフィクション番組――最先端のコンピュータグラフィックス、一次史料、編集されたインタビュー、俳優の演技のブレンド――をノンフィクションの暴露番組として見た。視聴者数が三百四十万人に達し、アメリカの国土安全保障省から漏れた「捕獲の証拠」をもっていると称するウェブサイトも同時に立ち上げられるや、『マーメイド――発見された体』は、バーナムが一九世紀に起こした興奮をよみがえらせた。二〇一三年にアニマルプラネットが続編を放送すると、アメリカ海洋大気庁に説明を求める一方的な問い合わせの電話が殺到し、海洋大気庁はウェブサイトで公式の声明を出さざるを得なくなった。科学者が『マーメイド――発見され

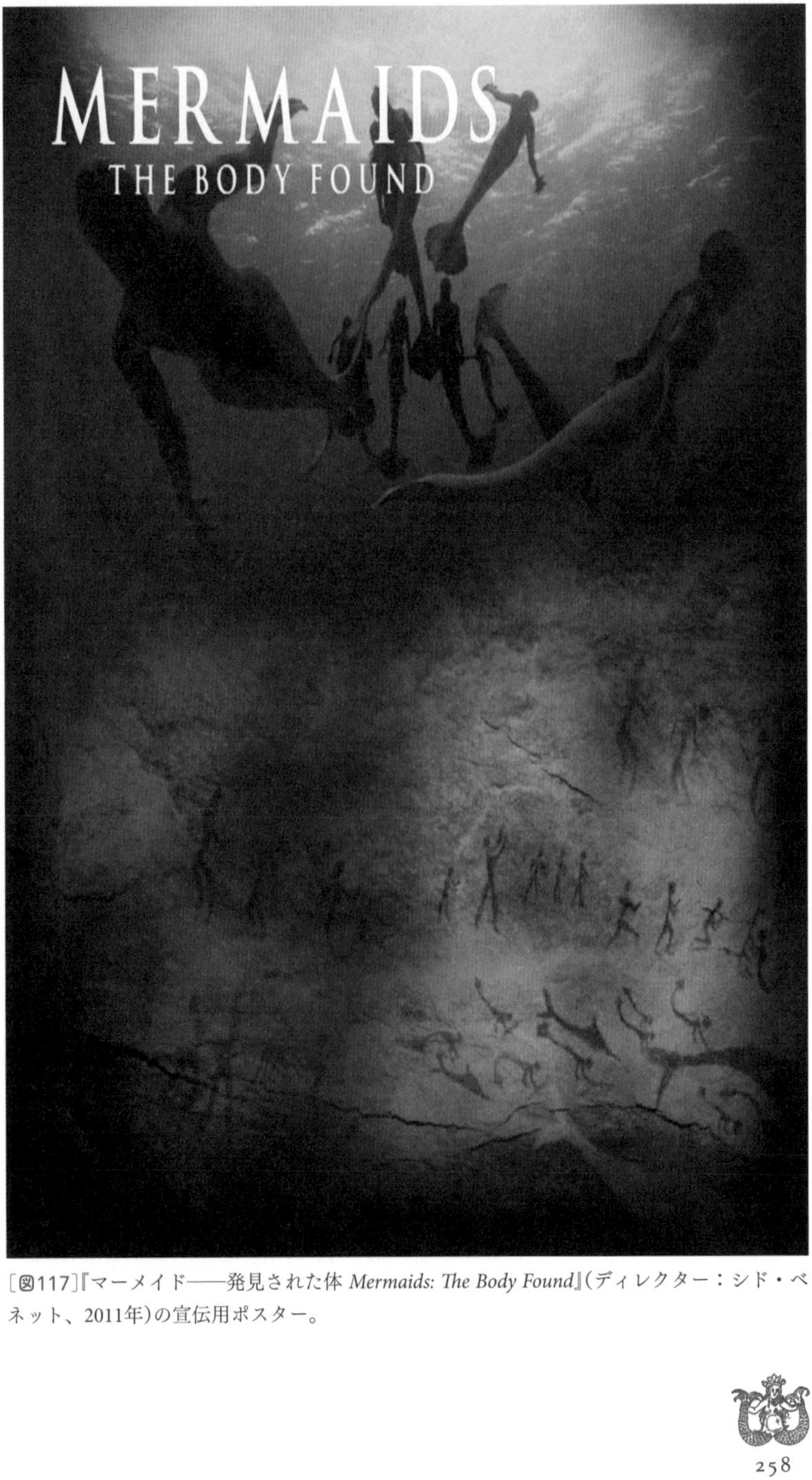

〔図117〕『マーメイド——発見された体 *Mermaids: The Body Found*』（ディレクター：シド・ベネット、2011年）の宣伝用ポスター。

た体』のからくりを公に解説し、アニマルプラネットもフィクションだと説明していたのに、続編（『マーメイド——新たな証拠 *Mermaids: The New Evidence*』）の視聴者は前回から二十万人増えた。西洋人はフィジーの新たなマーメイドを見つけたのだ。それでもまだ満足できない人が多かったのか、人魚の目撃譚めいた話は今なお世界じゅうで聞かれる。[★15]

しかしこれは、突然みんなが人魚を信じだしたということではない。『マーメイド』のドキュフィクション・シリーズが大きな注目を集めたとはいっても、二一世紀の人間たちの大多数は、それまでどおり人魚の存在については懐疑的で、もっぱらこの生き物をエンタテインメントや空想と関連づけた。人気映画シリーズ『パイレーツ・オブ・カリビアン *Pirates of the Caribbean*』（二〇〇三年－一七年）の第四作『生命の泉 *On Stranger Tides*』（二〇一一年）で危険な敵が必要になったとき、製作者が頼ったのはマーメイドだった。彼女たちの涙は傷を癒す軟膏となり、彼女たちの歌とキスは船乗りを死に誘う餌となった。なんとも妙な手法だが、南アフリカのタブロイド紙は、南アフリカの大統領ジェイコブ・ズマがアパルトヘイト時代に政敵を倒す目的で魔術を使ったと主張するために、二〇一四年のある写真に『パイレーツ・オブ・カリビアン』のマーメイドの小道具を用いた。[★16] 奇妙なスキャンダルや利益のためにマーメイドを使ったのは、南アフリカのタブロイド紙だけではない。アメリカの《ナショナル・エンクワイアラー》誌も「誰も知らない驚異のマーメイド目撃譚十選」といったマーメイドの記事を頻繁に掲載し、「ほんとうだろうか?」と問いかけている。[★17] マーメイドは英国の政治の殿堂にまではいりこんだ。二〇一九年一月十四日、英国議会がまたしても「EU離脱」問題をめぐって紛糾したとき、憤慨した野党議員のひとりは、「ユニコーンに乗ったマーメイドが現れて、解決策を授けてくれないだろうか」と嘆息するしかなかった。[★18]

目撃譚に始まって商品販売、そして自己表現と、人魚は人と場所に対する人間の知覚に挑みつづけている。わたしたちは自らの願いや欠点をこの空想上のハイブリッド生物に投影させ、時が経つにつれて人魚はより人間ら

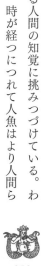

しくなってきたようだ。人間と人魚の境界線が曖昧になればなるほど、わたしたち自身のハイブリッド性はもっと明瞭になるだろう。奇怪ではあるが美しく、謎めいているが予測できる。人間と人魚には、多くの人が考えるほどの差はないのだ。

謝辞

二十年前だったら、わたしはこの本を書くことができなかっただろう。自分がまだ子どもだったことはべつにしても、分野を特定せず限りなく広がっていく研究に必要なインフラがそもそも存在しなかった。本書は、今の時代ならではの情報や知識の膨大な供給源——人、データベース、コンピュータプログラム、検索エンジン、ソーシャルネットワーク——におおいに依拠している。したがって、本書の強みとよべるものはいずれも、そうした数々の力添えの賜であり、弱みは全面的に著者の責任である。

人魚を探す旅の過程で、世界じゅうに友人や知人ができ、奇妙なテーマを研究するよそ者に快く力を貸そうとする彼らに接して、人類の博愛への希望が抱けた。セントラル・アーカンソー大学の同僚には、この研究の企画段階からいつも支えてもらった（「マーメイド・マン」とよくからかわれた）。ジョン・パラックが難解なラテン語の翻訳を手伝ってくれたことは特筆に値する。ビアトリス・フィルポッツは、彼女の優れた著書に使われていた絵を何点も見つけるのを助けてくれたし、ベッキー・セイラーは、スウェーデン語の翻訳のために、リナ・ワーラを紹介してくれた。レスリー・タトル、ルーシー・イングリス、クレイグ・スクリブナー、スーザン・スクリブナーには、本書の草稿を読んでもらった。アレックス・ウッドコックとマーク・ウェアは、中世の人魚の彫刻に対する理解を広げるうえで、かけがえのない存在であり、リチャード・ペルは、人魚に関するあらゆる物事を解明する際の最高の相棒だった。《ヒストリー・トゥデイ》誌のリース・グリフィスと、グループ・ブログ《徒党《ジュント》》の運営陣には、自分が思いついたアイディアを幅広い層の読者に届ける手助けを、《イティネラリオ》誌の編集スタッフには学識を強化する手助けをしていただいた。最後に、刊行にいたる各工程で補佐してくれたレアクツィオン・ブックス社のアレクサンドル・チョバヌと、著者のアイディアを信じてくれたマイケル・リーマン、そしてジョン・K・ショーの冷静沈着な編集作業と、レアクツィオン社の編集スタッフ――とくにフィービー・コリー――の円滑な進行に大きな感謝を捧げたい。

以下の多数の機関(すべてを挙げられない)も本書を書き上げるのに不可欠だった。ウェルカム・コレクション、大英図書館、大英博物館、バイネッケ図書館、クリーブランド美術館、米国インド研究協会美術・考古学センター、ニューヨーク公共図書館、議会図書館(米国)、国立肖像画美術館(オーストラリア)、ロンドン・メトロポリタン・アーカイブス、グラスゴー大学図書館、スウェーデン国立美術館、王立グリニッジ博物館、英国国立公文書館、シカゴ美術館、ギルクレス博物館(オクラホマ)、ロイヤル・コレクション・トラスト、生物多様性遺産ライブラリ、ボドリアン図書館、デンマーク王立図書館、マサチューセッツ歴史協会、ダブリン大学トリニティ・カレッジ。図書館とそこに勤務する有能なスタッフはもちろんだが、それ以上に、ツイッター、ピンタレスト、アラミー、ゲッティイメージズ、グーグル、フリッカーなどの検索エンジンやオンライン貯蔵庫《リポジトリ》によって、あまり知られていない、あるいは忘れ去られた画像や文書の入手が可能となっただけでなく、時空を超えた結びつきをもてた。

大事なのは、家族と友人の支えなしにはこの企画は成し遂げられなかっただろうということだ。両親のスーザン・スクリブナーとクレイグ・スクリブナーは、いつでも人魚に関する議論につきあうことをいとわず、最終稿も読んでくれた。ふたりの鋭い目がなければ、はるかに質の劣った仕上がりになっていたにちがいない。親戚と友人（と猫の〝D〟）と同じく、きょうだいも最初から最後まで力になってくれた。しかし、本書は誰にもまして妻クリステンの愛と思いやりの所産である。彼女はわたしのセイレンなのだ。

訳者あとがき

突然だが、各ページの隅にいるキャラクターにお気づきだろうか。これはコーヒー・チェーン、スターバックスのロゴマークの原型となった人魚だ。流れるような髪と豊満な肉体と二股に広げた尾をもつ彼女は、中世の教会の装飾に使われた人魚の典型例で、幾度かのデザイン改訂を経て雰囲気がすっかり変わった現在のロゴにも、その特徴が確かに残っている（両脇に描かれた縞模様の細長いものが魚の尾）。

本書は二〇二〇年八月に刊行された『*Merpeople: A Human History*』の全訳である。スターバックスの人魚を含め、古代から現代の西洋を中心とする人魚の文化を、美術、建築、科学、見世物、映画など幅広い分野にわたり、百十七点の図版とともに紹介している。原題の〝merpeople〟は馴染みの薄い語かもしれないが、〝merperson〟の複数形で、男女の別なく人魚をあらわす。

著者のヴォーン・スクリブナーは、米国のセントラル・アーカンソー大学の准教授を務め、植民地時代のアメリカ史を専門とする若手の男性研究者。聡明そうな茶色い瞳と、力強い話し方が印象深い。著書に植民地時代・独立革命時代のアメリカの酒場《タヴァーン》を分析した『*Inn Civility: Urban Taverns and Early American Civil Society (Early American Places)*』（二〇一九年、NYU Press）がある。この酒場研究の参考史料だった一七世紀のイングランド人の旅行記が、著者と人魚の出会いだという。旅行記に登場した人魚は、ふいに釣り船を這い上がってきたかと思うと、自分の手を斧で人間に叩き切らせ、紫の血を流しながら海に沈んでいった。衝撃的な出来事だが、著者にもっと大きな衝撃を与えたのは、この出来事が旅の一場面としてなんの断りもなくさらっと記されていたことだった。人魚の実在を当然視するこの時代の世界観に著者は驚愕したらしい。

本書には、じつに多種多様な人魚が登場する。「人魚」を『新明解国語辞典第八版』（三省堂、二〇二〇年）で引くと、「胴から上は若い女性で、魚の尾を持つという、想像上の動物」とあるが、本書の人魚はこの定義をはるかに超えている。ぱらぱらとページをめくれば、おじいさんの顔をもつ人魚［図056］もいるし、頭は犬で胴体だけが人間のもの［図040］や、腕の生えたウナギにしか見えないもの（人間との共通項は肺などの内部器官のみ）［図059］まで見つかる。このようにいろいろな外見をもつ人魚は、その役割も多岐にわたる。あるときは豊饒の女神、あるときは男を虜にする美女。未知の世界を体現する奇妙な生物だったり、人々を熱狂させる見世物だったりもする。

こうした人魚の多様性は、各時代の人間が、それぞれの目的に合わせて人魚を取り入れ、変容させてきた結果だと著者はいう。中世のキリスト教の聖職者は異教の組み込みと女性性の格下げのために、性的で危険な人魚をつくりだし、大航海時代の探険家は奇怪な人魚をつうじて新世界を理解し征服しようとした。啓蒙時代の科学者は、自然界を秩序立てる試みのなかで、人魚をほかの動物と並列に扱い、実在する生物の一種として分析した。一九世紀の興行師や新聞発行人はひと儲けしようとおぞましい人魚の標本で大衆の好奇心をあおり、二〇世紀以降も世界じゅうの人々がさまざまな目的のために人魚を利用してきた。

本書を訳し終え、あらためて読み返したとき、人魚をつかって著者が浮き彫りにする、こうしたたくましい人間の姿の連なりに圧倒された。どんな状況でも人間は、自分の欲望を実現させようとあの手この手で試行錯誤し、かつて信じていた真実が否定されると、また世界のかけらをあちこちからかき集めてあらたな現実を自らつくり上げてきたように思われる。本書が紹介する人魚文化の蓄積が示すもののひとつは、こうした人間のしぶとさではないだろうか。二〇二一年が明けてもなお、世界じゅうが新型コロナウイルスに翻弄され苦しめられている。だが人間は七転び八起き、けっしてへこたれない。きっと今度もなんとか策をひねり出し、苦境を乗り越えていくだろう。わたしの行きつけの銭湯の壁絵では、富士山の陰から疫病退散の人魚アマビエも見守ってくれている。

人魚も人間も千差万別であるように、本書もいろいろな楽しみ方をしていただけると思う。人魚の文化史として読んで教養を深めたり、各時代の空気を感じながら西洋史をふり返ったりしてもいい。図版の美女人魚やミイラ人魚を眺めるだけでも楽しいはずだ。もし人魚のほうが人間を利用していたら、と妄想するのはどうだろう。勢力拡大をもくろんで、時の権力者に自分を売り込み、教会の片隅から大陸をまたぎ海を渡り、インターネットに乗って世界各地で子孫繁栄に成功した人魚。そう考えると、目の前の世界がちがって見えてくるから面白い。

それから、本文に関して補足をひとつ。著者による第三章の原注に、近代初期のジェントルマン階級の人々に対して、当時は存在しない職業をあらわす「科学者（scientist）」という語を使用することを避け、かわりに自然や医学について体系的に研究する人を指す語として「博物学者（naturalist）」または「哲学者（philosopher）」を多用した旨が記されている。本文中の「思想家（thinker）」も同様に、幅広い知識をもち、何かについて調査・考察する人のことだと考えられる。

最後に、原書房の相原結城さんと百町研一さん、駆け出しの翻訳者を指導・激励しながらいっしょに翻訳してくださった川副智子先生、各国言語に精通した友人知人、唐突なメールでの質問に快くご回答くださった各分野の専門家の方々に感謝申し上げます。

二〇二一年一月

肱岡千泰

原注

序文

★01 Lorraine Daston and Katharine Park, Wonders and the Order of Nature, 1150–1750 (New York, 1998), p. 27. 以下も参照。Alison Luchs, The Mermaids of Venice: Fantastic Sea Creatures in Venetian Renaissance Art (London, 2010), pp. 32–35.

★02 Erica Fudge, Perceiving Animals: Humans and Beasts in Early Modern English Culture (Urbana, il, 2002), pp. 2–3; Harriet Ritvo, The Platypus and the Mermaid and other Figments of the Classifying Imagination (Cambridge, ma, 1997), p. xii. 以下も参照。Marie-Hélène Huet, Monstrous Imagination (Cambridge, ma, 1993).

★03 Jacqueline Leclercq-Marx, The Mermaid in the Thought and Art of Antiquity and the Middle Ages (Brussels, 1997; reprint 2002), pp. vii–40; Beatrice Phillpotts, Mermaids (New York, 1980), pp. 9–10.

★04 Katharine Shepard, The Fish-tailed Monster in Greek and Etruscan Art (New York, 1940); Leclercq-Marx, The Mermaid in the Thought and Art, pp. vii–40; Meri Lao, Sirens: Symbols of Seduction, trans. John Oliphant (Rochester, vt, 1998), pp. 1–57.

★05 Leclercq-Marx, The Mermaid in the Thought and Art, pp. vii–40; Luchs, Mermaids of Venice, pp. 25–35; Gwen Benwell and Arthur Waugh, Sea Enchantress: The Tale of the Mermaid and her Kin (New York, 1965), p. 61.

★06 Luchs, Mermaids of Venice, p. 28. 初期キリスト教時代と中世における裸体の概念については、以下を参照。Sherry C. M. Lindquist, ed., The Meanings of Nudity in Medieval Art (Farnham, 2012); Jean Sorabella, 'The Nude in the Middle Ages and the Renaissance', The Met: Heilbrunn Timeline of Art History, www.metmuseum.org, 29 August 2018.

★07 歴史学者バーバラ・G・ウォーカーによれば、二股の尾のマーメイドは、両脚を広げ、誇張された外陰部をあらわにした「シーラ・ナ・ギグ」という中世の古いシンボルと関連づけられていた。以下を参照。Barbara G. Walker, The Woman's Dictionary of Symbols and Sacred Objects (New York, 1988), p. 16.

★08 ビアトリス・フィルポッツが述べたように、「マーメイドがもつ櫛は、化粧をするヴィーナスの場面でもよく描かれ、性的な含意を付加するものだった。古代ギリシャと古代ローマでは、それぞれ〝櫛〟をあらわす語〝クテイス(kteis)〟と〝ペクチン(pectin)〟に、女性器という意味もあったので、櫛の性的含意は一目瞭然だっただろう」。Phillpotts, Mermaids, p. 10. アーサー・ウォーは、「初期キリスト教の時代から、マーメイドに関連するすべての属性――つねに櫛と鏡であらわされる虚栄心、魅惑的な容貌と声、人間の魂におよぼす危険――を彼女に付与したのは動物寓話集だった。キリスト紀元の初頭には、魚は魂のシンボルだった」と述べている。以下を参照。Arthur Waugh, 'The Folklore of the Merfolk', Folklore, lxxi/2 (1960), p. 77. ラオはつぎのように述べている。「鏡も錯覚であり、迷妄説を助長する。鏡は、二重性、すなわち体の外部にある魂としての影をあらわす」。Lao, Sirens, p. 109.

★09 アリソン・ルクスが述べたように、「魚の尾をもつ恋人たちが古代美術に登場することはめったにない」。さらに、「魚の尾をもつ女性は、古代の視覚芸術では比較的少ないが、中世美術では、魚の尾をもつ男性より数が増え、凶兆をあらわす役割を新たに担った。カロリング朝に編まれた詩篇の写本では、航海の場面で、海に棲む女たちが波間から現れ、トリトンがもっているような角笛を吹く。しかし、そうした表象が用いられた八〇〇年頃には、古代ギリシャのセイレンという使い勝手のよいアイデンティティが、マーメイドに新しく付与されていた」。Luchs, The Mermaids of Venice, pp. 19, 21.

★10 Rosemary Radford Ruether, Goddesses and the Divine Feminine: A Western

Religious History (Berkeley, ca, 2005), pp. 127–81.

★11 アリソン・ルクスは、ルネサンス期の絵画、文書、そのほか形ある物のこうした表象は、「人々のなかでマーメイドとマーマンを目撃する心の準備が整っていたことの明らかな証拠だ」と述べている。Luchs, Mermaids of Venice, p. 184.

★12 ルクレ＝マルクスが論じたように、「伝統的に二元性をもち、非自然的で象徴的な存在であるマーメイドは、実際のところ、新たに登場した人文主義に傾倒する上流階層の思考が生む芸術には、居場所がなかった。彼らは奇怪なものより空想的なものや不思議なもののために多くを犠牲にし、象徴より寓喩を好んだ」。ルクレ＝マルクスによれば、少なくとも教会の装飾においては、ひどくグロテスクなものも「目を楽しませる」意図で使われていた。教会以外では、「少なくとも一一世紀末には、苦悩する船乗りを心から案じる、憐れみ深い現実の存在として、セイレンが登場する」とも述べている。Leclerq-Marx, The Mermaid in Thought and Art, p. 231.

★13 Chet Van Duzer, Sea Monsters on Medieval and Renaissance Maps (London, 2013).

★14 Jan Bondeson, The Feejee Mermaid and Other Essays in Natural and Unnatural History (Ithaca, ny, 1999), pp. 36–63; Ritvo, Platypus and the Mermaid, pp. 131–87.

★15 James W. Cook, The Arts of Deception: Playing with Fraud in the Age of Barnum (Cambridge, 2001), pp. 73–118.

★16 Heather Brink-Roby, 'Siren Canora: The Mermaid and the Mythical in Late Nineteenth-century Science', Archives of Natural History, 35/1 (2014), pp. 1–14; Béatrice Laurent, 'Monster or Missing Link?: The Mermaid and the Victorian Imagination', Cahiers Victoriens et Édouardiens (Victorian and Edwardian Notebooks) lxxxv (Spring 2017), http://journals.openedition.org, 31 October 2018; Ritvo, Platypus and the Mermaid, pp. 50–60.

★17 Philip Hayward, ed., Scaled for Success: The Internationalisation of the Mermaid (Bloomington, in, 2018).

★18 アリソン・ルクスが述べたように、「神話のハイブリッド生物のなかで、セイレンは、学びと結びついている点で際立っていた。ホメロスの『オデュッセイア』のなかで、セイレンは知識でオデュッセウスを誘惑した。その知識は肉欲とは関係なく、知恵であり、世界とそのなかで生じるすべての事象に関する幅広い新たな理解だった」。Luchs, Mermaids of Venice, p. 32.

第一章 中世の怪物

★01 キリスト教会の一執事が、マーメイドの彫刻に関して、この記述とまったく同じ経験をしたかどうかは知る術がないが、多数の一次史料が、こうした官能的なアイコンに対する中世の聖職者の複雑な態度を明らかにしている。また、エクセター大聖堂には、このようなマーメイドの彫刻が実際に存在する。本書の一–六章の各章は、時代ごとに歴史的な挿話（事実〈ファクト〉と創作〈フィクション〉を組み合わせた「ファクション」）で始まる。挿話は、一次史料に基づきながらも、当時の人魚とのかかわりをわかりやすく示し、それについて考えられるように、ある程度は自由に創作している。

★02 H. Clay Trumbull, 'Jonah in Nineveh', Journal of Biblical Literatures, vol. xi–xii (Boston, ma, 1892), pp. 55–6からの引用；Gwen Benwell and Arthur Waugh, Sea Enchantress: The Tale of the Mermaid and her Kin (New York, 1965), pp. 23–30.

★03 Henry Lee, Sea Fables Explained (London, 1884); Allison Luchs, Mermaids of Venice: Fantastic Sea Creatures in Venetian Renaissance Art (London, 2010), pp. 8–9; Juliette Wood, Fantastic Creatures in Mythology and Folklore: From Medieval Times to the Present Day (London, 2018), pp. 49–92.

★04 ホメロス、『オデュッセイア』、松平千秋訳、岩波文庫、一九九四年／Homer, The Odyssey, xii, ll. 85–100, trans. A. T. Murray (Cambridge, ma, 1938), pp. 438–9; Apollonius Rhodius, Argonautica, iv, trans. R. C. Seaton

(London, 1930), lines 890–921. 本段落の大部分は以下に依拠している。Luchs, The Mermaids of Venice, pp. 12–32, and Jacqueline Leclercq-Marx, The Mermaid in the Thought and Art of Antiquity and the Middle Ages (Brussels, 1997; reprint 2002), pp. vii–40. このふたりの著者、とくにルクレ＝マルクスは、古代における人魚の解釈について、わたしより深く考察しており、全編をとおして初期キリスト教時代とそれ以前の解釈に熱意をそそいでいる。ルクスの著書にも、ルネサンス期のヴェネチアにおける人魚の表象という主題の前に、古代とキリスト教以前の考え方についての概説がある。以下も参照。Leofranc HolfordStrevens, 'Sirens in Antiquity and the Middle Ages', in Music of the Sirens, ed. Inna Naroditskaya and Linda Phyllis Austern (Bloomington, in, 2006), pp. 16–51; Meri Lao, Sirens: Symbols of Seduction, trans. John Oliphant (Rochester, vt, 1998), pp. 1–61.

★05 グレートブリテン島の教会のグリーンマン八十点については、以下を参照。Fran Doel and Geoff Doel, The Green Man in Britain (Stroud, 2010).

★06 R. M. Jensen, 'The Femininity of Christ in Early Christian Iconography', in Studia patristica, vol. xxix, ed. Elizabeth A. Livingstone (Louvain, 1997), pp. 269–282; Rosemary Radford Ruether, Goddesses and the Divine Feminine: A Western Religious History (Berkeley, ca, 2005), p. 131.

★07 Ruether, Goddesses and the Divine Feminine, p. 131; Leclerq-Marx, The Mermaid in Thought and Art, p. 35; Holford-Strevens, 'Sirens in Antiquity', p. 22.

★08 Ruether, Goddesses and the Divine Feminine, p. 179, 127–181; Sirach, xxxxii/14–16 からの引用。

★09 以下を参照。Sherry C. M. Lindquist, ed., The Meanings of Nudity in Medieval Art (London, 2012), p. 3; Anthony Weir and James Jerman, Images of Lust: Sexual Carvings on Medieval Churches (London, 1999), pp. 48–57; Kirk Ambrose, The Marvellous and the Monstrous in the Sculpture of Twelfth-century Europe (London, 2013), pp. 1–20; Sarah Alison Miller, Medieval Monstrosity and the Female Body (London, 2010). この着想のきっかけを与えてくださったデイヴィッド・オハラ博士に感謝する。

★10 Diarmaid MacCulloch, Christianity: The First Three Thousand Years (New York, 2009).

★11 Luchs, Mermaids of Venice, p. 25.

★12 歴史学者ベンウェルとウォーは、グレートブリテン島の教会にあるマーメイド彫刻五十五体の所在地を記録した。Benwell and Waugh, Sea Enchantress, pp. 37–39; Alex Woodcock, Of Sirens and Centaurs: Medieval Sculpture at Exeter Cathedral (Exeter, 2013), pp. 48–49. アレックス・ウッドコックは、イングランド南部の教会の人魚について、もっと幅広い調査をおこなった。Alex Woodcock, Liminal Images: Aspects of Medieval Architectural Sculpture in the South of England from the Eleventh to the Sixteenth Centuries (Oxford, 2005), pp. 89–108.

★13 Woodcock, Of Sirens and Centaurs, pp. 45–53; Arthur Waugh, 'The Folklore of the Merfolk', Folklore, lxxi/2 (1960), p. 78.

★14 Woodcock, Of Sirens and Centaurs, pp. 52–53. 中世の司教ウィリアム・デュランデュは、壁面から突出している彫刻を賞賛し、「この壁に彫り出されたものは、ほんとうにここから飛び出してきそうに見える。なぜなら、信者との結びつきが強固な慣習的貞節は、繰り返されることによって自然に根付いているように思えるが、ここではそれらがありとあらゆる工程で削除されているからだ」と述べた。William Durandus, The Symbolism of Churches and Church Ornaments: A Translation of the First Book of the Rationale Divinorum Officiorum, ed. John Mason Neale and Benjamin Webb (New York, 1893), p. 55. サン＝ティエボー教会のマーメイドについては、以下を参照。Lao, Sirens, p. 105.

★15 中世ヨーロッパの教会を飾るマーメイドとマーマンの彫刻については、六百点以上の画像を集めた(今も増えつづけている)、すばらしい以下のウェブサイトを参照。the Public Group Pool, 'Flickr: Mermaids in Church Art', www.flickr.com, 24 January 2019. 本ウェブサイトの存在を教えてくれたレックス・ハリスに深い感謝を。

★16 一例だが、以下を参照。Woodcock, Of Centaurs and Sirens, p. 49.

★17 Inna Naroditskaya and Linda Phyllis Austern, 'Introduction', in Music of the Sirens, p. 4 (quotes). 以下も参照。Woodcock, Of Sirens and Centaurs, pp. 47–48. イングランドのラドロー教会のマーメイド（ミゼリコード）については、以下を参照。'Great English Churches', http:// greatenglishchurches.co.uk, 24 September 2018.

★18 Lorraine Daston and Katherine Park, Wonders and the Order of Nature, 1150–1750 (New York, 1998), p. 24からの引用。；Willene B. Clark, A Medieval Book of Beasts: The Second-family Bestiary: Commentary, Art, Text and Translation (Woodbridge, 2006), p. 14.

★19 Daston and Park, Wonders and the Order of Nature, p. 24.

★20 プリニウス、『プリニウスの博物誌』、中野定雄、中野里美、中野美代訳、雄山閣出版、一九八六年／Pliny, Natural History (Naturalis historia), trans. H. Rackham et al. (Cambridge, ma, 1940–63), Book ix, 3: pp. 168–9.

★21 Mary Allyson Armistead, 'The Middle English Physiologus: A Critical Translation and Commentary', Master's thesis, Virginia Polytechnic Institute and University, 2001, pp. 3, 86.

★22 David Williams, Deformed Discourse: The Function of the Monster in Mediaeval Thought and Literature (Montreal, 1996), pp. 188からの引用。

★23 James Cotter Morison, The Life and Times of Saint Bernard, Abbot of Clairvaux, a.d. 1091–1153 (London, 1884), pp. 132. 以下も参照。Waugh, 'The Folklore of the Merfolk', p. 78.

★24 Benwell and Waugh, Sea Enchantress, p. 71.

★25 Phillipe de Thaon, The Bestiary of Philippe de Thaon, Originally Published as Part of Popular Treatises on Science, Written During the Middle Ages, in Anglo-Saxon, Anglo-Norman, and English, ed. Thomas Wright (London, 1841), pp. 27–28.

★26 マーメイドとトリトンを描いた中世の地図については、以下を参照。Chet Van Duzer, Sea Monsters on Medieval and Renaissance Maps (London, 2013), pp. 21, 25, 45.

★27 プリニウス、『プリニウスの博物誌』、中野定雄、中野里美、中野美代訳、雄山閣出版、一九八六年／Pliny, Natural History, Book ix, 4: pp. 168–9. Skye Alexander, Mermaids: The Myths, Legends, and Lore (New York, 2012), p. 86.

★28 昔の目撃譚の詳細については、以下を参照。Pierre Boaistuau, Certaine Secrete Wonders of Nature Containing a Description of Sundry Strange Things, Seeming Monstrous in Our Eyes and Judgement, Because We are not Privie to the Reasons of Them (London, 1569), pp. 47–54.

★29 Benwell and Waugh, Sea Enchantress, p. 161 からの引用。

★30 Ibid., p. 163.

★31 ibid., p. 141; Luchs, Mermaids of Venice, p. 17からの引用。

★32 Luchs, Mermaids of Venice, p. 28からの引用。

★33 Raphael Holinshed, Chronicles of England, Scotland, and Ireland (London, 1807), ii: p. 290.

★34 Benwell and Waugh, Sea Enchantress, p. 141; The King's Mirror (Speculum regale/Konungs Skuggsjá), trans. Laurence Marcellus Larson (New York, 1917), pp. 136–7.

★35 Encyclopaedia Britannica; or, A Dictionary of Arts, Sciences, &c, 2nd edn (Edinburgh, 1781), vol. vii, p. 4901; Benoît de Maillet, Telliamed; or Conversations between an Indian Philosopher and a French Missionary on the Diminution of the Sea, trans. and ed. Albert V. Carozzi (Urbana, il, 1968), p. 193; The Wonders of Nature and Art, 2nd edn (London, 1768), vol. ii, pp. 198.

★36 Luchs, Mermaids of Venice, p. 184.

第二章 新たな世界、新たな不思議

★01 Allison Luchs, Mermaids of Venice: Fantastic Sea Creatures in Venetian Renaissance Art (London, 2010); Thomas P. Campbell and Maryan Wynn Ainsworth, Tapestry in the Renaissance: Art and Magnificence (New Haven, ct, 2002), p. 372; Meri Lao, Sirens: Symbols of Seduction, trans. John

Oliphant (Rochester, vt, 1998), p. 102. タラ・E・ペダーセンは、つぎのように述べている。「一六世紀と一七世紀のイングランドでは、凝視の対象としても、意図せず視界にはいるものとしても、マーメイドはいたるところに〝描かれた〟……その結果、マーメイドは近代初期の印刷物の紙面に頻繁に現れるようになる。彩飾写本や地図のなかに視覚的に描かれるだけでなく、文学、科学、宗教などの書物にも、登場人物、修辞、主題として登場する」。Tara E. Pedersen, Mermaids and the Production of Knowledge in Early Modern England (Farnham, 2016), p. 2.

★02 Peter David Blanck, ed., Interpersonal Expectations: Theory, Research and Applications (Cambridge, 1993). ベンウェルとウォーは、ルネサンス期に「人は、自然現象に対する合理的な説明を発見しはじめた」と論じた。Gwen Benwell and Arthur Waugh, Sea Enchantress: The Tale of the Mermaid and her Kin (New York, 1965), p. 86. 以下も参照。Peter C. Mancall, Nature and Culture in the Early Modern Atlantic (Philadelphia, PA, 2017), pp. 1–42; Persephone Braham, 'Song of the Sirenas: Mermaids in Latin America and the Caribbean', in Scaled for Success: The Internationalisation of the Mermaid, ed. Philip Hayward (Bloomington, in, 2007), pp. 150–64.

★03 歴史学者ダストンとパークはつぎのように主張した。「奇妙な事実の、まさにその奇妙さこそが大きな長所だった……それは、通常の自然史を拡張し、自然哲学の原理を反証によって修正し……芸術の方向性を示し、理論に基づく予想から知力を解放するべきものだった」。Lorraine Daston and Katharine Park, Wonders and the Order of Nature, 1150–1750 (New York, 1998), p. 250.

★04 Kate Aughterson, Renaissance Woman: A Sourcebook; Constructions of Femininity in England (London, 1995), pp. 103, 41 (first and second quotes).

★05 Daston and Park, Wonders and the Order of Nature, p. 247. フランシス・ベーコンは著書『学問の進歩』（一六〇五年）で、狭量な男たちを、マーメイドの原型である、「上半身はみめうるわしい処女に姿をかえた」スキュラになぞらえて、「しかもかれらの行なうこまかい区別だてと下す結論までほりさげてみると、それは、人間生活に利益と効用を生み出す母胎ではなくて、怪物のような激論とほえたてる議論に終わっている」と述べている。フランシス・ベーコン、『学問の進歩』服部英次郎、多田英次訳、河出書房新社、二〇〇五年、（『ワイド版世界の大思想 2-4』より）／Francis Bacon, The Advancement of Learning, ed. William Aldis Wright (London, 1876), p. 31. For prostitute connections, see Ailene S. Goodman, 'The Extraordinary Being: Death and the Mermaid in Baroque Literature', Journal of Popular Culture, xvii/3 (1983), p. 33.

★06 Surekha Davies, Renaissance Ethnography and the Invention of the Human: New Worlds, Maps and Monsters (Cambridge, 2016), pp. 183–216; Surekha Davies, 'The Unlucky, the Bad, and the Ugly: Categories of Monstrosity from the Renaissance to the Enlightenment', in The Ashgate Research Companion to Monsters and the Monstrous, ed. Asa Simon Mittman and Peter J. Dendle (London, 2012), p. 64; Susan Scott Parrish, 'The Female Opossum and the Nature of the New World', William and Mary Quarterly, liv/3 (1997), p. 485.

★07 Karen Ordahl Kupperman, 'The Puzzle of the American Climate in the Early Colonial Period', American Historical Review, lxxxvii/5 (1982), pp. 1262–89; Anya Zilberstein, A Temperate Empire: Making Climate Change in Early America (Oxford, 2016), pp. 1–10.

★08 スーザン・スコット・パリッシュは、ヨーロッパの探険家が初めて見た新世界は「豊饒のユートピア構想と怪物という負のイメージで定義されていた」としたうえで、昔から自然と女性らしさを結びつけ、女性らしさと多産性を結びつけてきたヨーロッパの思想家は、その多産性を「悪魔崇拝と分かちがたいもの」と見なしていたと主張した。Susan Scott Parrish, American Curiosity: Cultures of Natural History in the Colonial British Atlantic World (Chapel Hill, nc, 2006), pp. 481, 36 (quotes). また、ヒュー・オナーは、驚異、未知、奇怪といった、ヨーロッパの人々が新世界に抱く印象をかき立てた多くの動物——オウム、オオハシ、シチメンチョウ、アルマジロ、オポッサム、バク、ラマなど——についてまとめている。以下を参照。Hugh Honour, The New Golden Land: European

Images of America from the Discoveries to the Present Time (New York, 1975), pp. 37–41. 新世界の未知の生き物については、以下も参照。Mancall, Nature and Culture, pp. 1–42.

★09 John Josselyn, Account of Two Voyages to New-England Made during the Years 1638, 1663 (Boston, ma, 1865), p. 23.

★10 古代の目撃譚の概要は、以下を参照。Pierre Boaistuau, Certaine Secrete Wonders of Nature (London, 1569), pp. 47–54. 以下も参照。Cristina Brito, 'Connected Margins and Disconnected Knowledge: Exotic Marine Mammals in the Making of Early Modern Natural History', in Cross Cultural Exchange and the Circulation of Knowledge in the First Global Age, ed. Amélia Polónia et al. (Newcastle upon Tyne, 2018), pp. 106–32.

★11 アンソニー・グラフトンは、ヨーロッパと新世界の接触は、「過去の権威ある書物で明解に体系化された理論と、数多くの不都合な事実を並置した」と述べている。Anthony Grafton, 'Introduction', in New Worlds, Ancient Texts, ed. Anthony Grafton (Cambridge, ma, 1995), p. 5.

★12 クリストーバル・コロン、『コロンブス航海誌』、林屋永吉訳、岩波文庫、一九七七年／Christopher Columbus, Journal of Christopher Columbus (During his First Voyage, 1492–93), ed. Clements R. Markham (Cambridge, 2010), p. 154. 新世界を初めて訪れたのは、実際にはコロンブスではなく、紀元一〇世紀に北アメリカに上陸したスカンジナビアのレイク・エリクソンだったが、一五世紀のヨーロッパの人々はこのことを知らなかった。

★13 Parrish, American Curiosity, p. 481.

★14 Henry Kamen, Empire: How Spain Became a World Power, 1492– 1763 (New York, 2003), pp. 112–21.

★15 Alexander ab Alexandro, Dies Geniales (Rome, 1522); John Swan, Speculum mundi, 2nd edn (London, 1643), p. 371; Conrad Gessner, Historia animalum, 2nd edn (London, 1604, originally published in 1581–7), p. 1588.

★16 Parrish, American Curiosity, p. 481.

★17 'Article viii, Diego Hurtado to Polynesia [This account is taken from Herrera, decad. v. lib. vii. Cap. 3, 4. And never was translated before. Vid. Voyag. Aux Terr. Austr. Vo. i. p. 162.]', in Charles de Brosses, Terra Australis Cognita; or, Voyages to the Terra Australis, or Southern Hemisphere, during the Sixteenth, Seventeenth, and Eighteenth Centuries, ed. John Callander (Edinburgh, 1766), pp. 123–4; Andre Thevet, The New Found World; or, Antarctike, trans. Thomas Hacket (London, 1568, originally published in 1556), p. 28; 'Translation of Hist. de la compagnie de Jesus, P. ii T. iv. No 276', in Encyclopaedia Britannica; or, A Dictionary of Arts, Sciences, &c, 2nd edn (Edinburgh, 1781), vol. vii, p. 4901.

★18 Andrew Laurence, The noble lyfe and natures of man of bestes, serpentys, fowles and fishes [that] be moste knoweu (Antwerp, 1527), n.p.; Conrad Lycosthenes, Prodigiorum ac ostentorum chronicon (Basel, 1557), p. 28; Benwell and Waugh, Sea Enchantress, p. 90.

★19 Boaistuau, Certaine Secrete Wonders of Nature, pp. 47–8. Benjamin Braude, 'The Sons of Noah and the Construction of Ethnic and Geographical Identities in the Medieval and Early Modern Periods', William and Mary Quarterly, liv/1 (1997), p. 106.

★20 Antonio de Torquemada, The Spanish Mandeville of Miracles (London, 1600), n.p.

★21 Thomas Browne, Pseudodoxia Epidemica (London, 1646), p. 260.

★22 Samuel Purchas, Hakluytus Posthumus; or, Purchas His Pilgrimes (Glasgow, 1906), vol. xvi, p. 282.

★23 G. M. Asher, ed., Henry Hudson the Navigator: The Original Documents in which his Career is Recorded (London, 1860), p. 28.

★24 Captain Richard Whitbourne, A Discourse and Discovery of New-Found-Land (London, 1620), Conclusion (n.p.).

★25 Ludwig Gottfried, Historia antipodum oder Newe Welt (Frankfurt, 1631), p. 193; Theodore de Bry, Dreyzehender Theil Americae (Frankfurt, 1628), p. 5. ブリーは一五九八年に没したが、妻と息子が活動を引き継ぎ、Dreyzehender Theil Americae を含む三十一冊を発表した。

★26 ステンゲルの「手違い」の詳細な分析については、以下を参照。Vaughn Scribner, 'Fabricating History Part Two: The Curious Case Continues', The Junto: A Group Blog on Early American History, https://www.earlyamericanists.com, 29 September 2018.

★27 Josselyn, Account of Two Voyages to New-England, p. 23.

★28 Benoît de Maillett, Telliamed; or Conversations between an Indian Philosopher and a French Missionary on the Diminution of the Sea, trans. and ed. Albert V. Carozzi (Urbana, il, 1968), pp. 193–4. ド・マイエは、十一年後、地中海の島セストリ・レヴァンテ(イタリア)の住民が、魚の尾がなく、「腰から上も下も人間」のような「シーマン」を捕まえたと主張した。De Maillett, Telliamed, pp. 194–195.

★29 原本の記載と絵については、以下を参照。'Monstre Marin Tue Par Les François S.D'., Louis Nicolas: Sa vie et son oeuvre de François-Marc Gagnon, www.aci-iac.ca, 28 September 2018. 以下も参照。W.M.S. Russell and F. S. Russell, 'The Origin of the Sea Bishop', Folklore, lxxxvi/2 (1975), pp. 94–8.

★30 Thomas Glover, 'Account of Virginia, its Scituation, Temperature, Productions, Inhabitants, and their Manner of Planting and Ordering Tobacco', Philosophical Transactions, xi/126 (1676), pp. 625–6. 一七世紀と一八世紀におけるロンドン王立協会の隆盛――と重要性――の詳細は、以下を参照。James Delbourgo, Collecting the World: Hans Sloane and the Origins of the British Museum (Cambridge, ma, 2017).

★31 Daston and Park, Wonders and the Order of Nature, p. 249.

★32 Glover, 'Account of Virginia', pp. 625–6.

★33 John Green, comp., A Collection of Voyages and Travels, Some Now First Printed from Original Manuscripts, Others Now First Published in English. In Six Volumes (London, 1732), vol. v, p. 517.

★34 Girolame Merolla, Breve e succinta relatione del viaggio nel regno di Congo nell'Africa meridionale, fatto dal P. Girolamo Merolla da Sorrento (Naples, 1692), p. 82.

★35 P. G., A Most Strange and True Report of a Monstrous Fish, that Appeared in the Forme of a Woman, from her Waist Upwards (London, 1603), n.p.

★36 John Philip Abelinus, Theatrum Europaeum (Frankfurt, 1619), vol. i, p. 215. 以下も参照。Thomas Bartholin, 'Of the Mermaid, &c'., in the Miscellane naturae curiosorum. An1, Dec. 1. Obs. 23. p. 85. In Acta Germanica; or, The Literary Memoirs of Germany (London, 1742), vol. i, p. 119.

★37 Pierre Gassendi, The Mirrour of True Nobility and Gentility being the Life of the Renowned Nicolaus Claudius Fabricius, Lord of Pieresk, Senator of the Parliament at Aix, trans. William Rand (London, 1657), pp. 140–41. 以下も参照。British Apollo, 24–26 April 1710.

★38 Bartholin, 'Of the Mermaid', p. 119; Lucas Debes, Faeroae & Faeroa reserata, that is, A description of the islands & inhabitants of Foeroe being seventeen islands subject to the King of Denmark, lying under 62 deg. 10 min. of North latitude (London, 1676), pp. 188–9.

★39 Reverend John Brand, A Brief Description of Orkney, Zetland, Pightland-Firth and Caithness [1707], in John Pinkerton, A General Collection of the Best and Most Interesting Voyages and Travels in All Parts of the World (London, 1809), vol. iii, pp. 788–9.

★40 「近代」とはむろん、時、場所、人、認知と密接なつながりをもつ主観的な語である。一七世紀後半の一定数の思想家は、自分の手法はより近代的だと信じていて、そのことが本書のなかで彼らをより近代的にしている。学者は今も、現在のわたしたちが考える「近代性」のはじまりをたどろうとしている。ロイ・ポーターは、一八世紀の英国の啓蒙時代に「近代世界の創造」を見いだし、スティーヴン・ピンカスは、一六八八年の英国の「名誉革命」が「最初の近代的革命」だと主張した。Roy Porter, The Creation of the Modern World: The Untold Story of the British Enlightenment (London, 2000); Steven Pincus, 1688: The First Modern Revolution (New Haven, ct, 2009).

★41 Daston and Park, Wonders and the Order of Nature, pp. 255–301; Paula Findlen, Possessing Nature: Museums, Collecting, and Scientific Culture in Early Modern Italy (Berkeley, ca, 1994), pp. 1–16.

★42 Samuel Purchas, Hakluytus Posthumus; or, Purchas his Pilgrimes in Twenty Volumes (Glasgow, 1905), vol. viii, p. 363; Jacob Larwood and John Camden Hotten, The History Signboards, from the Earliest Times to the Present Day (London, 1867), p. 225.

★43 Arthur MacGregor, 'The Tradescants as Collectors of Rarities', Tradescant Rarities (Oxford, 1983), p. 21からの引用。Thomas Bartholin, Historiarum anatomicarum rariorum, centuria I en II, vol. i (Amsterdam, 1654), p. 191. バルトリンは、一六六二年、有名なコペンハーゲン解剖所のコレクション一覧にマーメイドの手の骨と肋骨を加えた。以下を参照。Thomas Bartholin, The Anatomy House in Copenhagen, Briefly Described, ed. Niels W. Bruun, trans. Peter Fisher (Birketinget, 2015), pp. 105, 111.

★44 Nehemiah Grew, Musaeum regalis societatis; or, A Catalogue & Description of the Natural and Artificial Rarities Belonging to the Royal Society and Preserved at Gresham College (London, 1694; originally published in 1681), pp. 80, 42, 81.

★45 ウィルマ・ジョージ、『動物と地図』、吉田敏治訳、博品社、一九九三年／Wilma George, Animals and Maps (London, 1969), p. 62. Lao, Sirens, p. 102. ラオが述べたように「hic sunt sirenae（ここにセイレンがいる）という語句も同様に、未探険の海をあらわすのに使われた」。タツノオトシゴにまたがり、マーメイドをしたがえたマーマンまたは神として描かれることの多いネプチューンが海の神だという事実が差し障りになることはおそらくなかった。チェット・ヴァン・ドゥーザーは、つぎのように述べている。

★46 地図に描かれた海の怪物には、主な役割がふたつあるといえよう。まず、海の怪物に関する物語を絵で記録し、船乗りに危険が起こる可能性と、それがすばらしき地図のどの地点かを知らせること。もうひとつは、世界というイメージを活気づける装飾としての機能だろう。海には危険もあると一般的な手法で示唆しながらも、海の生命力と全世界に棲む生物の多様性をもっと強調して提示し、関心を引くとともに、地図製作者の芸術的な才能にも目を向けさせようとしている。もちろん、このふたつは相反する役割ではなく、海の怪物はどちらも同時に務めることができる……ルネサンス期の地図に描かれた海の怪物は、不思議や驚異に対する人々の尽きぬ興味を反映し、表現するものだった。

Chet Van Duzer, Sea Monsters on Medieval and Renaissance Maps (London, 2013), pp. 11–12.

★47 より詳細な研究を記した著作もある。たとえば、こちらがそうだ。Van Duzer, Sea Monsters; ウィルマ・ジョージ、『動物と地図』、吉田敏治訳、博品社、一九九三年／George, Animals and Maps; Adele Haft, 'The Mocking Mermaid: Maps and Mapping in Kenneth Slessor's Poetic Sequence The Atlas, Part Four', Cartographic Perspectives, lxxix (2014), http://www.cartographicperspectives.org, 2 October 2018.

★48 Parrish, American Curiosity, p. 481.'

★49 ディエゴ・グティエレスの地図については、以下を参照。Van Duzer, Sea Monsters, p. 39; Pierre Desceliers, Planisphere (Arques, 1550). British Library Add. ms 24065, www.bl.uk, 7 November 2018.

★50 メルカトルの地図については、以下を参照。Van Duzer, Sea Monsters, p. 104. コルネリス・デ・ヨーデについては、以下を参照。Cornelius Jode, Novae Guineae forma, & situs (Antwerp, 1593), n.p.

★51 以下も参照。Giovanni Antonio Magini, 'Regno di Napoli', in Atlas (Bologna, 1620); Hendrick Hondius, Africae nova tabula (s.n., 1631); William Janszoon Blaue, 'Asia Noviter Delineata', in Blaue Atlas Maior (Amsterdam, 1662), vol. x., n.p.

★52 Lao, Sirens, p. 102.

★53 優れた学術的研究であるとともに、このプラカードに関して最初に論じた書として、以下を参照。Debra Barrett-Graves, 'Mermaids, Sirens, and Mary, Queen of Scots: Icons of Wantonness and Pride', in The Emblematic Queen: Extra-literary Representations of Early Modern Queenship, ed. Debra BarrettGraves (New York, 2013), pp. 69–100.

★54 Andrew Belsey and Catherine Belsey, 'Icons of Divinity: Portraits of Elizabeth i', in Renaissance Bodies: The Human Figure in English Culture c.

1540–1660, ed. Lucy Gent and Nigel Llewellyn (London, 1990), p. 14 (quote); Kristen G. Brookes, 'A Feminine "Writing that Conquers": Elizabethan Encounters with the New World', Criticism, xxxxviii/2, (2006), p. 239 (quote).

★55 Thomas Firminger Thiselton Dyer, Folk-lore of Shakespeare (New York, 1884), pp. 500–503; Pedersen, Mermaids and the Production of Knowledge, p. 2.

★56 Browne, Pseudodoxia Epidemica, p. 260. 鎧については、以下を参照。Stefan Krause, 'Fellows Series: The Etched Decoration of German Renaissance Armor', The Met Online, www.metmuseum.org, 13 November 2018.

第三章 啓蒙時代の試み

★01 本章の出典は、以下である。Vaughn Scribner, '"Such monsters do exist in nature": Mermaids, Tritons, and the Science of Wonder in Eighteenth-century Europe', Itinerario, xli/3 (2017), pp. 507–38, and Vaughn Scribner, 'Diving into Mysterious Waters: Why Some of the Smartest Men in Early Modern Europe Believed in Merpeople', History Today, lxviii/5 (2018), pp. 50–59.

★02 啓蒙時代の思想家は「客観的な手法で自然を研究する新しい科学」の調停者を自認していたが、驚異や神秘や迷信はいぜんとして、彼らがおこなう人類と自然界の研究の中核だった。以下を参照。Lorraine Daston and Katharine Park, Wonders and the Order of Nature, 1150–1750 (New York, 2001), p. 20; Barbara M. Benedict, Curiosity: A Cultural History of Early Modern Inquiry (Chicago, il, 2001), p. 2; Joy Kenseth, 'The Age of the Marvelous: An Introduction', in The Age of the Marvelous, ed. Joy Kenseth (Hanover, 1991), p. 54; Bob Bushaway, '"Tacit, Unsuspected, but Still Implicit Faith": Alternative Belief in Nineteenth-century Rural England', in Popular Culture in England, c. 1500–1850, ed. Tim Harris (New York, 1995), p. 189.

★03 Daston and Park, Wonders and the Order of Nature, pp. 1–11. リチャード・キャリントンが指摘したように「一八世紀は俗臭と冷笑と分別を誇っていたにもかかわらず、先行する時代に負けぬ情熱をマーメイドに傾けた」。Richard Carrington, Mermaids and Mastodons: A Book of Natural and Unnatural History (New York, 1957), p. 10.

★04 Susan Scott Parrish, American Curiosity: Cultures of Natural History in the Colonial British Atlantic World (Chapel Hill, nc, 2006), pp. 24–76; Alan Taylor, American Colonies: The Settling of North America (New York, 2001), pp. 275–443; Kathleen S. Murphy, 'Collecting Slave Traders: James Petiver, Natural History, and the British Slave Trade', William and Mary Quarterly, lxx/4 (2013), pp. 630–70; Mark Laird, 'Mark Catesby's Plant Introductions and English Gardens of the Eighteenth Century', in The Curious Mister Catesby: A 'Truly Ingenious' Naturalist Explores New Worlds, ed. E. Charles Nelson and David J. Elliott (Athens, ga, 2015), pp. 265–80.

★05 British Curiosities in Nature and Art (London, 1713), p. xx; Patrick Gordon, Geography Anatomiz'd; or, The Geographical Grammar, 9th edn (London, 1722), p. 331.

★06 Al Luckenbach, 'Ceramics from the Edward Rumney/Stephen West Tavern, London Town, Maryland, Circa 1725', Chipstone: Ceramics in America 2002, http://www.chipstone.org, 20 December 2018. この皿に気づかせてくれた(そして、この皿が秘めるさらなる可能性への興味をかき立ててくれた)ヒストリック・ロンドンタウン・アンド・ガーデンズの公開講座主催者カイル・ダルトンに深謝する。

★07 火薬入れのマーメイド彫刻は、ペンシルヴェニア、ピッツバーグのフォート・ピット博物館の展覧会From Maps to Mermaids: Carved Powder Horns in Early Americaで展示されたもの。収集家たちが「名匠」とよぶ無名の彫刻家による。ある時点で、もとの持ち主の名前の一部が削り取られたが、「ジョージ・S」という文字と一七六一年という年号は残っている。マーメイドの彫刻がある一八世紀のべつの火薬入れについては、以下を参照。'Powder Horn (American: 1780)', an 37.131.18, The Collection of J. H. Grenville Gilbert, of Ware, Massachusetts, Gift of Mrs. Gilbert, 1937, The Metropolitan Museum of Art, New York.

★08 Pennsylvania Gazette (pa), 6 May 1736; Providence Gazette (ri), 15 July 1769; Virginia Gazette (va), 3 November 1738 and 20 July 1739. イングランドの新聞からの例としては、以下を参照。St. James Evening Post, 31 January – 3 February 1747; Weekly Journal or British Gazetteer, 7 September 1717.

★09 ドクター・サミュエル・ジョンソンの意見では、新聞は、知識の「拡散」によって「野蛮な」無知をうち破る「啓蒙的な」出版物だった。James Boswell, Boswell's Life of Johnson (London, 1904), p. 452.

★10 Boston Evening-Post (ma), 17 May 1762; Captain Richard Whitbourne, A Discourse and Discovery of New-Found-Land (London, 1620), Conclusion (n.p.). ジョン・スミスが一六一〇年から一六一四年のあいだのどこかで北アメリカの沖合でマーメイドを目撃したと、歴史学者は繰り返し主張しているが、これは事実ではなく、ゲオルグ・ステンゲルがウィットボーンの話をスミスの話と偽ったことに端を発する。以下を参照。Vaughn Scribner, 'Fabricating History: The Curious Case of John Smith, a Green-haired Mermaid, and Alexander Dumas' and 'Fabricating History Part Two: The Curious Case Continues', The Junto: A Group Blog on Early American History, https://earlyamericanists.com, 7 November 2008.

★11 British Apollo, 24–26 April 1710.

★12 イングランドのジョン・ウィルキンズは早くも一六六八年、ロンドン王立協会の機関誌に寄稿したAn Essay Towards a Real Character and a Philosophical Languageのなかで、動物界の全生物を定義しようとした。しかし、「セイレン、マーメイド、フェニックス、グリフィンなどの架空の動物に関しては」こう主張した。「この表にはそれらを記載していない。なぜなら、記載すればきりがないうえに、裸名しかもたないので個人名のようになってしまうからだ」。二十二年後、ジョン・ロックがウィルキンズに共鳴して、「ユニコーンという獣も、マーメイドという魚も、昔から自然界には存在しなかった」と述べた。John Wilkins, An Essay Towards a Real Character and a Philosophical Language (London, 1668), n.p.; John Locke, An Essay Concerning Human Understanding (London, 1690), p. 196; Thomas Boreman, A Description of Some Curious and Uncommon Creatures, Omitted in the Description of Three Hundred Animals (London, 1740), p. 43; Benjamin Martin, The Philosophical Grammar (London, 1753), p. 358; The Naturalist's Pocket Magazine; or, Compleat Cabinet of Nature (London, 1698); John Stewart, The Revolution of Reason; or, The Establishment of the Constitution of Things in Nature, of Man, of Human Intellect, of Moral Truth, of Universal Good (London, 1790), p. 166.

★13 'Sir Robert Sibbald to Sir Hans Sloane, November 29, 1703 (Edinburgh)', Sloane ms 4039, ff. 218–19, British Library, London.

★14 'Cotton Mather to the Royal Society, July 5, 1716', Cotton Mather Papers, Massachusetts Historical Society (Boston, ma). 本書では、近代初期のジェントルマンに対して「科学者(scientist)」という語を使用することを避けた。当時は存在しない職業をあらわす、時代にそぐわない語と判断し、かわりに、「博物学者(naturalist)」(アリストテレス的な意味合いにおける自然、自然史、自然哲学、天文学、光学、医学を体系的に研究する人を指す)、または単に「哲学者(philosopher)」という語を多用した。

★15 'Cotton Mather to the Royal Society, July 5, 1716'.

★16 Jean O'Neill and Elizabeth P. Mclean, Peter Collinson and the Eighteenth-century Natural History Exchange (Philadelphia, pa, 2008), p. 25 (quotes on Bevan's mermaid and Royal Society presentation); Norman G. Brett-James, The Life of Peter Collinson (London, 1926), p. 198; Sylvanus Urban, Gentleman's Magazine for January 1755 (London, 1755), vol. xxv, p. 504; 一七〇三年、スローンがサー・ロバート・シバルドから受け取った手紙には、スコットランド沖の水生生物(マーメイドとセイレンを含む)の目撃譚の史料を調査する試みが説明されている。'Sir Robert Sibbald to Sir Hans Sloane, November 29, 1703'.

★17 'Carl Linnaeus to Kungliga Svenska Vetenskapsakademien, August 29, 1749', The Linnaean Correspondence, http://linnaeus.c18.net, 24 January 2019. 翻訳を手伝ってくれたリナ・ワーラに感謝。シルヴァヌス・アーバンは自身が発行する一七四九年の《ジェントルマンズ・マガジン》誌でつぎのように報じた。「最近、ユトランド半島のニュヒェーピングで捕獲されたマーメイドは、腰から上が人間の姿だったが、ほかの部分は魚のようで、尾は背中に向かって裏返り、指と指は薄い膜でくっついていた。マーメイドは逃げようともがき、網のなかで死んだ」。Sylvanus Urban, Gentleman's Magazine, and Historical Chronicle for 1749 (London, 1749), vol. xix, p. 428.

★18 一八世紀初頭の哲学者ブノワ・ド・マイエも同様に、六世紀にナイル川で目撃されたマーマンは「茶色っぽい肌」をしていたと記している。Benoit de Maillet, Telliamed; or, Conversations between an Indian Philosopher and a French Missionary on the Diminution of the Sea, trans. and ed. Albert V. Carozzi (Urbana, il, 1968), p. 192.

★19 Theodore W. Pietsch, 'Samuel Fallours and his "Sirenne" from the Province of Ambon', Archives of Natural History, xviii (1991), pp. 1–7.

★20 Ibid., pp. 6–7.

★21 Ibid., pp. 7–8.

★22 Louis Renard, Poissons, ecrevisses et crabes, 2nd edn (Amsterdam, 1754); Pietsch, 'Samuel Fallours and his "Sirenne"', pp. 10; Theodore W. Pietsch, ed., Fishes, Crayfishes, and Crabs: Louis Renard's Natural History of the Rarest Curiosities of the Seas of the Indies, in Two Volumes (Baltimore, md, 1995), p. xii.

★23 Emanuel da Costa, 'Art. iii. Elements of Conchology; or, An Introduction to the Knowledge of Shells. By Emanuel Mendez da Costa, Member of the Academia Caesar. Imper. Nat. Curios. Plinius 1v. And of the Botanic Society of Florence. With Seven Plates, containing Figures of every Genus of Shells. 8 vo. 7s. 6d. Boards. White. 1776', in The Monthly Review; or, Literary Journal, Volume lvi, From January to June 1777 (London, 1777), p. 94.

★24 Sylvanus Urban, Gentleman's Magazine for November 1755 (London, 1755), vol. xxv, pp. 502–4.

★25 G. Robinson, The Beauties of Nature and Art Displayed in a Tour Through the World (London, 1764), p. 58; Thomas Smith, The Wonders of Nature and Art, Being an Account of Whatever is Most Curious and Remarkable Throughout the World, 2nd edn (London, 1768), vol. 11, p. 197.

★26 'Jacques-Fabien Gautier, or Gautier d'Agoty', in Sarah Lowengard, The Creation of Color in Eighteenth-century Europe (New York, 2006).

★27 Sylvanus Urban, Gentleman's Magazine for December 1759 (London, 1759), vol. xxix, p. 590.

★28 Ibid.

★29 Sylvanus Urban, Gentleman's Magazine for June 1762 (London, 1762), vol. xxxii, p. 253.

★30 Sylvanus Urban, Gentleman's Magazine for May 1775 (London, 1775), vol. xlv, pp. 216–17.

★31 Ibid.

★32 Jennifer L. Morgan, Laboring Women: Reproduction and Gender in New World Slavery (Philadelphia, pa, 2004), pp. 14, 49, 30–50.

★33 Maillet, Telliamed, pp. vii, 1–2, 191–2, 197. 地球の海の起源について考えた哲学者はほかにもいた。以下を参照。James Rodger Fleming, Historical Perspectives on Climate Change (New York, 1998), pp. 1–30.

★34 J. Dezallier d'Argenville, L'Histoire naturelle éclaircie dans une de ses parties principals, la conchyliolgie (Paris, 1757), p. 74; Maillet, Telliamed, pp. 3–4.

★35 Erik Pontoppidan, The Natural History of Norway, in Two Parts, translated from the Danish original (London, 1755; originally published 1752–3), pp. iv, 186–7.

★36 この理論に創作を加え、「海の修道士(シー・モンク)」や「海の司教(ルビ/シー・ビショップ)」もいるとほのめかすことさえした学者も何人かいた(ロンドレティウスなど)。以下も参照。Thomas Bartholin, 'Of the Mermaid, &c. from the Miscellanea naturae curiosorum, Dec. 1, 1671', in

Acta Germanica; or, The Literary Memoirs of Germany, &c., vol. 1 (London, 1742), pp. 118–21; Paracelsus, Four Treatises of Theophrastus Von Hohenheim Called Paracelsus, ed. Henry E. Sigerest (Baltimore, md, 2010), pp. 213–53.

★37 Pontoppidan, The Natural History of Norway, pp. 186–91; Stepan Petrovich Krasheninnikov, The History of Kamtschatka, and the Kurilski Islands, with the Countries Adjacent, abridged translation (London, 1765; originally published in 1755 in Russia), pp. 136–7.

★38 Carl Linnaeus and Abraham Osterdam, Siren lacertina, dissertatione academica orbi erudito data (Uppsala, 1766); Margaret Jean Anderson, Carl Linnaeus: Father of Classification (Springfield, il, 1997); Bartholin, 'Of the Mermaid, &c. from the Miscellanea naturae curiosorum, Dec. 1, 1671', pp. 118–21; Richard Wahlgren, 'Carl Linnaeus and the Amphibia', Bibliotheca herpetologica, 9 (2011), pp. 5–37; Carina Nynäs and Lars Bergquist, A Linnaean Kaleidoscope: Linnaeus and his 186 Dissertations, vol. 11 (Stockholm, 2016), pp. 439–43.「トカゲのセイレン」は、アメリカの最大級の両生類として、現在も北アメリカ南東部に生息している。以下も参照。Philip Hayward, Making a Splash: Mermaids (and Mermen) in 20th and 21st Century Audiovisual Media (Bloomington, in, 2017), p. 169.

★39 一八世紀のイングランドでは、ほかにもマーメイドの展示がおこなわれていた。たとえば、以下のように。General Advertiser, 10 February 1749; Public Advertiser, 8 March 1775（このマーメイドは一七七五年四月三日まで展示された）; Adrian Craciun, Fatal Women of Romanticism (Cambridge, 2003), pp. 215–16. 以下も参照。The General Chronicle and Literary Magazine, from Jan. to April 1812 (London, 1812), vol. iv, pp. 236–40

第四章 フリークショーとファンタジー

★01 厳密には一年に四・三四回。一八一〇年から一八四五年の三十六年間に発行された英国とアメリカの新聞（英語）と定期刊行物において、人魚の記事百五十二本を確認した。

★02 以下も参照。Richard Carrington, Mermaids and Mastodons: A Book of Natural and Unnatural History (New York, 1957), pp. 13–20.

★03 Richard D. Altick, The Shows of London (Cambridge, ma, 1978); Joe Nickell, Secrets of the Sideshows (Lexington, ky, 2005), pp. 1–18.

★04 Frank Luther Mott, American Journalism: A History of Newspapers in the United States Through 250 Years (New York, 1941), p. 216. 以下も参照。Andrew King, Alexis Easley and John Morton, eds, The Routledge Handbook to Nineteenth-century British Periodicals and Newspapers (London, 2016).

★05 'Soliloquy on the Annuals (Blackwood's Edinburgh Magazine, 1829)', in John Wilson, Critical and Miscellaneous Essays (Philadelphia, pa, 1842), vol. i, p. 70.

★06 www.newspapers.com（一七〇〇年代から二〇〇〇年代に発行された何千もの新聞の宝庫）と〈ニューヨーク・タイムズ〉紙のデジタル・アーカイブで「mermaid」というキーワードで検索すると、九万五千件以上がヒットし、これをもとに、西洋の新聞における人魚年表を作成することができた。検索をおこなったのは二〇一八年－一九年。

★07 'Thomas Jefferson to Francis Adrian Van der Kemp, 9 February 1818', Founders Online, National Archives, https://founders. archives.gov/documents/Jefferson/03-12-02-0352, 11 April 2019 [original source: The Papers of Thomas Jefferson, Retirement Series, vol. xii: 1 September 1817 to 21 April 1818, ed. J. Jefferson Looney (Princeton, nj, 2014), pp. 441–8] Harriet Ritvo, The Platypus and the Mermaid and other Figments of the Classifying Imagination (Cambridge, ma, 1997), pp. 1–8.

★08 Morning Chronicle, 13 June 1809; 'The Mermaid: Extract from the Glasgow Courier', in Lancaster Gazette, 28 October 1809; Freeman's Journal, 26 October 1809. この件を報じたべつの新聞として、以下を参照。Weekly Raleigh Register (nc), 14 September 1809. 一九世紀のカナダのマーメイド

目撃譚については、以下を参照。Auguste Vachon, 'The Mermaid in Canadian Heraldry and Lore', Heraldry in Canada, xlvii/3 (2013), pp. 17–29. 括弧内にアメリカの州の記載がないものは、すべて英国の新聞。

★09 Morning Post, 13 March 1810.

★10 Raleigh Minerva (nc), 28 June 1811; The Times, 29 November 1811; Gwen Benwell and Alfred Waugh, Sea Enchantress: The Tale of the Mermaid and her Kin (New York, 1965), pp. 113–16; 'On Mermaids', in Sylvanus Urban, Gentleman's Magazine for 1823 (London, 1823), vol. cxxxii, p. 39.

★11 The Observer, 30 August 1812; Liverpool Mercury, 4 September 1812; Pennsylvania Gazette (pa), 4 November 1812.

★12 Aberdeen Chronicle, 20 August 1814; Caledonian Mercury, 27 August 1814; Buffalo Journal (ny), 6 December 1814.

★13 The Observer, 21 August 1814; Morning Post, 25 August 1814; Liverpool Mercury, 26 August 1814.

★14 James W. Cook, The Arts of Deception: Playing with Fraud in the Age of Barnum (Cambridge, 2001), pp. 16–17.

★15 Morning Chronicle, 8 September 1814.

★16 Caledonian Mercury, 8 October 1814 (この新聞が〈ベルファスト・クロニクル〉紙の記事について報じた); Morning Post, 12 October 1814; The Gleaner (pa), 20 December 1814; Morning Post, 21 October 1814.

★17 人魚を見事な色彩で描いた一九世紀前半の名高い挿絵画家は、パスひとりではない。パスが版画を発表する五年前の一八一二年、イングランドの著名な画家ジョージ・クルックシャンクは、マーメイド、マーマン、海の怪物を使って、愛欲と放縦にまみれたウェールズ公ジョージの生活を、以下の版画(エッチング)で揶揄した。'The Sea of Politics: The Prince of Whales or the Fishermen at Anchor'. See 'The Prince of Whales or the Fisherman at Anchor', Met Online, www.metmuseum.org, 13 November 2018.

★18 イーデス船長については、以下を参照。Jan Bondeson, The Feejee Mermaid and Other Essays in Natural and Unnatural History (Ithaca, ny, 1999), pp. 38–49; Beatrice Phillpotts, Mermaids (New York, 1980), p. 58; Ritvo, Platypus and the Mermaid, pp. 178–80; Benwell and Waugh, Sea Enchantress, pp. 124–5; Cook, The Arts of Deception, p. 89.

★19 Bondeson, The Feejee Mermaid, pp. 38–9. フィリップについては、以下を参照。Exeter Flying Post, 25 July 1822; Aberdeen Journal, 31 July 1822.

★20 Morning Chronicle, 25 September 1819; Morning Post, 30 December 1820, 19 January 1821, 28 April 1821. Ritvo, Platypus and the Mermaid, pp. xi–xii, 4, 7, 50, 130–33, 181–2.

★21 Paoli Viscardi et al., 'Mermaids Uncovered', Journal of Museum Ethnography, 27 (2014), pp. 98–116. 以下も参照。Paoli Viscardi, 'Mermaids in a Medical Museum?' The Wellcome Collection Online, https://wellcomecollection.org, 28 October 2018.

★22 Viscardi et al., 'Mermaids Uncovered'. Philip Hayward, 'Japan: The "Mermaidisation" of the Ningyo and Related Folkloric Figures', in Scaled for Success: The Internationalisation of the Mermaid, ed. Philip Hayward (Bloomington, in, 2018), pp. 51–4; Juni'chiro Suwa, 'Ningyo Legends, Enshrined Islands and the Animation of an Aquapelagic Assemblage Around Biwako', Shima, xii/2 (2018), p. 78.

★23 Morning Chronicle, 7 November 1822; Royal Cornwall Gazette, 3 August 1822; Morning Chronicle, 29 October 1822; Manchester Guardian, 5 October 1822; Bondeson, The Feejee Mermaid, pp. 38–47.

★24 Morning Post, 4 November 1822.

★25 本段落の大部分は以下に依拠している。Bondeson, The Feejee Mermaid, pp. 41–9.

★26 Bury and Norwich Post, 30 October 1822; Berrow's Worcester Journal, 8 November 1822; Morning Chronicle, 7 November 1822; Caledonian Mercury, 7 November 1822; Leeds Mercury, 23 November 1822; Worcester Journal, 28 November 1822; Derby Mercury, 11 December 1822; Morning Chronicle, 17 December 1822; Leeds Intelligencer, 7 February 1823; Morning Chronicle, 7 February 1823; Morning Post, 14 May 1823.

★27 Derby Mercury, 28 January 1824; Morning Post, 12 May 1824; The Observer, 3 September 1826; Long Island Star (ny), 9 May 1832.

★28 Morning Post, 7 July 1841.

★29 The Examiner, 13 July 1823.

★30 Leigh Hunt, 'The Sirens and Mermaids of the Poets', The New Monthly Magazine and Literary Journal, Part Two (London, 1836), pp. 273–82; Leigh Hunt, 'Tritons and Men of the Sea', The New Monthly Magazine and Literary Journal, Part One (London, 1837), pp. 505–18.

★31 科学的な記事については、以下を参照。the Hampshire Telegraph and Naval Chronicle, 5 March 1827; Morning Post, 6 June 1827, 25 June 1827; London Times, 6 July 1827; Liverpool Mercury, 11 July 1828; Caledonian Mercury, 2 October 1828; Susquehanna Democrat (pa), 21 November 1828; Morning Post, 5 January 1830; Long-Island Star (ny), 9 May 1832; Bristol Mercury and Daily Post, 23 March 1839; Times-Picayune (la), 26 June 1840; Bradford Observer, 20 August 1840; Boston Post (ma), 4 February 1841, 27 July 1841.

★32 Bradford Observer, 20 August 1840.

★33 舞台については、以下を参照。The Observer, 16 April 1826. 詩については、以下を参照。the 'Mermaid's Cave' 一八三二年のはじめ、この詩がアメリカと英国じゅうの読者の心をとらえた。Sentinel and Democrat (vt), 7 December 1832. アルフレッド・テニスン卿の一八三〇年の詩 'The Mermaid' も参照。フィクションの物語については、以下を参照。Boston Post (ma), 9 May 1833; Evening Post, 28 March 1835. ジョークについては、以下を参照。the Public Ledger (pa), 24 May 1836, 同紙で記者はこう書いている。「この月曜日の夕刻、うら若き婦人が約六メートルの高さから、新しいレンガ造りの店舗の一角と大邸宅に近いアーチ橋のあいだの運河に落ちたが、無傷で助かった。彼女はきっとマーメイドだったのだろう」

★34 Hull Packet, 18 March 1842. 以下も参照。the Caledonian Mercury, 1 June 1829.

★35 Tioga Eagle (pa), 14 February 1840.

★36 P. T. Barnum, The Life of P. T. Barnum, Written by Himself, with Related Documents [1855], ed. Stephen Mihm (Boston, ma, 2018), p. 71. 以下も参照。Zach Hutchins, 'Herman Melville's Feejee Mermaid, or a Confidence Man at the Lyceum', esq: A Journal of the American Renaissance, lx/1 (2014), pp. 80–84; Steven C. Levi, 'P. T. Barnum and the Feejee Mermaid', Western Folklore, xxxvi/2 (1977), pp. 149–54.

★37 Barnum, The Life of P. T. Barnum, pp. 71–2, Times-Picayune (la), 13 July 1842; Baltimore Sun (md), 28 July 1842.

★38 Barnum, The Life of P. T. Barnum, pp. 73–5; Nickell, Secrets of the Sideshows, p. 12.

★39 New-York Tribune (ny), 4 August 1842, 11 August 1842; Barnum, The Life of P. T. Barnum, pp. 73–5.

★40 Times-Picuyane (la), 12 February 1843; Raleigh Microcosm (nc), 25 February 1843; Middlebury People's Press (vt), 1 March 1843; Bondeson, The Feejee Mermaid, pp. 53–4.

★41 Ibid.; Cook, The Arts of Deception, pp. 102–3; North American and Daily Advertiser (pa), 13 August 1842; William T. Alderson, Mermaids, Mummies, and Mastodons: The Emergence of the American Museum (Washington, dc, 1992).

★42 Cook, The Arts of Deception; Brooklyn Daily Eagle (ny), 10 August 1860.

★43 Heather Brink-Roby, 'Siren Canora: The Mermaid and the Mythical in Late Nineteenth-century Science', Archives of Natural History, xxxv/1 (2014), pp. 1–14; Béatrice Laurent, 'Monster or Missing Link?: The Mermaid and the Victorian Imagination, Cahiers Victoriens et Édouardiens [in English], lxxxv (Spring 2017), accessed 31 October 2018, http://journals.openedition.org/cve/3188; doi: 10.4000/cve.3188; Ritvo, Platypus and the Mermaid, pp. 50–60.

★44 Brink-Roby, 'Siren Canora', p. 2. ローランは「(マーメイドの)性質を理解し、その存在をなんらかの理論に取り入れるための科学論争は、一九世紀の新しい世界の見方に付随する、古代からの信仰の抵抗を露見させる」と述べた。Laurent, 'Monster or Missing Link'. William Jardine, 'Review of Charles Darwin, On the Origin of Species', Edinburgh New Philosophical Journal, xi (1860), p. 282.

★45 Manchester Weekly Times and Examiner, 24 October 1849.

★46 以下を参照。the Manchester Weekly Times and Examiner, 10 August 1847; North Carolinian (nc), 3 August 1850; Buffalo Morning Express (NY), 8 August 1850; New Orleans Crescent (la), 7 December 1850; The Standard, 27 January 1851; Reynolds's Newspaper, 1 February 1852; Nottinghamshire Gazette, 7 April 1853; Liverpool Mercury, 14 May 1854; Lancashire Advertiser, 24 March 1860; Liverpool Mercury, 22 May 1860; Waterford News, 6 February 1863; Irish People (Ireland), 9 July 1864; Huddersfield Chronicle, 10 February 1866; Deseret News (ut), 3 May 1866; New York Times (ny), 24 July 1871; Yorkshire Herald, 16 December 1874; Sydney Morning Herald (Australia), 22 July 1875; Bradford Observer, 16 August 1875; Morning Post, 30 August 1875; Weekly Standard and Express, 30 December 1876; Morning Post, 21 June 1878; The Standard, 27 June 1878; Hamilton County Democrat (ia), 26 July 1878; Washington Standard (wa), 23 May 1879; Bristol Mercury and Daily Post, 4 October 1880; New York Times (ny), 11 July 1886; The Messenger (nc), 2 November 1888; Manchester Weekly Times and Examiner, 13 July 1889; The Sun (ny), 26 January 1890; Parsons Daily Sun (ks), 2 August 1893; Logansport Pharos-Tribune (ia), 2 March 1894; Los Angeles Herald (ca), 16 June 1895; Yorkshire Herald and the York Herald, 14 January 1896; New York Times (ny), 23 May 1897.

★47 Monongahela Valley Republican (pa), 26 May 1854; Illustrated Police News, 6 July 1878; Chicago Times (il), 23 May 1879; Saint Paul Globe (mn), 4 July 1892; New York Times (ny), 23 May 1897.

★48 Laurent, 'Monster or Missing Link', n.p. (quote).

★49 'Prose Idylls, by the Rev. C. Kingsley', in Hampshire Advertiser, 13 June 1874.

★50 Washington Sentinel (Washington, dc), 11 June 1898.

★51 The Era, 27 February 1853; The Standard, 28 January 1852.

★52 New York Times (ny), 16 December 1854; Buffalo Commercial (ny), 21 April 1855. 以下も参照。The Observer, 7 January 1855; Weekly Raleigh Register (nc), 4 April 1855, 7 April 18; Semi-weekly Standard (nc), 14 April 1855.

★53 Buffalo Morning Express (ny), 1 January 1851; Baltimore Sun (md), 31 May 1851. 2

★54 Buffalo Commercial (ny), 20 June 1851; Raleigh Register (nc), 1 October 1851; Asheville News (nc), 9 March 1854. アメリカ南北戦争にいたる期間に、国家の政治的悲哀の象徴として人魚を用いたほかの記事については、以下を参照。the Weekly Pantagraph (il), 1 January 1851; Wisconsin Argus (wi), 9 July 1851; Daily Sentinel (vt), 19 December 1851; Daily Delta (la), 29 November 1854; Richmond Enquirer (va), 30 March 1855; New York Times (ny), 26 June 1855; Hartford Courant (ct), 16 October 1856; Buffalo Morning Express (ny), 22 October 1860. 一八六〇年十一月三日の〈シカゴ・トリビューン〉紙（イリノイ州）は、婦人参政権運動を嘲笑するためにマーメイドの絵を用いた。

★55 The Times, 22 April 1851.

★56 Nebraska State Journal (nb), 26 July 1884; Summit County Beacon (oh), 17 January 1855; Buffalo Morning Express (ny), 11 February 1875. 同様の記事については、以下を参照。The Standard, 27 January 1851; The Times, 22 April 1851; The Guardian, 6 September 1851; Lloyd's Weekly, 30 January 1853; Alexandria Gazette (va), 26 June 1860; Daily Milwaukee News (wi), 29 January 1861; New York Daily Herald (ny), 29 April 1869; London Observer, 23 July 1871; Freeman's Journal, 20 August 1873; Morning Post, 30 August 1875; Larned Eagle-Optic (ks), 9 September 1881; Boston Globe (ma), 11 November 1881; News and Citizen (vt), 5 February 1885; Juniata Sentinel and Republican (pa), 24 February 1885; Times and News (al), 19 August

1886; National Republican (Washington, dc), 18 November 1887; Eufaula Daily Times (al), 28 May 1889; Record-Union (ca), 1 January 1890; Boston Globe (ma), 4 August 1890; New York Times (ny), 8 July 1899.

★57 Southern Weekly Post (nc), 8 October 1853. バーナムについては、以下を参照。Bondeson, The Feejee Mermaid, pp. 54–6.

★58 'A Real Mermaid, from a correspondent of the Delhi Gazette, writing from Benares on the 19th December', Nottinghamshire Guardian, 11 February 1870.

★59 以下を参照。Lloyd's Weekly, 30 January 1853; Green-Mountain Freeman (vt), 9 June 1853; Chicago Tribune (il), 30 December 1859; Buffalo Commercial (ny), 19 July 1860; Buffalo Courier (ny), 11 February 1860; Daily Milwaukee News (wi), 29 January 1861; The Times, 25 April 1864; Glasgow Herald, 16 February 1870; New York Daily Herald (ny), 25 May 1870; Evening Telegraph, 18 May 1870; Times-Picayune (la), 3 June 1870; Chicago Tribune (il), 3 November 1880; Caldwell Tribune (ks), 2 November 1889; Eufaula Daily Times (al), 28 May 1889.

★60 Era, 24 April 1886.

★61 Huddersfield Chronicle and West Yorkshire Advertiser, 8 September 1874.

★62 The Times (pa), 6 April 1890. この挿絵つき暴露記事は、以下に掲載された記事に基づいていた。the New England Farmer (ma), 18 December 1880; Philadelphia Times (pa), 5 August 1883. See also the New York Daily Herald (ny), 1 June 1853; Brooklyn Evening Star (ny), 11 August 1860; Boston Weekly Globe (ma), 28 July 1880; Cincinnati Enquirer (oh), 30 September 1883; Harrisburg Telegraph (pa), 18 February 1884; Republican Citizen (ks), 4 July 1884; Quad-City Times (ia), 8 February 1886; Star Tribune (mn), 5 March 1887; Saint Paul Globe (mn), 29 November 1887; New York Times (ny), 12 February 1888; Lawrence Daily Journal (ks), 6 September 1888; RecordUnion (ca), 1 January 1890; Galveston Daily News (tx), 28 September 1891; Stevens Point Journal (wi), 8 May 1896.

★63 Henry Lee, Sea Fables Explained (London, 1883), pp. 15, 51.

★64 Fletcher S. Bassett, Legends and Superstitions of the Sea and of Sailors in All Lands and at All Times (Chicago, IL, 1885), p. 201.

★65 そのほか、新聞に掲載された歴史的記述は、以下を参照。Bradford Observer, 3 May 1873; Reynolds's Newspaper, 27 July 1873; Boston Globe (ma), 11 November 1881; Chicago Tribune (il), 24 July 1882; Boston Globe (ma), 13 January 1884; Guernsey Star, 17 March 1887; Boston Globe (ma), 26 August 1888; Pittsburgh Dispatch (pa), 23 November 1890; Winnipeg Tribune (Canada), 28 July 1892; Philadelphia Inquirer (pa), 26 August 1894; Kansas City Journal (mo), 3 November 1895; Yorkshire Herald and the York Herald, 14 January 1896.

★66 T. J. Jackson Lears, No Place of Grace: Antimodernism and the Transformation of American Culture, 1880–1920 (Chicago, il, 1994); Robert H. Wiebe, The Search for Order, 1877–1920 (New York, 1967).

★67 Courier and Argus, 21 July 1854. 人魚にまつわる迷信や民間伝承に関して英国系の人々を揶揄する記事については、以下を参照。Manchester Weekly Times and Examiner, 22 October 1851; Hartford Courant (ct), 13 December 1851; Weekly Standard and Express, 21 September 1853; New York Times (ny), 7 September 1857; Manchester Weekly Times and Examiner, 28 December 1861; Democratic Press (oh), 26 September 1861; North Wales Chronicle, 30 September 1865; Evening Telegraph, 28 April 1866; Leeds Mercury, 11 September 1866; Pittsburgh Daily (pa), 22 February 1868; Freeman's Journal, 20 August 1873; Reynolds's Newspaper, 18 January 1874; New York Times (ny), 27 December 1874; Weekly Standard and Express, 30 December 1876; New York Times (ny), 9 April 1882; New York Times (ny), 22 October 1882; Manchester Weekly Times and Examiner, 4 October 1884; Chicago Tribune (il), 2 July 1893; Royal Cornwall Gazette, 17 August 1899; New York Times (ny), 2 September 1890. 以下も参照。Benwell and Waugh, Sea Enchantress, pp. 154–79; Frederica Gordon Cumming, In the Hebrides (London, 1883), p. 376; Murray G. H. Pittock, The Invention of Scotland: The Stuart Myth and the Scottish Identity, 1638 to the Present (London, 1991), pp. 73–133; Ronald MacDonald Douglas, Scottish Lore and Folklore (New York, 1982), p. 112; Alex Tyrrell, 'The Queen's "Little Trip": The Royal Visit to Scotland in 1842', Scottish Historical Review, lxxxii/213 (April 2003), pp. 47–73.

★68 D. L. Rinear, Stage, Page, Scandals and Vandals: William Burton and Nineteenth-century American Theatre (Carbondale, il, 2004), p. 112 (Public Ledger quote); Reynolds's Newspaper, 6 June 1852; Daily News, 22 January 1852. ロマン主義に関しては、以下を参照。Richard Mills, 'Psychedelic Deep Blues: The Romanticised Sea Creature in Jimi Hendrix's "1983 . . . (A Merman I should Turn to Be)" (1968), Tim Buckley's "Song to the Siren" (1968) and Captain Beefheart's "Grow Fins" (1972)', in Beasts of the Deep, ed. John Hackett and Seán Harrington (Bloomington, in, 2018), pp. 94–108.

★69 Boston Globe (ma), 13 May 1896; Green-Mountain Freeman (vt), 31 July 1872.

★70 Examiner, 17 May 1862; Morning Post, 30 October 1862. 一九世紀美術におけるマーメイドの詳細は、以下を参照。Lynda Nead, 'Woman as Temptress: The Siren and the Mermaid in Victorian Painting', Leeds Arts Calendar, lxxxxi (1982), pp. 5–20; Lauren Sanford, 'Littoral Crossings: Imagery of Women and Water in Nineteenth-century Britain', PhD thesis, University of North Carolina-Chapel Hill, 2014, pp. 71–119.

★71 新聞は、船乗りが入れたマーメイドのタトゥーを、人物を特定するものと見なすことが多かった。たとえば、以下のように。Columbian Fountain (Washington, dc), 18 April 1846; Sydney Morning Herald (Australia), 16 April 1847; Weekly Standard, 5 September 1849. 以下も参照。Lotti Mealing, 'The Mermaid as Postmodern Muse in Sarah Hall's The Electric Michelangelo', Contemporary Women's Writing, viii/2 (July 2014):, pp. 226–7. マーメイド・スカートについては、以下を参照。Patricia Hunt-Hurst, 'Mermaid Dress', in Clothing and Fashion: American Fashion from Head to Toe, in Four Volumes, ed. José F. Blanco (Santa Barbara, ca, 2016), vol. ii, p. 186. 船乗りは、「ジェニー・ハニヴァー」――小さな海生生物に似せて加工したエイの干物――をつくって陸で売るという長年の伝統も育てていた。以下を参照。George M Eberhart, Mysterious Creatures: A Guide to Cryptozoology (Santa Barbara, ca, 2002), p. 256.

★72 Butte Miner (mt), 6 May 1899.

★73 Lears, No Place of Grace, p. xi.

第五章 現代のマーメイド

★01 これは実話に基づいた一幕だ。『彼と人魚 *Mr Peabody and the Mermaid*』と『凸凹フランケンシュタインの巻 *Abbott and Costello Meet Frankenstein*』は、一九四八年の同時期に撮影された。フランケンシュタイン姿のグレン・ストレンジとマーメイド姿のアン・ブライスが昼食をともにしている光景に観光客は仰天した。フランケンシュタインのストレンジがマーメイドのブライスを抱きかかえている写真については、以下を参照。www.imdb.com, accessed 5 December 2018.

★02 Henry Luce, 'The American Century', Life (17 February 1941), pp. 61–5.

★03 Rebecca Edwards et al., America's History, 9th edn (Boston, ma, 2018), pp. 731–3; Lizabeth Cohen, A Consumer's Republic: The Politics of Mass Consumption in Postwar America (New York, 2003); Adam Rome, The Bulldozer in the Countryside: Suburban Sprawl and the Rise of American Environmentalism (Cambridge, 2001).

★04 オーストラリアの画家ノーマン・リンゼイによる二〇世紀前半のマーメイドの絵画については、以下を参照。Philip Hayward, 'Swimming Ashore: Mermaids in Australian Public Culture', in Scaled for Success: The Internationalisation of the Mermaid, ed. Philip Hayward (Bloomington, in, 2018), pp. 174–6. 以下も参照。Beatrice Phillpotts, Mermaids (New York, 1980), pp. 76–9.

★05 'A Mermaid, 1900', Royal Academy Online, www.royalacademy. org.uk, 27 November 2018.

★06 以下を参照。'Mermaid Stories for Montana Boys and Girls', Anaconda

Standard (mt), 10 May 1903; 'W. S. Wallace, The First Journey from One Garden to Another, in "Our Young Folks"', Altoona Times (pa), 7 November 1903; Gwen Benwell and Alfred Waugh, Sea Enchantress: The Tale of the Mermaid and her Kin (New York, 1965), pp. 234–77.

★07 Times Recorder (oh), 14 September 1914; Tampa Tribune (fl), 11 April 1915. 歴史学者がケラーマンに関してだんまりを決めこんでいるのは驚きだ。もっとも詳細な調査がなされたのは以下である。Angela Woollacott, Race and Modern Exotic: Three 'Australian' Women on Global Display (Monash, 2011), pp. 1–45. ウーラコットはこのなかで、ケラーマンは優れた身体的特質と性的特質の組み合わせで人気を得たと、的確な指摘をしている。ケラーマンの有名な伝記も二冊ある。Emily Gibson and Barbara Firth, The Original Million Dollar Mermaid: The Annette Kellerman Story (Sydney, 2005), Shana Corey, Mermaid Queen: The Spectacular True Story of Annette Kellerman, Who Swam Her Way to Fame, Fortune, and Swimsuit History (New York, 2009). The Original Million Dollar Mermaidは、一般向けの詳細な伝記、Mermaid Queenは、子ども向けのフィクション。最後に、以下の未出版の論文一本を紹介する。クリスティン・シュミット・デ・Mは、以下を記した。'Second Skin: Annette Kellerman, the Modern Swimsuit, and an Australian Contribution to Global Fashion', PhD thesis, Queensland University of Technology, 2008, クラリス・M・バトカスは、ケラーマンを主題にした以下の修士論文を記した。Clarice M. Butkus, '"A Story of Girls and Pearls": Genre and Gender in the Films of Annette Kellerman', ma thesis, New York University, 2008 以下も参照。Philip Hayward, Making a Splash: Mermaids (and Mermen) in 20th and 21st Century Audiovisual Media (Bloomington, in, 2017), pp. 53–5; Clarice M. Butkus, 'Annette Kellerman', in Women Film Pioneers Project, ed. Jane Gaines, Radha Vatsal and Monica Dall'Asta, Center for Digital Research and Scholarship, New York, Columbia University Libraries, https://wfpp.cdrs.columbia.edu/ pioneer/ccp-annette-kellerman, 28 November 2018.

★08 Annette Kellerman, 'Physical Beauty – How to Keep It', Boston Globe (ma), 14 July 1918; Gibson and Firth, The Original Million Dollar Mermaid, pp. 57–64; Woollacott, Race and the Modern Exotic, pp. 12–13.

★09 The Tennessean (tn), 20 September 1908. 一九〇四年にフランスのサイレント映画『セイレン *La Sirène*』が公開されたが、ケラーマンのマーメイドのような人気は得られず、各地で上映されることもなかった。

★10 St Louis Star and Times (mo), 6 February 1911; Tacoma Times (wa), 26 August 1911; New York Times, 9 June 1911; Woollacott, Race and the Modern Exotic, p. 19; Gibson and Firth, The Original Million Dollar Mermaid, pp. 87–98.

★11 Hayward, Making a Splash, p. 54.

★12 Los Angeles Times (ca), 7 June 1914; Times Recorder (oh), 14 September 1914.

★13 Oregon Daily Journal (or), 1 December 1912.

★14 'New Productions at the Sydney Theatres', Green Room (Australia), 1 February 1917; Woollacott, Race and the Modern Exotic, pp. 23–32.

★15 Los Angeles Times (ca), 14 September 1919; 9 December 1919; 'Filmed Interview with Annette Kellerman, 1932', from 'The Original Mermaid: Rickets (Michael Cordell, 2002)', National Film and Sound Archive of Australia, www.nfsa.gov.au, 28 November 2018; Woollacott, Race and the Modern Exotic, pp. 39–41. 一九二四年のサイレント映画『ピーターパン *Peter Pan*』も、岩で水浴びするマーメイドを登場させたが、脇役にすぎなかった。一九三八年には、ウォルト・ディズニー・スタジオが「シリー・シンフォニー」シリーズの一作として、人魚の赤ん坊が海底で戯れる『人魚の踊り *Merbabie*』という短編アニメーション映画を公開した。

★16 Cohen, A Consumer's Republic, pp. 193–398.

★17 ディズニーのアニメーション映画『ピーター・パン *Peter Pan*』(一九五三年)にも、短い時間だがマーメイドが登場する。このマーメイドは、当時のジェンダーや性のとらえ方を裏付けるものとなっている。以下を参照。the Des Moines Register (ia), 20 July 1952.

★18 映画の原作は、一九四六年に出版されたガイ・ジョーンズとコンスタンス・ジョーンズの小説Mr Peabody's Mermaid。Hayward, Making a Splash, p. 57. 一九五〇年代と一九六〇年代のほかの娯楽作品に登場するマーメイドについては、以下を参照。Melissa Jones, 'A Mermaid's Tale: The Evolution of the Representation of Mermaids in Popular Culture', Armstrong Undergraduate Journal of History, viii/2 (2018), pp. 27–8; Phillpotts, Mermaids, pp. 78–82. 一九六〇年代と一九七〇年代のポピュラー音楽に登場するマーメイドについては、以下を参照。Richard Mills, 'Psychedelic Deep Blues: The Romanticised Sea Creature in Jimi Hendrix's "1983 . . . (A Merman I should Turn to Be)" (1968), Tim Buckley's "Song to the Siren" (1968) and Captain Beefheart's "Grow Fins" (1972)', in Beasts of the Deep, ed. John Hackett and Seán Harrington (Bloomington, in, 2018), pp. 94–108.

★19 Life (12 July 1948), p. 81.

★20 Susan White, 'Split Skins: Female Agency and Bodily Mutilation in The Little Mermaid', in Film Theory Goes to the Movies, ed. Jim Collins, Hilary Radner and Ava Preacher (London, 1993), p. 185.

★21 ロンドンのエンバシー劇場で上演されたのが最初で、その後まもなく映画が公開された。Howard, Making a Splash, p. 62.

★22 David Fantle and Tom Johnson, Reel to Real: 25 Years of Celebrity Interviews (New York, 2003), p. 99; Scott Eyman, Lion of Hollywood: The Life and Legend of Louis B. Mayer (New York, 2005), p. 421. 本段落の多くは以下に依拠している。Jennifer A. Kokai, 'Weeki Wachee Girls and Buccaneer Boys: The Evolution of Mermaids, Gender, and "Man versus Nature" Tourism', Theatre History Studies, xxxi (2011), pp. 69–70. 以下も参照。Jennifer A. Kokai, Swim Pretty: Aquatic Spectacles and the Performance of Race, Gender, and Nature (Carbondale, il, 2017), pp. 1–17, 54–95.

★23 Hayward, Making a Splash, p. 68 (quote), 68–70, 70–72.『アクア・セックス *Aqua Sex*』の複製ポスターは以下を参照。www.allposters.com

★24 Morning Post, 7 July 1841.

★25 Kokai, 'Weeki Wachee Girls', p. 71 (quote).

★26 Tampa Times (FL), 4 August 1948; Tampa Tribune (fl), 31 July 1955; St Louis Post-Dispatch (mo), 2 May 1954.

★27 Kokai, 'Weeki Wachee Girls', pp. 73–74; St. Petersburg Times (fl), 12 August 1961.

★28 歴史学者ジェニファー・コカイが述べたように、「米国におけるマーメイドの文化的表象は、露骨に性的なものと子ども向けの物語のようなもののとのあいだでたびたび揺れ動き、この二項対立の調整がウィーキーワーチーの重要な関心事のひとつだった」。Kokai, 'Weeki Wachee Girls', p. 74.

★29 Roland Marchand, Advertising the American Dream: Making Way for Modernity, 1920–1940 (Berkeley, ca, 1985), pp. xv–xxii. 興味深いことに、二〇〇五年十月、水の会社エビアンがシュウェップスの広告とほぼ同じ印刷広告を発表した。マーメイドがエビアンの瓶から水を飲み、こちらを見つめている。以下を参照。'Evian:Mermaid', Ads of the World, www.adsoftheworld.com, 2 December 2018. 二〇世紀前半、メンネンのホウ酸入りタルカムパウダーとヴェネチアンスポンジの広告にもマーメイドが登場した。

★30 予測どおり、広告主はこの熱狂状態に投資し、一九四五年以降、広告業界は「黄金時代」に突入した。そのあとの四十年間、大量消費主義、資本主義、マスメディアは、アメリカン・ドリームと完全に結びついていた。同時に、アメリカの文化と社会の重要な側面として、ジェンダーの規範と父権制が浮上した。Cohen, A Consumers' Republic, pp. 8–9; Stuart Ewen, Captains of Consciousness: Advertising and the Social Roots of the Consumer Culture (New York, 2001), pp. 1, 8–9. パンの広告については、以下を参照。the Tampa Times (fl), 4 August 1948. 一九六九年、「グルーム・アンド・クリーン」の整髪料の印刷広告では、製品を手にした魅惑的なマーメイドが「ヘイ、ミスター……いっしょにきれいになりましょ！」といっている。その一年前の印刷広告に登場したマーメイドは「新発売のグルーム・アンド・クリーンは、わたしと同じで水と相性抜群！」といっている。旅行会社もクルーズ客船にならって広告にマーメイドをよく使った。

★31 'Joyce B. Brand, Commercial Artist, Dies at 88', New York Times (ny), 18 May 2006. ピンナップ・ガールの発展と広告の詳細については、以下を参照。Maria Elena Buszek, Pin-up Grrrls: Feminism, Sexuality, Popular Culture (Durham, nc, 2006), pp. 232–67

★32 著名なアメリカの画家ノーマン・ロックウェルまでがこの競争に参加し、《インディアナポリス・サタデー・イヴニング・ポスト》誌（一九五五年八月二十二日、インディアナ州）の表紙に半裸のマーメイドのイラストを提供した。「生々しいポルノみたいだ」という読者もいたが、編集部が調査したところ、否定派は購読者二十人あたり一名だけだった。多くの人は面白い絵だと感じ、ある回答者は「いちばんいい餌は何？　釣りの資格は必要？」と冗談をいった。檻に入れられたマーメイドの美しい微笑とほとんど覆われていない乳房に引きつけられる読者もいたにちがいない。家族向けとして知られる週刊誌の表紙であっても、セックスは売りになるのだ。Patrick Perry, 'Lucky Catch', Saturday Evening Post, 2 March 2015. 残念ながら、著作権使用料が高額だったため、この絵を本書に掲載することができなかった。表紙のスキャンがインターネット上で簡単に見つかる。

★33 Ed Zern, How to Catch a Mermaid (Glendale, ca, 1959). ザーンについては、以下を参照。Editor, 'Obituary: Ed Zern, 83, Writer for Field & Stream and Conservationist', New York Times, 27 March 1994.

★34 Zern, How to Catch a Mermaid.『マーメイドの捕まえ方 *How to Catch a Mermaid*』の冊子を送ってくださった有限会社ウェスタン・フィラメントのシャルロット・ヴェッキアに感謝。ウェスタン・フィッシング・ライン・カンパニーが釣り糸「W－80」を発売した三年後、彼らはふたたび印刷広告にマーメイドを使った。トップレスの女優が水中で乳首をかろうじて片腕で隠している。

★35 Howard, Making a Splash, p. 63 (quote).

★36 Grace Lee Whitney and Jim Denney, The Longest Trek: My Tour of the Galaxy (Clovis, ca, 1998), pp. 35–6.

★37 Thomas Browne, Pseudodoxia epidemica (London, 1646), p. 260.

★38 John Tosh, The Pursuit of History, 5th edn (London, 2010), p. 6.

★39 Pittsburgh Post-Gazette (pa), 9 November 1960. 以下も参照。Pittsburgh Press (pa), 25 August 1949; Des Moines Register (ia), 20 July 1952; Petaluma Argus-Courier (ca), 9 May 1962.

★40 Richard Carrington, Mermaids and Mastodons: A Book of Natural and Unnatural History (New York, 1957), pp. xv, 5, 19.

★41 Sona Rosa Burstein, 'Obituaries: Sir Arthur Waugh, k.c.i.e., c.s.i., m.a., 1891–1968', Folklore, lxxix/1 (1968), p. 57; Gwen Benwell and Arthur Waugh, Sea Enchantress: The Tale of the Mermaid and her Kin (New York, 1965), pp. 13, 276–7.

★42 Molly Cox and David Attenborough, David Attenborough's Fabulous Animals (London, 1975), pp. 25, 27.

★43 一九六〇年代にはヨーロッパの女性のあいだで、緑色のアイシャドウを塗り、髪もうっすら緑色にする「マーメイド・ルック」も流行した。ある新聞はこう評した。「緑色というより緑の雰囲気をまとっていることが肝だ。実際には誰にも見えないのに、その存在、はかなさ、優美さが誰にも感じられる。あなたもセイレンという名の謎めいたマーメイドになってみては？」。Press and Sun Bulletin (ny), 6 January 1960.

★44 Daily News (ny), 3 January 1954.

★45 Statesman Journal (or), 6 March 1961. 以下も参照。Benwell and Waugh, Sea Enchantress, p. 277.

★46 Laura Sells, '"Where do the Mermaids Stand?": Voice and Body in The Little Mermaid', in From Mouse to Mermaid: The Politics of Film, Gender, and Culture, ed. Elizabeth Bell, Lynda Haas and Laura Sells (Bloomington, in, 1995), p. 190.

★47 ポスト・フェミニズム運動のはじまりについては、以下を参照。Rosi Braidotti, 'Envy: Or, With My Brains and Your Looks', in Men in Feminism, ed. Alice Jardine and Paul Smith (New York, 1987), pp. 233–41; Judith Butler, Gender Trouble: Feminism and the Subversion of Identity (London,

1990).

★48 Roberta Trites, 'Disney's Sub/Version of Andersen's The Little Mermaid', Journal of Popular Film and Television, xviii/4 (1991), pp. 152, 145.

★49 White, 'Split Skins', pp. 183, 185; Sells, 'Where do the Mermaids Stand?', pp. 176–7, 186; Efrat Tseëlon, 'The Little Mermaid: An Icon of Woman's Condition in Patriarchy, and the Human Condition of Castration', International Journal of Psycho-analysis, lxxvi/5 (1995), p. 1023.

★50 Sells, 'Where do the Mermaids Stand?', p. 190, 188; Lucy Rollin, 'Fear of Faerie: Disney and the Elitist Critics', Children's Literature Association Quarterly, xii (1987), pp. 90–93. 一九八〇年代と一九九〇年代には、ほかにもマーメイドを特色にした映画やパフォーマンスがあった。たとえば、映画『恋する人魚たち *Mermaids*』(一九九〇年)やマドンナの『チェリッシュ *Cherish*』のミュージックビデオ(一九九一年)、コメディエンヌのベット・ミドラーが、車椅子に乗ったマーメイドを演じた一九八〇年代の舞台(ミランダ、ありがとう!)などを参照。アイルランドの町ドネガールの少女が人魚にまつわる地元の民間伝承を調べる映画『フィオナの海 *The Secret of Roan Inish*』(一九九四年)と、フック船長の手下に海に投げこまれた大人のピーター・パンを美しいマーメイドが助ける映画『フック *Hook*』(一九九一年)も参照。

★51 Philip Hayward, 'Introduction', in Scaled for Success: The Internationalisation of the Mermaid, ed. Philip Hayward (Bloomington, in, 2018), pp. 3–4; Hayward, Making a Splash, pp. 151–66, 75–89.

★52 Tseëlon, 'The Little Mermaid ', p. 1027

第六章 世界の海へ

★01 本章では、中東とは、エジプト、アラビア半島、パレスチナ、ヨルダン、レバノン、シリア、トルコ、イラク、イラン、イスラエルを含む地域を指す。

★02 これを科学者はよく「文化的バイアス」、あるいはもっと極端に「自民族中心主義」という語でよぶ。詳細な研究としては、以下を参照。Michael Thompson, Richard Ellis and Aaron Wildavsky, Cultural Theory (Boulder, co, 1990).

★03 Beatrice Phillpotts, Mermaids (New York, 1980), p. 8; Henry Lee, Sea Fables Explained (London, 1883), pp. 3–4; Manal Shalaby, 'The Middle Eastern Mermaid: Between Myth and Religion', in Scaled for Success, pp. 7–20.

★04 Phillpotts, Mermaids, pp. 10–14; Meri Lao, Sirens: Symbols of Seduction, trans. John Oliphant (Rochester, vt, 1998), pp. 1–57; Jacqueline Leclercq-Marx, The Mermaid in the Thought and Art of Antiquity and the Middle Ages (Brussels, 1997), pp. vii–xi; Phillpotts, Mermaids, pp. 9–10; Alison Luchs, The Mermaids of Venice: Fantastic Sea Creatures in Venetian Renaissance Art (London, 2010), pp. 1–20; Gwen Benwell and Arthur Waugh, Sea Enchantress: The Tale of the Mermaid and her Kin (New York, 1965), pp. 23–50; Juliette Wood, Fantastic Creatures in Mythology and Folklore: From Medieval Times to the Present Day (London, 2018), pp. 49–92.

★05 Lee, Sea Fables Explained, pp. 4, 7.

★06 Irving Finkel, The Ark Before Noah: Decoding the Story of the Flood (New York, 2013); Anastasia G. Yanchilina et al., 'Compilation of Geophysical, Geochronological, and Geochemical Evidence Indicates a Rapid Mediterranean-derived Submergence of the Black Sea's Shelf and Subsequent Substantial Salinification in the Early Holocene', Marine Geology, ccclxxxiii (2017), pp. 14–34; Shalaby, 'The Middle Eastern Mermaid', in Scaled for Success, pp. 9–11.

★07 Lee, Sea Fables Explained, p. 4; Charles Russel Coulter and Patricia Turner, Encyclopedia of Ancient Deities (Chicago, il, 2000), pp. 129, 133; Llewellyn Jewitt, 'The Mermaid, and the Symbolism of the Fish, in Art, Literature, and Legendary Lore', Reliquary and Illustrated Archaeologist, xix (1879), pp. 193–200.

★08 James Athearn Jones, Traditions of the North American Indians, vol. i

(London, 1830), p. 47. リーは、マンダン族とレニ・レナペ族もノアに似た人物と方舟が登場する洪水神話をもっていたと述べている。Lee, Sea Fables Explained, pp. 5–7

★09 Henry Schoolcraft, Information Respecting the History, Condition and Prospects of the Indian Tribes of the United States, Part One (Philadelphia, 1853), pp. 406–7. 現在のルイジアナとコネティカットのネイティブ・アメリカンに語り継がれた物語もマーメイド崇拝に言及している。以下を参照。Anne E. Duggan, Donald Haase and Helen J. Callow, eds, Folktales and Fairy Tales: Traditions and Texts from Around the World, 2nd edn (Santa Barbara, ca, 2016), vol. ii, p. 647.

★10 David Lewis-Williams, Thomas A. Dowson and Janette Deacon, 'Rock Art and Changing Perceptions of Southern Africa's Past: Ezeljagdspoort Reviewed', Antiquity, lxvii (1993), pp. 273–91; Renée Rust and Jan Van Der Poll, Water, Stone, and Legend: Rock Art of the Klein Karoo (Cape Town, 2011), pp. 91–120; Thomas A. Dawson, 'Reading Art, Writing History: Rock Art and Social Change in Southern Africa', World Archaeology, xxv/3 (1994), pp. 332–45; A. B. Smith, 'Hunters and Herders in the Karoo Landscape', in The Karoo: Ecological Patterns and Processes, ed. W. Richard J. Dean and Suzanne J. Milton (Cambridge, 2004), p. 255 (quote).

★11 Lee, Sea Fables Explained, p. 9; Philip Hayward, 'Matsya Fabulism: Hindu Mythologies, Mermaids and Syncretism in India and Thailand', in Scaled for Success, pp. 21–3; Gerardo Aldana, 'Discovering Discovery: Chich'en Itza, the Dresden Codex Venus Table and 10th Century Mayan Astronomical Innovation', Journal of Astronomy and Culture, i (2016), pp. 57–76. 本書で用いたドレスデン絵文書のフェルステマン版は、以下でダウンロードできる。the Foundation for the Advancement of Mesoamerican Studies, Inc, www.famsi.org/mayawriting/codices/dresden.html, 15 January 2019

★12 Sonya Rhie Quintanilla, History of Early Stone Sculpture at Mathura: Ca. 150 bce – 100 ce (Leyden, 2007), p. 21; Douglas Fraser, 'The Fish-legged Figure in Benin and Yoruba Art', in African Art and Leadership, ed. Douglas Fraser and Herbert M. Cole (Madison, wi, 1972), p. 287; Benwell and Waugh, Sea Enchantress, p. 47.

★13 Fraser, 'The Fish-legged Figure in Benin and Yoruba Art', p. 287.

★14 Janet Abu-Lughod, Before European Hegemony: The World System a.d. 1250–1350 (Oxford, 1989).

★15 Shalaby, 'The Middle Eastern Mermaid', p. 11–13.

★16 Lee, Sea Fables Explained, p. 7; Philip Hayward and Pan Wang, 'Millennial Měirényú: Mermaids in 21st Century Chinese Culture', in Scaled for Success, p. 130. 日本の奇怪な人魚の絵については、以下も参照。William Huttmann, 'Mermen and Mermaids', Asiatic Journal and Monthly Miscellany, xxi (1836), p. 48.

★17 Michael Dylan Foster, The Book of Yokai: Mysterious Creatures of Japanese Folklore, with original illustrations by Shinonome Kijin (Berkeley, ca, 2015), pp. xii; Juni'chiro Suwa, 'Ningyo Legends, Enshrined Islands and the Animation of an Aquapelagic Assemblage Around Biwako', Shima, xii/2 (2018), p. 72.

★18 Philip Hayward, 'Japan: The "Mermaidisation" of the Ningyo and Related Folkloric Figures', in Scaled for Success, p. 66 (quote translation by Yamamoto Sota and Hamashima Miki).

★19 ヘイワードは「事実上、西洋のマーメイドは、人魚(の可能性のある一形態)として日本文化に取り入れられたと考えられる」と述べている。Ibid., p. 56.

★20 Hayward, 'India and Thailand', in Scaled for Success, pp. 21–5, 40–41.

★21 John Thornton, Africa and Africans in the Making of the Atlantic World, 1400–1800, 2nd edn (Cambridge, 1998).

★22 Nettrice R. Gaskins, 'Mami Wata Remixed: The Mermaid in Contemporary African-American Culture', in Scaled for Success, pp. 196–7; Marilyn Houlberg, 'Sirens and Snakes: Water Spirits in the Arts of Haitian Vodou', African Arts, xxix/2 (1996), p. 32; Henry John Drewal, 'Mami Wata: Arts for Water Spirits in Africa and Its Diasporas', African Arts (2008), pp. 60–83.

★23 Paul Gilroy, The Black Atlantic: Modernity and Double Consciousness (Cambridge, ma, 1993); Patrick Manning, The African Diaspora: A History Through Culture (New York, 2010).

★24 Persephone Braham, 'Song of the Sirenas: Mermaids in Latin America and the Caribbean', in Scaled for Success, p. 164.

★25 Gaskins, 'Mami Wata Remixed', in Scaled for Success, p. 198; Houlberg, 'Sirens and Snakes', p. 32.

★26 Anna M. Fernández Poncela, 'Las niñas buenas van al cielo y las malas . . . Género y narrativa oral tradicional', Nueva Sociedad, cxxxv (1995), pp. 104–15; Ras Michael Brown, African-Atlantic Cultures and the South Carolina Lowcountry (Cambridge, 2012), p. 253.

★27 Henry John Drewal, 'Performing the Other: Mami Wata Worship in Africa', Drama Review, xxxii/2 (1988), p. 160.

★28 Henry John Drewal, 'Introduction', in Sacred Waters: Arts for Mami Wata and Other Divinities in Africa and the Diaspora, ed. Henry John Drewal (Bloomington, in, 2008), pp. 1–2.

★29 歴史学者マリリン・ホウルバーグは、つぎのように主張した。「世界じゅうのほかのマミ・ワタの像には特定の名前がなく、そのことが、各地域の必要や信仰に合わせた解釈の自由を許している……アメリカの大衆文化の要素は、ハイチ(やほかの地域)の水の精霊をまつる聖堂で再利用されるだろう」。Houlberg, 'Sirens and Snakes', pp. 34–5. Henry John Drewal, 'Mermaids, Mirrors, and Snake Charmers: Igbo Mami Wata Shrines', African Arts, xxi/2 (1988), p. 38; Bennetta Jules-Rosette, 'Simulations of Postmodernity: Images of Technology in African Tourist and Popular Art', in Visualizing Theory: Selected Essays from Visual Anthropology Review 1990–1994, ed. Lucien Taylor (New York, 1994), pp. 345–62; Braham, 'Mermaids in Latin America and the Caribbean', pp. 149–70; Gaskins, 'The Mermaid in Contemporary African-American Culture', pp. 195–208; Lindsay Hale, Hearing the Mermaid's Song: The Umbanda Religion in Rio De Janeiro (Albuquerque, nm, 2009), p. x. マミ・ワタに関して語り得る内容はもっと多いが、そのような議論は本書の域を超えている。網羅的な研究として、以下を参照。Drewal, Sacred Waters. カルー砂漠で暮らす人々も、一九世紀前半にマーメイドの神話を語りはじめた。以下を参照。Juliette Wood, Fantastic Creatures in Mythology and Folklore: From Medieval Times to the Present Day (London, 2018), pp. 48–92.

★30 Linda J. Ivanits, Russian Folk Belief (London, 1992), p. 78.

★31 Lena Doubivko, 'No Nailing Fins to the Floor: Ambivalent Femininities in Anna Melikian's The Mermaid', Studies in Russian and Soviet Cinema, v/2 (2014), pp. 257–8; Natalie K. Moyle, 'Mermaids (Rusalki) and Russian Beliefs About Women', in New Studies in Russian Language and Literature, ed. Anna Lisa Crone and Catherine V. Chvany (Bloomington, in, 1987), pp. 221–38; Joanna Hubbs, Mother Russia: The Feminine Myth in Russian Culture (Bloomington, in, 1988), pp. 3–36. ロシア人は、この水のマーメイドを「ウィリーズ」ともよんだ。Elizabeth Wayland Barber, The Dancing Goddesses: Folklore, Archaeology, and the Origins of European Dance (New York, 2013), pp. 13–27 (西洋のマーメイドの絵によく似た、ロシアの家にある一九世紀の木彫りの「ウィリーズ」の絵については、二〇頁を参照)

★32 Philip Hayward, 'Swimming Ashore: Mermaids in Australian Public Culture', in Scaled for Success, pp. 171–94; Philip Hayward, Making a Splash: Mermaids (and Mermen) in 20th and 21st Century Audiovisual Media (Bloomington, in, 2017), pp. 50–73.

★33 Sarah Keith and Sung-Ae Lee, 'Legend of the Blue Sea: Mermaids in South Korean Folklore and Popular Culture', in Scaled for Success, p. 76; Philip Hayward, 'Changelings, Conformity and Difference: Dyesebel and the Sirena in Filipino Popular Culture', in Scaled for Success, pp. 107–28; Hayward and Wang, 'Millennial Měirényú', pp. 129–47; Hayward, 'Japan', pp. 51–68.

★34 シャラビーによれば、アラビア語には、アラーイス・アル＝バフル(海の花嫁、乙女、人形)からハヤラーン(半人半魚の海の怪物)、アン＝

ナッダーハ(危険なセイレン)、インサーン・アル＝マー(魚人)にいたるまで、多種多様な人魚や水に関連する存在をあらわすための、多種多様な言葉がある。Shalaby, 'The Middle Eastern Mermaid', in Scaled for Success, pp. 7–8.

★35 Ibid., pp. 14–15. 以下も参照。Lao, Sirens, p. 170.

★36 ネイティブ・アメリカンの人口は、一八九〇年から一九〇〇年のあいだに過去最低の二十五万人となった(もとの人口の四–五パーセント。西洋の帝国が大陸に達した時から「百年あたり約百二十五万人減少」)。二〇世紀には回復し、二〇世紀末には人口四百十万人に届いた。Russell Thornton, American Indian Holocaust and Survival: A Population History Since 1492 (Norman, ok, 1987), p. 43; 'The American Indian Population: 2000', American Census Bureau, https://www.census.gov, 7 January 2019.

★37 C. J. Taylor, Spirits, Fairies, and Merpeople: Native Stories of Other Worlds (Toronto, 2009), pp. 7–11.

★38 Michel Meurger and Claude Gagnon, Lake Monster Traditions: A Cross-cultural Analysis (London, 1988), p. 198. ヘンリー・スクールクラフトの一八五一年の記述によれば、アルゴンキン族(現在の米国北東部およびカナダ南部)は「水辺には、ある種の水の妖精のほかに、ニバナバという生き物が棲んでいる」と信じており、「ニバナバは、マーメイドに似ているが、このインディアン語は男性を示すため、性別の点ではマーメイドと異なっている」。Henry R. Schoolcraft, The American Indians (Buffalo, ny, 1851), p. 217; 'Becoming Mermaids,' American Museum of Natural History, www.amnh. org/exhibitions/mythic-creatures/water/becoming-mermaids, 28 September 2019.

★39 Peter Conrad, How the World Was Won: The Americanization of Everywhere (London, 2014); Bartow J. Elmore, Citizen Coke: The Making of Coca-Cola Capitalism (New York, 2016).

★40 Andre Gunder Frank, Reorient: Global Economy in the Asian Age (Berkeley, ca, 1998), pp. 3, 5. 以下も参照。Kenneth Pomeranz, The Great Divergence: Europe, China and the Making of the Modern World (Princeton, nj, 2000); Roy Bin Wong, China Transformed: Historical Change and the Limits of the European Experience (Ithaca, ny, 1997); Thornton, Africa and Africans; Alfred Crosby, Ecological Imperialism: The Biological Expansion of Europe, 900–1900 (Cambridge, 1986); Jared Rubin, Rulers, Religion, and Riches: Why the West Got Rich and the Middle East Did Not (Cambridge, 2017); Anthony Pagden, Worlds at War: The 2,500-year Struggle Between East and West (New York, 2008).

終わりに——「結尾」として

★01 H. F. Gould, The Mermaid's Cave (New York, 1832).

★02 Josh Weiss, 'Harry Potter Becomes Best-selling Book Series in History with More than 500 Million Copies Sold Worldwide', SyFy Wire, www.syfy.com, 19 January 2019.

★03 人魚を使った二一世紀の映画、広告、製品は、本書で取り上げきれないほど数多い。多彩な実例は、以下を参照。Philip Hayward, Making a Splash: Mermaids (and Mer-men) in 20th and 21st Century Audiovisual Media (Bloomington, in, 2017); Philip Hayward, ed., Scaled for Success: The Internationalisation of the Mermaid (Bloomington, in, 2018).

★04 Hayward, Making a Splash, pp. 129–49; Maria Mellins, 'Mermaid Spotting: The Rise of Mermaiding in Popular Culture', in Beasts of the Deep: Sea Creatures and Popular Culture, ed. Jon Hackett and Seán Harrington (Bloomington, in, 2018), pp. 128–41.

★05 '"Mermaid" to Swim Along River Thames to Raise Plastic Awareness', bbc News, www.bbc.com, 17 January 2019; Mellins, 'Mermaid Spotting', in Beasts of the Deep, p. 136.

★06 Daniel Denoon, 'Salt-water Fish Extinction Seen by 2048', 6 cbs News, www. cbsnews.com, 2 November 2006.

★07 Mellins, 'Mermaid Spotting', in Beasts of the Deep, pp. 128–41; Hayward, Scaled for Success, pp. 209–26; Vanetia Laura Delano Robertson, 'Where

Skin Meets Fin: The Mermaid as Myth, Monster and Other-than-human Identity', Journal for the Academic Study of Religion, xxvi/3 (2013), pp. 311–12; Hayward, Making a Splash, p. 109; Brooke A. Porter and Micahel Lück, 'Mermaiding as a Form of Marine Devotion: A Case Study of a Mermaid School in Boracay, Phillipines', Shima, xii/2 (2018), pp. 231–49; Tara E. Pedersen, 'Thinking With Mermaids Here and Now', Shima, xii/2 (2018), pp. 250–55; Skye Annica, 'Cripping the Mermaid: A Borderlands Approach to Feminist Disability Studies in Valerie Martin's "Sea Lovers"', Journal of Narrative Theory, xxxxvii/3 (2017), pp. 379–402; Hayward, Making a Splash, pp. 129–49; Sally Campbell Galman, 'Enchanted Selves: Transgender Children's Persistent Use of Mermaid Imagery in Self-portraiture, Shima, xii/2 (2018), pp. 163–80.

★08 Hayward, Making a Splash, pp. 151–66.

★09 'Meet the World-famous Weeki Wachee Mermaids', Weeki Wachee Springs State Park, www.weekiwachee.com, 19 January 2019. 女性性がマーメイドと関連づけられるほかの例では、「女性と自覚しているトランスジェンダーの幼い子どもが、マーメイドの姿をした自画像を繰り返し描き、お絵かきやおしゃべりでもマーメイドと関係がある遊びの大切さを強調した」。Galman, 'Enchanted Selves', p. 163 (quote), 163–80.

★10 マテル社は、過去に何度もマーメイドのバービー人形を発売しているが、こうした人種的な多様性を取り入れたのは二〇一八年が最初だった。

★11 'The Ten Most Valuable Brands in 2018', www.inc.com, 17 January 2019; Ben Zimmerman, 'Word on the Street: Swimming Among the Merpeople', Wall Street Journal: Eastern Edition, 27 May 2017, c.4. 現在では、グーグル、マイクロソフト、サムスン、ワッツアップ、ツイッター、フェイスブックといった、電話機やコンピュータを製造する大手企業、ソフトウェアの開発企業は例外なく、絵文字に「人魚」を取り入れている。以下を参照。'Merman', Emojipedia, https:// emojipedia.org/merman, 19 January 2019. 以下も参照。Olle Jilkén, '"A Phallus Out of Water": The Construction of Mer-masculinity in Modern Day Illustrations, Shima, xii/2 (2018), pp. 195–207.

★12 歴史学者デイヴィッド・リヴィングストンが述べたように「合理的であることの意味は、一一世紀の修道士と、一五世紀の海洋探険家と、一七世紀の占星術師と、二〇世紀の実験科学者とでは異なる」。David N. Livingstone, 'Climate's Moral Economy: Science, Race and Place in Post-Darwinian British and American Geography', in Geography and Empire, ed. Anne Godlewska and Neil Smith (Oxford, 1994), p. 133.

★13 New York Times, 16 November 1870.

★14 現在まで、わたしたちは世界の海の約五パーセントしか探険できていない。'How Much of the Ocean Have We Explored?', National Ocean Service: National Oceanic and Atmospheric Administration, u.s. Department of Commerce, www. oceanservice.noaa.gov, 1 February 2018.

★15 Hayward, Making a Splash, pp. 167–85; Peter Goggin, '"Are Mermaids Real?": Rhetorical Discourses and the Science of Merfolk', Shima, xii/2 (2018), pp. 12–23; Lisa de Moraes, 'Animal Planet Nets its Biggest Audience with "Mermaids"', Washington Post, 28 May 2013.

★16 John Lynch, 'The 23 Most Successful Movie Franchises of All Time', Business Insider, www.businessinsider.com, 18 January 2019; Philip Hayward, 'Introduction', in Scaled for Success, pp. 1–2. www.youtube.com や www.google.com で「mermaid sighting(マーメイド・目撃)」を簡易検索すると、マーメイドやトリトンを目撃したという画像や動画が何十件もヒットする(しかも、こうした証言は年々増えている)。

★17 '10 Astonishing and Infamous Mermaid Sightings', National Enquirer, 5 September 2017. 以下も参照。Mike Walker, 'Miley Cyrus' Fiancé in Mermaid Panic', National Enquirer, 30 July 2017; Goggin, 'Are Mermaids Real?', pp. 12–23.

★18 Martin Essex, 'gbp Price: Upward Trend May Continue After Brexit Vote (15 January 2019)', Dailyfx: Forex Market News and Analysis, www.dailyfx.com, 18 January 2019.「Brexit」は、「Britain(英国)」と「exit(退出)」の混成語

で、二〇一六年の英国の国民投票で決定されたＥＵ離脱の方針をあらわす。以下も参照。Lucy Guenot, 'Lion Ships, Sirens and Illuminated Cartography: Deploying Heraldic and Folkloric Figures in Critique of Brexit', *Shima*, xii/2 (2018), pp. 135–43.

参考文献

Published Primary Sources

- ‘10 Astonishing and Infamous Mermaid Sightings’, National Enquirer, 5 September 2017
- Abelinus, John Philip, Theatrum Europaeum (Frankfurt, 1619), vol. i
- Alexandro, Alexander ab, Dies Geniales (Rome, 1522)
- Apollonius Rhodius, Argonautica, trans. R. C. Seaton (London, 1930), Book iv
  d’Argenville, J. Dezallier, L’histoire naturelle éclaircie dans une de ses parties principals, la conchyliolgie (Paris, 1757)
- ‘Article viii, Diego Hurtado to Polynesia [This account is taken from Herrera, decad. v. lib. vii. Cap. 3, 4. And never was translated before. Vid. Voyag. Aux Terr. Austr. Vo. i. p. 162.]’, in Charles de Brosses, Terra Australis cognita; or, Voyages to the Terra Australis, or Southern Hemisphere, during the Sixteenth, Seventeenth, and Eighteenth Centuries, ed. John Callander (Edinburgh, 1766), pp. 123–4
- Asher, G. M., ed., Henry Hudson the Navigator: The Original Documents in Which His Career is Recorded (London, 1860)
- Bacon, Francis, The Advancement of Learning, ed. William Aldis Wright (London, 1876)
- Barnum, P. T., The Life of P. T. Barnum, Written by Himself, With Related Documents [1855], ed. Stephen Mihm (Boston, ma, 2018)
- Bartholin, Thomas, ‘Of the Mermaid, &c.’, in Acta Germanica; or, The Literary Memoirs of Germany (London, 1742), vol. i
- —, The Anatomy House in Copenhagen, Briefly Described [1662], ed. Niels W. Bruun, trans. Peter Fisher (Birketinget, 2015)
- Bassett, Fletcher S., Legends and Superstitions of the Sea and of Sailors in All Lands and at All Times (Chicago, il, 1885)
- Blaue, William Janszoon, ‘Asia Noviter Delineata’, in Blaue Atlas Maior (Amsterdam, 1662), vol. x
- Boaistuau, Pierre, Certaine Secrete Wonders of Nature Containing a Description of Sundry Strange Things, Seeming Monstrous in Our Eyes and Judgement, Because We are not Privie to the Reasons of Them (London, 1569)
- Boreman, Thomas, A Description of Some Curious and Uncommon Creatures, Omitted in the Description of Three Hundred Animals (London, 1740)
- Boswell, James, Boswell’s Life of Johnson (London, 1904)
- Braidotti, Rosi, ‘Envy; or, With My Brains and Your Looks’, in Men in Feminism, ed. Alice Jardine and Paul Smith (New York, 1987), pp. 233–41
- Brand, Reverend John, A Brief Description of Orkney, Zetland, Pightland-Firth and Caithness [1707], in John Pinkerton, A General Collection of the Best and Most Interesting Voyages and Travels in All Parts of the World (London, 1809), vol. iii, pp. 788–9
- British Curiosities in Nature and Art (London, 1713)
- Browne, Thomas, Pseudodoxia Epidemica (London, 1646)
- Bry, Theodore de, Dreyzehender Theil Americae (Frankfurt, 1628)
- Burstein, Sona Rosa, ‘Obituaries: Sir Arthur Waugh, k.c.i.e., c.s.i., m.a., 1891–1968’, Folklore, lxxix/1 (1968), p. 57
- Butler, Judith, Gender Trouble: Feminism and the Subversion of Identity (London, 1990)
- ‘Carl Linnaeus to Kungliga Svenska Vetenskapsakademien, August 29, 1749’, The Linnaean Correspondence, http://linnaeus.c18.net, 24 January 2019
- Columbus, Christopher, Journal of Christopher Columbus (During His First Voyage, 1492–93), ed. Clements R. Markham (Cambridge, 2010)
- Da Costa, Emmanuel, ‘Art. iii. Elements of Conchology, or an Introduction to the Knowledge of Shells. By Emanuel Mendez da Costa, Member of the Academia

Caesar. Imper. Nat. Curios.

- Plinius iv. And of the Botanic Society of Florence. With Seven Plates, containing Figures of every Genus of Shells. 8 vo. 7s. 6d.
- Boards. White. 1776', in Monthly Review; or, Literary Journal, Volume lvi, From January to June 1777 (London, 1777), p. 94
- Cox, Molly, and David Attenborough, David Attenborough's Fabulous Animals (London, 1975)
- Cumming, Frederica Gordon, In the Hebrides (London, 1883)
- Debes, Lucas, Faeroae & Faeroa reserata, that is, A description of the islands & inhabitants of Foeroe being seventeen islands subject to the King of Denmark, lying under 62 deg. 10 min. of North latitude (London, 1676)
- Desceliers, Pierre, Planisphere (Arques, 1550). British Library Add. ms 24065, 7 November 2018.
- Durandus, William, The Symbolism of Churches and Church Ornaments: A Translation of the First Book of the Rationale Divnorum Officiorum, ed. John Mason Neale and Benjamin Webb (New York, 1893)
- Encyclopaedia Britannica; or, a Dictionary of Arts, Sciences, &c, 2nd edn (Edinburgh, 1781), vol. vii
- 'Filmed Interview with Annette Kellerman, 1932', from 'The Original Mermaid: Rickets (Michael Cordell, 2002)', National Film and Sound Archive of Australia, www.nfsa.gov.au, 28 November 2018
- Gassendi, Pierre, The Mirrour of True Nobility and Gentility being the Life of the Renowned Nicolaus Claudius Fabricius, Lord of Pieresk, Senator of the Parliament at Aix, trans. William Rand (London, 1657)
- General Chronicle and Literary Magazine, from Jan. to April 1812 (London, 1812), vol. iv
- Gessner, Conrad, Historia animalum [1581–87], 2nd edn (London, 1604)
- Glover, Thomas, 'Account of Virginia, Its Scituation, Temperature, Productions, Inhabitants, and their Manner of Planting and Ordering Tobacco', Philosophical Transactions, xi/126 (1676), pp. 623–36
- Gordon, Patrick, Geography Anatomiz'd; or, The Geographical Grammar, 9th edn (London, 1722)
- Gottfried, Ludwig, Historia Antipodum oder Newe Welt (Frankfurt, 1631)
- Green, John, comp., A Collection of Voyages and Travels, Some Now First Printed from Original Manuscripts, Others Now First Published in English. In Six Volumes (London, 1732), vol. v
- Grew, Nehemiah, Musaeum regalis societatis; or, A Catalogue & Description of the Natural and Artificial Rarities Belonging to the Royal Society and Preserved at Gresham College [1681] (London, 1694)
- Holinshed, Raphael, Chronicles of England, Scotland, and Ireland (London, 1807), vol. ii
- Homer, The Odyssey, xii, 85–100, trans. A. T. Murray (Cambridge, ma, 1938)
- Hondius, Hendrick, Africae nova tabula (s.n., 1631)
- Hunt, Leigh, 'The Sirens and Mermaids of the Poets', New Monthly Magazine and Literary Journal (London, 1836), pp. 273–82
- —, 'Tritons and Men of the Sea', New Monthly Magazine and Literary Journal (London, 1837), pp. 505–18
- Huttmann, William, 'Mermen and Mermaids', Asiatic Journal and Monthly Miscellany, xxi (1836), p. 48
- Jardine, William, 'Review of Charles Darwin, On the Origin of Species', Edinburgh New Philosophical Journal, xi (1860), p. 282
- Jode, Cornelius, Novae Guineae forma, & situs (Antwerp, 1593)
- Jones, James Athearn, Traditions of the North American Indians (London, 1830), vol. i
- Josselyn, John, Account of Two Voyages to New-England Made during the Years 1638, 1663 (Boston, ma, 1865)
- Kellerman, Annette, 'Physical Beauty – How to Keep It', Boston Globe, 14 July 1918
- The King's Mirror (Speculum regale/Konungs Skuggsjá), trans. Laurence Marcellus Larson (New York, 1917)

- Krasheninnikov, Stepan Petrovich, The History of Kamtschatka, and the Kurilski Islands, with the Countries Adjacent, abridged translation (London, 1765, originally published in 1755, Russia)
- Laurence, Andrew, The noble lyfe and natures of man of bestes, serpentys, fowles and fishes [that] be moste knowen (Antwerp, 1527)
- Linnaeus, Carl, and Abraham Osterdam, Siren lacertina, dissertatione academica orbi erudito data (Uppsala, 1766)
- Locke, John, An Essay Concerning Human Understanding (London, 1690)
- Luce, Henry, 'The American Century', Life (17 February 1941), pp. 61–5
- Lycosthenes, Conrad, Prodigiorum ac ostentorum chronicon (Basel, 1557)
- Magini, Giovanni Antonio, 'Regno di Napoli', in Atlas (Bologna, 1620)
- Maillet, Benoît de, Telliamed; or, Conversations between an Indian Philosopher and a French Missionary on the Diminution of the Sea, trans. and ed. Albert V. Carozzi (Urbana, il, 1968)
- Martin, Benjamin, The Philosophical Grammar (London, 1753)
- Merolla, Girolame, Breve e succinta relatione del Viaggio nel regno di Congo nell'Africa meridionale, fatto dal P. Girolamo Merolla da Sorrento (Naples, 1692)
- The Naturalist's Pocket Magazine; or, Compleat Cabinet of Nature (London, 1698)
- P. G., A Most Strange and True Report of a Monstrous Fish, that Appeared in the Forme of a Woman, from Her Waist Upwards (London, 1603)
- Paracelsus, Four Treatises of Theophrastus Von Hohenheim Called Paracelsus, ed. Henry E. Sigerest (Baltimore, md, 2010)
- Pietsch, Theodore W., ed., Fishes, Crayfishes, and Crabs: Louis Renard's Natural History of the Rarest Curiosities of the Seas of the Indies, in Two Volumes (Baltimore, md, 1995)
- Pliny, Natural History (Naturalis historia), trans. H. Rackham et al. (Cambridge, ma, 1940–63), Books ix, iii, iv
- Pontoppidan, Erik, The Natural History of Norway, in Two Parts, translated from the Danish original (London, 1755; originally published 1752–3)
- Purchas, Samuel, Hakluytus Posthumus; or, Purchas His Pilgrimes in Twenty Volumes (Glasgow, 1905), vol. viii, xvi
- Renard, Louis, Poissons, ecrevisses et crabes, 2nd edn (Amsterdam, 1754)
- Robinson, G., The Beauties of Nature and Art Displayed in a Tour Through the World (London, 1764)
- Rollin, Lucy, 'Fear of Faerie: Disney and the Elitist Critics', Children's Literature Association Quarterly, xii (1987), pp. 90–93
- Schoolcraft, Henry R., The American Indians (Buffalo, ny, 1851)
- —, Information Respecting the History, Condition and Prospects of the Indian Tribes of the United States, Part One (Philadelphia, pa, 1853)
- Sells, Laura, '"Where do the Mermaids Stand?": Voice and Body in The Little Mermaid', in From Mouse to Mermaid: The Politics of Film, Gender, and Culture, ed. Elizabeth Bell, Lynda Haas and Laura Sells (Bloomington, in, 1995), pp. 175–92
- Smith, Thomas, The Wonders of Nature and Art, Being an Account of Whatever is Most Curious and Remarkable Throughout the World, 2nd edn (London, 1768), vol. ii
- 'Soliloquy on the Annuals (Blackwood's Edinburgh Magazine, 1829)', in John Wilson, Critical and Miscellaneous Essays (Philadelphia, pa, 1842), vol. i
- Stewart, John, The Revolution of Reason; or, The Establishment of the Constitution of Things in Nature, of Man, of Human Intellect, of Moral Truth, of Universal Good (London, 1790)
- Swan, John, Speculum mundi, 2nd edn (London, 1643)
- Thaon, Phillipe de, The Bestiary of Philippe de Thaon, Originally Published as Part of Popular Treatises on Science, Written During the Middle Ages, in Anglo-Saxon, Anglo-Norman, and English, ed. Thomas Wright (London, 1841)
- Thevet, Andre, The New Found World; or, Antarctike, trans. Thomas Hacket (London, 1568, originally published in 1556)
- Torquemada, Antonio de, The Spanish Mandeville of Miracles (London, 1600)
- 'Translation of Hist. de la compagnie de Jesus, P. ii T. iv. No 276,' in

Encyclopaedia Britannica; or, a Dictionary of Arts, Sciences, &c, 2nd edn (Edinburgh, 1781), vol. vii, p. 4901

- Trites, Roberta, 'Disney's Sub/Version of Andersen's The Little Mermaid', Journal of Popular Film and Television, xviii/4 (1991), pp. 145–52
- Tseëlon, Efrat, 'The Little Mermaid: An Icon of Woman's Condition in Patriarchy, and the Human Condition of Castration', International Journal of Psycho-analysis, lxxvi/5 (1995), pp. 1017–30
- Urban, Sylvanus, Gentleman's Magazine for 1749 (London, 1749), vol. xix
- —, Gentleman's Magazine for January 1755 (London, 1755), vol. xxv
- —, Gentleman's Magazine for November 1755 (London, 1755), vol. xxv
- —, Gentleman's Magazine for December 1759 (London, 1759), vol. xxix
- —, Gentleman's Magazine for June 1762 (London, 1762), vol. xxxii
- —, Gentleman's Magazine for May 1775 (London, 1775), vol. xlv
- —, Gentleman's Magazine for 1823 (London, 1823), vol. cxxxii
- Walker, Mike, 'Miley Cyrus' Fiancé in Mermaid Panic', National Enquirer, 30 July 2017
- Whitbourne, Captain Richard, A Discourse and Discovery of New-Found-Land (London, 1620)
- Whitney, Grace Lee, and Jim Denney, The Longest Trek: My Tour of the Galaxy (Clovis, ca, 1998)
- Wilkins, John, An Essay Towards a Real Character and a Philosophical Language (London, 1668)
- The Wonders of Nature and Art, 2nd edn (London, 1768), vol. ii
- Zern, Ed, How to Catch a Mermaid (Glendale, ca, 1959)

Unpublished Primary Sources

- 'Cotton Mather to the Royal Society, July 5, 1716', Cotton Mather Papers. Massachusetts Historical Society (Boston, ma)
- 'Sir Robert Sibbald to Sir Hans Sloane, November 29, 1703 (Edinburgh)', Sloane ms 4039, 218–19 ff., British Library (London)

Secondary Sources

- Abu-Lughod, Janet, Before European Hegemony: The World System a.d. 1250–1350 (Oxford, 1989)
- Aldana, Gerardo, 'Discovering Discovery: Chich'en Itza, the Dresden Codex Venus Table and 10th Century Mayan Astronomical Innovation', Journal of Astronomy and Culture, i (2016), pp. 57–76
- Alderson, William T., Mermaids, Mummies, and Mastodons: The Emergence of the American Museum (Washington, dc, 1992)
- Alexander, Skye, Mermaids: The Myths, Legends, and Lore (New York, 2012)
- Altick, Richard D., The Shows of London (Cambridge, ma, 1978)
- Anderson, Margaret Jean, Carl Linnaeus: Father of Classification (Springfield, il, 1997)
- Annica, Skye, 'Cripping the Mermaid: A Borderlands Approach to Feminist Disability Studies in Valerie Martin's "Sea Lovers"', Journal of Narrative Theory, xxxxvii/3 (2017), pp. 379–402
- Armistead, Mary Allyson, 'The Middle English Physiologus: A Critical Translation and Commentary', ma Thesis, Virginia Polytechnic Institute and University, 2001
- Aughterson, Kate, Renaissance Woman: A Sourcebook: Constructions of Femininity in England (London, 1995)
- Barber, Elizabeth Wayland, The Dancing Goddesses: Folklore, Archaeology, and the Origins of European Dance (New York, 2013)

- Barrett-Graves, Debra, 'Mermaids, Sirens, and Mary, Queen of Scots: Icons of Wantonness and Pride', in The Emblematic Queen: Extra-literary Representations of Early Modern Queenship, ed. Debra Barrett-Graves (New York, 2013), pp. 69–100
- Belsey, Andrew and Catherine Belsey, 'Icons of Divinity: Portraits of Elizabeth i', in Renaissance Bodies: The Human Figure in English Culture, c. 1540–1660, ed. Lucy Gent and Nigel Llewellyn (London, 1990), pp. 11–35
- Benedict, Barbara M., Curiosity: A Cultural History of Early Modern Inquiry (Chicago, il, 2001)
- Benwell, Gwen, and Arthur Waugh, Sea Enchantress: The Tale of the Mermaid and her Kin (New York, 1965)
- Blanck, Peter David, ed., Interpersonal Expectations: Theory, Research, and Applications (Cambridge, 1993)
- Bondeson, Jan, The Feejee Mermaid and Other Essays in Natural and Unnatural History (Ithaca, ny, 1999)
- Braham, Persephone, 'Song of the Sirenas: Mermaids in Latin America and the Caribbean', in Scaled for Success: The Internationalisation of the Mermaid, ed. Philip Hayward (Bloomington, in, 2007), pp. 149–70
- Braude, Benjamin, 'The Sons of Noah and the Construction of Ethnic and Geographical Identities in the Medieval and Early Modern Periods', William and Mary Quarterly, liv/1 (1997), pp. 103–42
- Brett-James, Norman G., The Life of Peter Collinson (London, 1926)
- Brink-Roby, Heather, 'Siren Canora: The Mermaid and the Mythical in Late Nineteenth-century Science', Archives of Natural History, xxxv/1 (2014), pp. 1–14
- Brito, Cristina, 'Connected Margins and Disconnected Knowledge: Exotic Marine Mammals in the Making of Early Modern Natural History', in Cross Cultural Exchange and the Circulation of Knowledge in the First Global Age, ed. Amélia Polónia, Fabiano Bracht, Gisele Cristina da Conceição, and Monique Palma (Newcastle Upon Tyne, 2018), pp. 106–32
- Brookes, Kristen G., 'A Feminine "Writing that Conquers": Elizabethan Encounters with the New World', Criticism, xxxxviii/2, (2006), pp. 227–62
- Brown, Ras Michael, African-Atlantic Cultures and the South Carolina Lowcountry (Cambridge, 2012)
- Bushaway, Bob, '"Tacit, Unsuspected, but Still Implicit Faith": Alternative Belief in Nineteenth-century Rural England', in Popular Culture in England, c. 1500–1850, ed. Tim Harris (New York, 1995), pp. 256–77
- Buszek, Maria Elena, Pin-up Grrrls: Feminism, Sexuality, Popular Culture (Durham, nc, 2006)
- Butkus, Clarice M., '"A Story of Girls and Pearls": Genre and Gender in the Films of Annette Kellerman', ma Thesis, New York University, 2008
- Campbell, Thomas P., and Maryan Wynn Ainsworth, Tapestry in the Renaissance: Art and Magnificence (New Haven, ct, 2002)
- Carrington, Richard, Mermaids and Mastodons: A Book of Natural and Unnatural History (New York, 1957)
- Clark, Willene B., A Medieval Book of Beasts: The Second-family Bestiary: Commentary, Art, Text and Translation (Woodbridge, 2006)
- Cohen, Lizabeth, A Consumer's Republic: The Politics of Mass Consumption in Postwar America (New York, 2003)
- Conrad, Peter, How the World Was Won: The Americanization of Everywhere (London, 2014)
- Cook, James W., The Arts of Deception: Playing with Fraud in the Age of Barnum (Cambridge, 2001)
- Corey, Shana, Mermaid Queen: The Spectacular True Story of Annette Kellerman, Who Swam Her Way to Fame, Fortune, and Swimsuit History (New York, 2009)
- Coulter, Charles Russel, and Patricia Turner, Encyclopedia of Ancient Deities (Chicago, il, 2000)
- Craciun, Adrian, Fatal Women of Romanticism (Cambridge, 2003)
- Crosby, Alfred, Ecological Imperialism: The Biological Expansion of Europe, 900–1900 (Cambridge, 1986)

- Daston, Lorraine, and Katherine Park, Wonders and the Order of Nature, 1150–1750 (New York, 1998)
- Dawson, Thomas A., 'Reading Art, Writing History: Rock Art and Social Change in Southern Africa', World Archaeology, xxv/3 (1994), pp. 332–45
- Davies, Surekha, 'The Unlucky, the Bad, and the Ugly: Categories of Monstrosity from the Renaissance to the Enlightenment', in The Ashgate Research Companion to Monsters and the Monstrous, ed. Asa Simon Mittman and Peter J. Dendle (London, 2012), pp. 49–76
- —, Renaissance Ethnography and the Invention of the Human: New Worlds, Maps, and Monsters (Cambridge, 2016)
- Delbourgo, James, Collecting the World: Hans Sloane and the Origins of the British Museum (Cambridge, ma, 2017)
- Doel, Fran, and Geoff Doel, The Green Man in Britain (Stroud, 2010)
- Doubivko, Lena, 'No Nailing Fins to the Floor: Ambivalent Femininities in Anna Melikian's The Mermaid', Studies in Russian and Soviet Cinema, v/2 (2014), pp. 255–76
- Douglas, Ronald MacDonald, Scottish Lore and Folklore (New York, 1982)
- Drewal, Henry John, 'Performing the Other: Mami Wata Worship in Africa', The Drama Review, xxxii/2 (1988), pp. 160–85
- ——, 'Mermaids, Mirrors, and Snake Charmers: Igbo Mami Wata Shrines', African Arts, xxi/2 (1988), pp. 38–45
- —, 'Mami Wata: Arts for Water Spirits in Africa and Its Diasporas', African Arts (2008), pp. 60–83
- —, ed., Sacred Waters: Arts for Mami Wata and Other Divinities in Africa and the Diaspora (Bloomington, in, 2008)
- Duggan, Anne E., Donald Haase and Helen J. Callow, eds., Folktales and Fairy Tales: Traditions and Texts from Around the World, 2nd edn (Santa Barbara, ca, 2016) , vol. ii
- Dyer, Thomas Firminger Thiselton, Folk-lore of Shakespeare (New York, 1884)
- Eberhart, George M., Mysterious Creatures: A Guide to Cryptozoology (Santa Barbara, ca, 2002)
- Edwards, Rebecca, et al., America's History, 9th edn (Boston, ma, 2018)
- Elmore, Bartow J., Citizen Coke: The Making of Coca-Cola Capitalism (New York, 2016)
- Ewen, Stuart, Captains of Consciousness: Advertising and the Social Roots of the Consumer Culture (New York, 2001)
- Eyman, Scott, Lion of Hollywood: The Life and Legend of Lewis B. Mayer (New York, 2005)
- Fantle, David, and Tom Johnson, Reel to Real: 25 Years of Celebrity Interviews (New York, 2003)
- Findlen, Paula, Possessing Nature: Museums, Collecting, and Scientific Culture in Early Modern Italy (Berkeley, ca, 1994)
- Finkel, Irving, The Ark Before Noah: Decoding the Story of the Flood (New York, 2013)
- Fleming, James Rodger, Historical Perspectives on Climate Change (New York, 1998)
- Foster, Michael Dylan, The Book of Yokai: Mysterious Creatures of Japanese Folklore, with original illustrations by Shinonome Kijin (Berkeley, ca, 2015)
- Frank, Andre Gunder, Reorient: Global Economy in the Asian Age (Berkeley, ca, 1998)
- Fraser, Douglas, 'The Fish-legged Figure in Benin and Yoruba Art', in African Art and Leadership, ed. Douglas Fraser and Herbert M. Cole (Madison, wi, 1972), pp. 269–91
- Fudge, Erica, Perceiving Animals: Humans and Beasts in Early Modern English Culture (Urbana, il, 2002)
- Galman, Sally Campbell, 'Enchanted Selves: Transgender Children's Persistent Use of Mermaid Imagery in Self-portraiture', Shima, xii/2 (2018), pp. 163–80
- Gaskins, Nettrice R., 'Mami Wata Remixed: The Mermaid in Contemporary African-American Culture', in Scaled for Success: The Internationalisation of the Mermaid, ed. Philip Hayward (Bloomington, in, 2018), pp. 196–208

George, Wilma, Animals and Maps (London, 1969)

Gibson, Emily, and Barbara Firth, The Original Million Dollar Mermaid: The Annette Kellerman Story (Sydney, 2005)

Gilroy, Paul, The Black Atlantic: Modernity and Double Consciousness (Cambridge, ma, 1993)

Goggin, Peter, '"Are Mermaids Real?": Rhetorical Discourses and the Science of Merfolk', Shima, xii/2 (2018), pp. 12–23

Goodman, Ailene S., 'The Extraordinary Being: Death and the Mermaid in Baroque Literature', Journal of Popular Culture, xvii/3 (1983), pp. 32–48

Grafton, Anthony, 'Introduction', in New Worlds, Ancient Texts, ed. Anthony Grafton (Cambridge, ma, 1995), pp. 1–10

Guenot, Lucy, 'Lion Ships, Sirens and Illuminated Cartography: Deploying Heraldic and Folkloric Figures in Critique of Brexit', Shima, xii/2 (2018), pp. 135–43

Haft, Adele, 'The Mocking Mermaid: Maps and Mapping in Kenneth Slessor's Poetic Sequence The Atlas, Part Four', Cartographic Perspectives, lxxix (2014),

www.cartographicperspectives.org, 2 October 2018

Hale, Lindsay, Hearing the Mermaid's Song: The Umbanda Religion in Rio De Janeiro (Albuquerque, nm, 2009)

Hayward, Philip, Making a Splash: Mermaids (and Mermen) in 20th and 21st Century AudioVisual Media (Bloomington, in, 2017)

—, ed., 'Introduction', in Scaled for Success: The Internationalisation of the Mermaid (Bloomington, in, 2018), pp. 1–6

—, 'Matsya Fabulism: Hindu Mythologies, Mermaids and Syncretism in India and Thailand', ibid., pp. 21–50

—, 'Japan: The "Mermaidisation" of the Ningyo and Related Folkloric Figures', ibid., pp. 51–68

—, 'Swimming Ashore: Mermaids in Australian Public Culture', ibid., pp. 171–94

Hayward, Philip, and Pan Wang, 'Millennial Měirényú: Mermaids in 21st Century Chinese Culture', in Scaled for Success: The Internationalisation of the Mermaid, ed. Philip Hayward

(Bloomington, in, 2018), pp. 129–147

Holford-Strevens, Leofranc, 'Sirens in Antiquity and the Middle Ages', in Music of the Sirens, ed. Inna Naroditskaya and Linda Phyllis Austern (Bloomington, in, 2006), pp. 16–51.

Honour, Hugh, The New Golden Land: European Images of America from the Discoveries to the Present Time (New York, 1975)

Houlberg, Marilyn, 'Sirens and Snakes: Water Spirits in the Arts of Haitian Vodou', African Arts, xxix/2 (1996), pp. 30–35

Hubbs, Joanna, Mother Russia: The Feminine Myth in Russian Culture (Bloomington, in, 1988)

Huet, Marie-Hélène, Monstrous Imagination (Cambridge, ma, 1993)

Hunt-Hurst, Patricia, 'Mermaid Dress', in Clothing and Fashion: American Fashion from Head to Toe, in Four Volumes, ed. José F. Blanco (Santa Barbara, ca, 2016), vol. ii

Hutchins, Zach, 'Herman Melville's Feejee Mermaid, or a Confidence Man at the Lyceum', esq: A Journal of the American Renaissance, lx/1 (2014), pp. 75–109

Ivanits, Linda J., Russian Folk Belief (London, 1992)

Jensen, R. M., 'The Femininity of Christ in Early ChristianvIconography', in Studia Patristica, Volume xxix, ed. Elizabeth A. Livingstone (Louvain, 1997), pp. 269–82

Jewitt, Llewellyn, 'The Mermaid, and the Symbolism of the Fish, in Art, Literature, and Legendary Lore', Reliquary and Illustrated Archaeologist, xix (1879), pp. 193–200

Jilkén, Olle, '"A Phallus Out of Water": The Construction of Mer-masculinity in Modern Day Illustrations', Shima, xii/2 (2018), pp. 195–207

Jones, Melissa, 'A Mermaid's Tale: The Evolution of the Representation of Mermaids in Popular Culture', Armstrong Undergraduate Journal of History, viii/2 (2018), pp. 13–41

Jules-Rosette, Bennetta, 'Simulations of Postmodernity: Images of Technology in

African Tourist and Popular Art', in Visualizing Theory: Selected Essays from Visual Anthropology Review 1990–1994, ed. Lucien Taylor (New York, 1994), pp. 345–62

- Kamen, Henry, Empire: How Spain Became a World Power, 1492–1763 (New York, 2003)
- Keith, Sarah, and Sung-Ae Lee, 'Legend of the Blue Sea: Mermaids in South Korean Folklore and Popular Culture', in Scaled for Success: The Internationalisation of the Mermaid, ed. Philip Hayward (Bloomington, in, 2018), pp. 69–88
- Kenseth, Joy, 'The Age of the Marvelous: An Introduction', in The Age of the Marvelous, ed. Joy Kenseth (Hanover, nh, 1991), pp. 25–60
- King, Andrew, Alexis Easley and John Morton, eds, The Routledge Handbook to Nineteenth-century British Periodicals and Newspapers (London, 2016)
- Kokai, Jennifer A., 'Weeki Wachee Girls and Buccaneer Boys: The Evolution of Mermaids, Gender, and "Man versus Nature" Tourism', Theatre History Studies, xxxi (2011), pp. 67–89
- —, Swim Pretty: Aquatic Spectacles and the Performance of Race, Gender, and Nature (Carbondale, il, 2017)
- Kupperman, Karen Ordahl, 'The Puzzle of the American Climate in the Early Colonial Period', American Historical Review, lxxxvii/5 (1982), pp. 1262–89
- Laird, Mark, 'Mark Catesby's Plant Introductions and English Gardens of the Eighteenth Century', in The Curious Mister Catesby: A 'Truly Ingenious' Naturalist Explores New Worlds, ed. E. Charles Nelson and David J. Elliott (Athens, ga, 2015), pp. 265–280
- Lao, Meri, Sirens: Symbols of Seduction, trans. John Oliphant (Rochester, vt, 1998)
- Larwood, Jacob, and John Camden Hotten, The History Signboards, From the Earliest Times to the Present Day (London, 1867)
- Laurent, Béatrice, 'Monster or Missing Link?: The Mermaid and the Victorian Imagination', Cahiers Victoriens et Édouardiens [in English], lxxxv (Spring 2017), http://journals.openedition.org, 31 October 2018
- Lears, T. J. Jackson, No Place of Grace: Antimodernism and the Transformation of American Culture, 1880–1920 (Chicago, il, 1994)
- Leclercq-Marx, Jacqueline, The Mermaid in the Thought and Art of Antiquity and the Middle Ages (Brussels, 1997)
- Lee, Henry, Sea Fables Explained (London, 1884)
- Levi, Steven C., 'P. T. Barnum and the Feejee Mermaid', Western Folklore, xxxvi/2 (1977), pp. 149–54
- Lewis-Williams, David, Thomas A. Dowson and Janette Deacon, 'Rock Art and Changing Perceptions of Southern Africa's Past: Ezeljagdspoort Reviewed', Antiquity, lxvii (1993), pp. 273–91
- Lindquist, Sherry C. M., ed., The Meanings of Nudity in Medieval Art (Surrey, 2012)
- Livingstone, David N., 'Climate's Moral Economy: Science, Race and Place in Post-Darwinian British and American Geography', in Geography and Empire, ed. Anne Godlewska and Neil Smith (Oxford, 1994), pp. 132–54
- Lowengard, Sarah, 'Industry and Ideas: "Jacques-Fabien Gautier, or Gautierd'Agoty"', in The Creation of Color in Eighteenth-century Europe (New York, 2006), pp. 586–612
- Luchs, Alison, The Mermaids of Venice: Fantastic Sea Creatures in Venetian Renaissance Art (London, 2010)
- Luckenbach, Al, 'Ceramics from the Edward Rumney/Stephen West Tavern, London Town, Maryland, Circa 1725', Chipstone: Ceramics in America 2002, www.chipstone.org, 20 December 2018
- Mabey, Richard, The Cabaret of Plants: Forty Thousand Years of Plant Life and the Human Imagination (New York, 2017)
- MacCulloch, Diarmaid, Christianity: The First Three Thousand Years (New York, 2009)
- MacGregor, Arthur, 'The Tradescants as Collectors of Rarities', Tradescant Rarities (Oxford, 1983)

- Mancall, Peter C., Nature and Culture in the Early Modern Atlantic (Philadelphia, pa, 2017)
- Manning, Patrick, The African Diaspora: A History Through Culture (New York, 2010)
- Marchand, Roland, Advertising the American Dream: Making Way for Modernity, 1920–1940 (Berkeley, ca, 1985)
- Mealing, Lotti, 'The Mermaid as Postmodern Muse in Sarah Hall's The Electric Michelangelo', Contemporary Women's Writing, viii/2 (July 2014), pp. 223–40
- Mellins, Maria, 'Mermaid Spotting: The Rise of Mermaiding in Popular Culture', in Beasts of the Deep: Sea Creatures and Popular Culture, ed. Jon Hackett and Seán Harrington (Bloomington, in, 2018), pp. 128–41
- Meurger, Michel, and Claude Gagnon, Lake Monster Traditions: A Cross-cultural Analysis (London, 1988)
- Miller, Sarah Alison, Medieval Monstrosity and the Female Body (London, 2010)
- Mills, Richard, 'Psychedelic Deep Blues: The Romanticised Sea Creature in Jimi Hendrix's "1983 . . . (A Merman I should Turn to Be)" (1968), Tim Buckley's "Song to the Siren" (1968) and Captain Beefheart's "Grow Fins" (1972)', in Beasts of the Deep, ed. John Hackett and Seán Harrington (Bloomington, in, 2018), pp. 94–108
- Moraes, Lisa de, 'Animal Planet Nets its Biggest Audience with "Mermaids"', Washington Post, 28 May 2013
- Morgan, Jennifer L., Laboring Women: Reproduction and Gender in New World Slavery (Philadelphia, pa, 2004)
- Morison, James Cotter, The Life and Times of Saint Bernard, Abbot of Clairvaux, A.D. 1091–1153 (London, 1884)
- Mott, Frank Luther, American Journalism: A History of Newspapers in the United States Through 250 Years (New York, 1941)
- Moyle, Natalie K., 'Mermaids (Rusalki) and Russian Beliefs About Women', in New Studies in Russian Language and Literature, ed. Anna Lisa Crone and Catherine V. Chvany (Bloomington, in, 1987), pp. 221–38
- Murphy, Kathleen S., 'Collecting Slave Traders: James Petiver, Natural History, and the British Slave Trade', William and Mary Quarterly, lxx/4 (2013), pp. 630–70
- Naroditskaya, Inna, and Linda Phyllis Austern, ed., 'Introduction', in Music of the Sirens,(Bloomington, in, 2006), pp. 1–15
- Nead, Lynda, 'Woman as Temptress: The Siren and the Mermaid in Victorian Painting', Leeds Arts Calendar, lxxxxi (1982), pp. 5–20
- Nickell, Joe, Secrets of the Sideshows (Lexington, ky, 2005)
- Nynäs, Carina, and Lars Bergquist, A Linnaean Kaleidoscope: Linnaeus and His 186 Dissertations (Stockholm, 2016), vol. ii
- 'Obituary: Ed Zern, 83, Writer for Field & Steam and Conservationist', New York Times, 27 March 1994
- O'Neill, Jean, and Elizabeth P. Mclean, Peter Collinson and the Eighteenth-century Natural History Exchange (Philadelphia, pa, 2008)
- Pagden, Anthony, Worlds At War: The 2,500-Year Struggle Between East & West (New York, 2008)
- Parrish, Susan Scott, 'The Female Opossum and the Nature of the New World', William and Mary Quarterly, liv/3 (1997), pp. 475–514
- —, American Curiosity: Cultures of Natural History in the Colonial British Atlantic World (Chapel Hill, nc, 2006)
- Pedersen, Tara E., Mermaids and the Production of Knowledge in Early Modern England (Farnham, 2016)
- —, 'Thinking With Mermaids Here and Now', Shima, xii/2 (2018), pp. 250–55
- Perry, Patrick, 'Lucky Catch', Saturday Evening Post, 2 March 2015
- Phillpotts, Beatrice, Mermaids (New York, 1980)
- Pietsch, Theodore W., 'Samuel Fallours and his "Sirenne" from the Province of Ambon', Archives of Natural History, xviii (1991), pp. 1–25
- Pincus, Steven, 1688: The First Modern Revolution (New Haven, ct, 2009)
- Pittock, Murray G. H., The Invention of Scotland: The Stuart Myth and the Scottish Identity, 1638 to the Present (London, 1991)

- Pomeranz, Kenneth, The Great Divergence: Europe, China and the Making of the Modern World (Princeton, nj, 2000)
- Poncela, Anna M. Fernández, 'Las niñas buenas van al cielo y las malas . . . Género y narrativa oral tradicional', Nueva Sociedad, cxxxv (1995), pp. 104–15
- Porter, Brooke A., and Micahel Lück, 'Mermaiding as a Form of Marine Devotion: A Case Study of a Mermaid School in Boracay, Phillipines', Shima, xii/2 (2018), pp. 231–49
- Porter, Roy, The Creation of the Modern World: The Untold Story of the British Enlightenment (London, 2000)
- Quintanilla, Sonya Rhie, History of Early Stone Sculpture at Mathura: Ca. 150 bce – 100 ce (Leyden, 2007)
- Rinear, D. L., Stage, Page, Scandals and Vandals: William Burton and Nineteenth-century American Theatre (Carbondale, il, 2004)
- Ritvo, Harriet, The Platypus and the Mermaid and other Figments of the Classifying Imagination (Cambridge, ma, 1997)
- Rome, Adam, The Bulldozer in the Countryside: Suburban Sprawl and the Rise of American Environmentalism (Cambridge, 2001)
- Rubin, Jared, Rulers, Religion, and Riches: Why the West Got Rich and the Middle East Did Not (Cambridge, 2017)
- Ruether, Rosemary Radford, Goddesses and the Divine Feminine: A Western Religious History (Berkeley, ca, 2005)
- Russell, W.M.S., and F. S. Russell, 'The Origin of the Sea Bishop', Folklore, lxxxvi/2 (1975), pp. 94–8
- Rust, Renée and Jan Van Der Poll, Water, Stone, and Legend: Rock Art of the Klein Karoo (Cape Town, 2011)
- Sanford, Lauren, 'Littoral Crossings: Imagery of Women and Water in Nineteenth-century Britain', PhD Thesis, University of North Carolina-Chapel Hill, 2014
- Schmidt, Christine, 'Second Skin: Annette Kellerman, the Modern Swimsuit, and an Australian Contribution to Global Fashion', PhD Thesis, Queensland University of Technology, 2008
- Scribner, Vaughn, 'Fabricating History: The Curious Case of John Smith, a Green-haired Mermaid, and Alexander, Dumas', The Junto: A Group Blog on Early American History, https://earlyamericanists.com, 7 November 2008
- —, 'Fabricating History Part Two: The Curious Case Continues', ibid.
- —, '"Such monsters do exist in nature": Mermaids, Tritons, and the Science of Wonder in Eighteenth-century Europe,' Itinerario, xxxxi/3 (2017), pp. 507–38
- —, 'Diving into Mysterious Waters: Why Some of the Smartest Men in Early Modern Europe Believed in Merpeople', History Today, lxviii/5 (2018), pp. 50–59
- Shalaby, Manal, 'The Middle Eastern Mermaid: Between Myth and Religion', in Scaled for Success: The Internationalisation of the Mermaid, ed. Philip Hayward (Bloomington, in, 2018), pp. 7–20
- Shepard, Katharine, The Fish-tailed Monster in Greek and Etruscan Art (New York, 1940)
- Smith, A. B., 'Hunters and Herders in the Karoo Landscape', in The Karoo: Ecological Patterns and Processes, ed. W. Richard J. Dean and Suzanne J. Milton (Cambridge, 2004), p. 255
- Suwa, Juni'chiro, 'Ningyo Legends, Enshrined Islands and the Animation of an Aquapelagic Assemblage Around Biwako', Shima, xii/2 (2018), pp. 66–81
- Taylor, Alan, American Colonies: The Settling of North America (New York, 2001)
- Taylor, C. J., Spirits, Fairies, and Merpeople: Native Stories of Other Worlds (Toronto, on, 2009)
- Thompson, Michael, Richard Ellis and Aaron Wildavsky, Cultural Theory (Boulder, co, 1990)
- Thornton, John, Africa and Africans in the Making of the Atlantic World, 1400–1800, 2nd edn (Cambridge, 1998)
- Thornton, Russell, American Indian Holocaust and Survival: A Population History Since 1492 (Norman, ok, 1987)
- Tosh, John, The Pursuit of History, 5th edn (London, 2010)

- Trumbull, H. Clay, 'Jonah in Ninevah', in Journal of Biblical Literatures, vol. xi–xii (Boston, ma, 1892)
- Tyrrell, Alex, 'The Queen's "Little Trip": The Royal Visit to Scotland in 1842', Scottish Historical Review, lxxxii/213 (April 2003), pp. 47–73
- Vachon, Auguste, 'The Mermaid in Canadian Heraldry and Lore', Heraldry in Canada, xxxxvii/3 (2013), pp. 17–29
- Van Duzer, Chet, Sea Monsters on Medieval and Renaissance Maps (London, 2013)
- Viscardi, Paoli, Anita Hollinshead, Ross Macfarlane and James Moffatt, 'Mermaids Uncovered', Journal of Museum Ethnography, 27 (2014), pp. 98–116
- Wahlgren, Richard, 'Carl Linnaeus and the Amphibia', Bibliotheca herpetologica, ix (2011), pp. 5–37
- Walker, Barbara G., The Woman's Dictionary of Symbols and Sacred Objects (New York, 1988)
- Waugh, Arthur, 'The Folklore of the Merfolk', Folklore, lxxi/2 (1960), pp. 73–84
- Weir, Anthony and James Jerman, Images of Lust: Sexual Carvings on Medieval Churches (London, 1999)
- White, Susan, 'Split Skins: Female Agency and Bodily Mutilation in The Little Mermaid', in Film Theory Goes to the Movies, ed. Jim Collins, Hilary Radner and Ava Preacher (London, 1993), pp. 182–95
- Wiebe, Robert H., The Search for Order, 1877–1920 (New York, 1967)
- Williams, David, Deformed Discourse: The Function of the Monster in Mediaeval Thought and Literature (Montreal, 1996)
- Wong, Roy Bin, China Transformed: Historical Change and the Limits of the European Experience (Ithaca, ny, 1997)
- Wood, Juliette, Fantastic Creatures in Mythology and Folklore: From Medieval Times to the Present Day (London, 2018)
- Woodcock, Alex, Liminal Images: Aspects of Medieval Architectural Sculpture in the South of England from the Eleventh to the Sixteenth Centuries (Oxford, 2005)
- —, Of Sirens and Centaurs: Medieval Sculpture at Exeter Cathedral (Exeter, 2013)
- Woollacott, Angela, Race and Modern Exotic: Three 'Australian' Women on Global Display (Melbourne, 2011)
- Yanchilina, Anastasia G., et al., 'Compilation of Geophysical, Geochronological, and Geochemical Evidence Indicates a Rapid Mediterranean-Derived Submergence of the Black Sea's Shelf and Subsequent Substantial Salinification in the Early Holocene', Marine Geology, ccclxxxiii (2017), pp. 14–34
- Zilberstein, Anya, A Temperate Empire: Making Climate Change in Early America (Oxford, 2016)
- Zimmerman, Ben, 'Word on the Street: Swimming Among the Merpeople', Wall Street Journal: Eastern Edition, 27 May 2017, c4

Reference Websites

- 'The American Indian Population: 2000', American Census Bureau, www.census.gov, accessed 7 January 2019
- 'Becoming Mermaids', American Museum of Natural History, www.amnh.org, accessed 28 September 2019
- Butkus, Clarice M., 'Annette Kellerman', in Women Film Pioneers Project, ed. Jane Gaines, Radha Vatsal and Monica Dall'Asta, Center for Digital Research and Scholarship., New York: Columbia University Libraries, wfpp.cdrs.columbia.edu, accessed 28 November 2018
- Essex, Martin, 'gbp Price: Upward Trend May Continue After Brexit Vote (15 January 2019)', Dailyfx: Forex Market News and Analysis, www.dailyfx.com, accessed 18 January 2019
- 'Great English Churches', www.greatenglishchurches.co.uk, accessed 25 September 2019
- 'How Much of the Ocean Have We Explored?', National Ocean Service: National Oceanic and Atmospheric Administration, u.s. Department of Commerce, www.oceanservice.noaa.gov, accessed 1 February 2018
- Krause, Stefan, 'Fellows Series: The Etched Decoration of German Renaissance

Armor', Met Online, www.metmuseum.org, accessed 13 November 2018
- Lynch, John, 'The 23 Most Successful Movie Franchises of All Time', Business Insider, www.businessinsider.com, accessed 18 January 2019
- 'Meet the World-Famous Weeki Wachee Mermaids', Weeki Wachee Springs State Park, www.weekiwachee.com, accessed 19 January 2019
- '"Mermaid" to Swim Along River Thames to Raise Plastic Awareness', bbc, www.bbc.com, accessed 17 January 2019
- 'Mermaids in Church Art (Public Group Pool)', www.flickr.com, accessed 24 January 2019
- 'Merman', Emojipedia, https://emojipedia.org/merman, accessed 19 January 2019
- 'Monstre Marin Tue Par Les François S. D.', Louis Nicolas: Sa vie et son oeuvre de François-Marc Gagnon, www.aci-iac.ca, accessed 28 September 2018
- 'The Prince of Whales or the Fisherman at Anchor', Met Online, www.metmuseum.org, accessed 13 November 2018
- Sorabella, Jean, 'The Nude in the Middle Ages and the Renaissance', The Met: Heilbrunn Timeline of Art History, www.metmuseum. org, accessed 29 August 2018
- 'The Ten Most Valuable Brands in 2018', Inc., www.inc.com, accessed 17 January 2019
- 'Thomas Jefferson to Francis Adrian Van der Kemp, 9 February 1818', Founders Online, National Archives, https://founders.archives. gov, accessed 11 April 2019 [Original source: The Papers of Thomas Jefferson, Retirement Series, vol. xii: 1 September 1817 to 21 April 1818, ed. J. Jefferson Looney (Princeton, nj, 2014), pp. 441–8]
- Viscardi, Paoli, 'Mermaids in a Medical Museum?', Wellcome Collection Online, https://wellcomecollection.org, accessed 8 October 2018
- Weiss, Josh, 'Harry Potter Becomes Best-selling Book Series in History with More than 500 Million Copies Sold Worldwide', SyFy Wire, www.syfy.com, accessed 19 January 2019

図版出典

著者と出版者は、以下の図版を提供、および／またはその複製の許可をしてくださった方々に感謝の意を表したい。簡略化のため、図版の所蔵場所を記載したものもある。

From James Edward Alexander, Narrative of a Voyage of Observation among the Colonies of Western Africa, vol. ii (London, 1837), courtesy British Library, London: 101; from Hans Christian Andersen, La Petite Sirène, in 'Albums du Pe re Castor' series (Paris, 1937): 73; photo Sharon Ang/Pixabay: 82; Art Institute of Chicago: 49 (left), 75; from Phineas Taylor Barnum, The Life of P. T. Barnum (New York, 1855), courtesy Allen County Public Library, Fort Wayne, in: 66; from Thomas Bartholin, Historiarum anatomicarum rariorum, centuria i et ii (The Hague, 1654), courtesy Wellcome Library, London: 41; from Thomas Bartholin, Opuscula nova anatomica, de lacteis thoracicis et lymphaticis vasis (Copenhagen, 1670): 36; Beinecke Rare Book and Manuscript Library, Yale University, New Haven, ct: 34 (ms 408); BibleLandPictures.com/Alamy Stock Photo: 14; Bibliotheek van de Universiteit van Amsterdam: 7; Bibliothèque nationale de France, Paris: 25 (ms 3516); Bildarchiv Monheim gmbh/Alamy Stock Photo: 4; from Pierre Boaistuau and Edward Fenton, Certaine Secrete Wonders of Nature (London, 1569), courtesy Wellcome Library, London: 53; Bodleian Library, University of Oxford: 26 (ms Ashmole 1511), 27 (ms Bodl. 764), 31 (ms Bodl. 533); British Library, London: 22 (Sloane ms 278), 24 (Add ms 62925), 28 (Add ms 42130), 42 (Add ms 24065), 65, 70; British Museum, London: 18, 49 (right), 63; The Center for Art & Archaeology, American Institute of Indian Studies, Gurugram, Haryana: Chronicle/Alamy Stock Photo: 11; The Cleveland Museum of Art, oh: 15; collection of the author: 12, 93, 94, 97; photo courtesy Matt Crowley: 10; Delaware Art Museum,Wilmington: 81; photo C. M. Dixon/Print Collector/Getty Images: 105; Ferens Art Gallery, Kingston upon Hull: 80; Gilcrease Museum, Tulsa, ok: 38; from Johann Ludwig Gottfried and Matthaeus Merian, Newe Welt und Americanische Historien (Frankfurt, 1631), courtesy John Carter Brown Library, Providence, ri: 37; photo courtesy Groupe de Recherches sur la Peinture Murale (grpm): 5; from Illustrated Police News (London, 6 July 1878): 69; photo Stephen King: 62; from Athanasius Kircher, Oedipus Aegyptiacus, vol. i (Rome, 1652), courtesy Biblioteca de la Universidad de Sevilla: 3; from Anton Koberger (printer), Biblia Germanica, vol. i (Nuremberg, 1483), courtesy Boston Public Library, Rare Books Department: 29; from François Le Vaillant, Voyage de M. le Vaillant dans l'intérieur de l'Afrique par le Cap de Bonne Espérance, vol. ii (Paris, 1790), courtesy Wellcome Library, London: 58; Library of Congress, Washington, dc: 8 (Geography and Map Division), 83 and 84 (Prints and Photographs Division), 85 (Chronicling America); from Carl Linnaeus, Amoenitates academicae, vol. vii, 2nd edn. (Erlangen, 1789), courtesy University of Maryland Library, Baltimore: 59; London Metropolitan Archives: 60; courtesy Al Luckenbach, Lost Towns Project, Anne Arundel County, md: 50; from Girolame Merolla and Angelo Piccardo, Breve e Succinta Relazione del Viaggio nel Regno di Congo nell'Africa Meridional (Naples, 1726), courtesy Getty Research Institute, Los Angeles: 39; The Metropolitan Museum of Art, New York: 33; courtesy Mike Ashworth Collection: 91; photo Peter Milošević: 17; Minneapolis Institute of Arts, mn: 76; Timothy Mulholland/ Alamy Stock Photo: 112; The National Archives, Kew, Surrey: 46; National Diet Library, Tokyo: 107; The National Library of Wales, Aberystwyth: 40; The New York Public Library: 2; photo Paul Nicholls/Barcroft Media via Getty Images: 114; from Abraham Ortelius, Theatrum orbis terrarum (Antwerp, 1570), courtesy Library of Congress, Geography and Map Division, Washington, dc: 43, 44, 45; Peabody Museum of Archaeology and Ethnology at Harvard University, Cambridge, ma: 67; private collection: 74, 79, 109; from Punch, or the London Charivari (London, 11 July 1868), courtesy Robarts Library, University of Toronto: 68; Queen's House, Royal

Museums Greenwich, London: 47, 48, 77; from Louis Renard, Poissons, ecrevisses et crabes, de diverses couleurs et figures extraordinaires (Amsterdam, 1754), courtesy Ernst Mayr Library, Harvard University, Cambridge, ma: 54; from Guillaume Rondelet, Libri de piscibus marinis (Lyon, 1554), courtesy Getty Research Institute, Los Angeles: 32; photo courtesy Mr and Mrs T. C. Roth: 51; Royal Academy of Arts, London: 78; Royal Collection Trust/© Her Majesty Queen Elizabeth ii 2020: 35; The Royal College of Surgeons of England, London: 64; courtesy Sächsische Landesbibliothek – Staats- und Universitätsbibliothek (slub), Dresden: 103 (ms Dresd.R.310); from Henry Rowe Schoolcraft, The Indian Tribes of the United States, vol. i (Philadelphia, PA, 1884), courtesy Boston Public Library: 100; from Some British Ballads, Illustrated by Arthur Rackham (London, 1919): 1; State Library and Archives of Florida, Tallahassee/ photo courtesy Florida Memory: 90; from John Stuart (Secretary, The Spalding Club), Sculptured Stones of Scotland, vol. ii (Edinburgh, 1867), courtesy San Francisco Public Library: 21; photo Lillian Suwanrumpha/ afp/Getty Images: 113; John Trax/Alamy Stock Photo: 96; Tretyakov Gallery, Moscow: 110; Trinity College Dublin: 23 (ms 58); from Sylvanus Urban (pseud.), The Gentleman's Magazine, and Historical Chronicle, vol. xlv (London, 1775): 57; photos Mark Ware, courtesy Dr Alex Woodcock: 6, 19; Waseda University, Tokyo: 106; photo courtesy Magdeleine Wurtz: 20.

り

る

れ

ろ

わ

み

め

も

ゆ

よ

ら

へ

ほ

ま

ひ

ふ

せ

そ

た

ち

つ

て

さ

し

す

き

く

け

こ

え

お

か

索引

アルファベット

あ

い

う

著者

Vaughn Scribner

ヴォーン・スクリブナー

セントラル・アーカンソー大学の歴史学の准教授。アメリカの初期の歴史をグローバルな観点から研究している。特に、アメリカにおける英国人の位置づけに関心がある。著書に、酒場の分析を通してアメリカの市民社会について明らかにした『*Inn Civility: Urban Taverns and Early American Civil Society* (*Early American Places*)』(二〇一九年、NYU Press)がある。

訳者

Tomoko Kawazoe

川副智子

早稲田大学文学部卒業。翻訳家。『ビール・ストリートの恋人たち』『ダッハウの仕立て師』(以上早川書房)、『SMALL GREAT THINGS　小さくても偉大なこと』(ポプラ社)、『掘り出し物には理由がある　アンティーク雑貨探偵〈1〉(コージーブックス)』(原書房)、『西太后秘録』(講談社)、『紙の世界史』(徳間書店)ほか、訳書多数。

Chihiro Hijioka

肱岡千泰

大阪府生まれ。京都大学総合人間学部卒業。文化人類学専攻。映画配給会社を経て、特許事務所に勤務。二〇一五年より翻訳専門校フェロー・アカデミーで学ぶ。

［図説《ずせつ》］人魚《にんぎょ》の文化史《ぶんかし》
――神話《しんわ》・科学《かがく》・マーメイド伝説《でんせつ》

二〇二一年二月二八日　初版第一刷発行

著者――ヴォーン・スクリブナー
訳者――川副智子《かわぞえともこ》＋肱岡千泰《ひじおかちひろ》
発行者――成瀬雅人
発行所――株式会社原書房
〒一六〇－〇〇二二　東京都新宿区新宿一－二五－一三
電話・代表 〇三(三三五四)〇六八五
http://www.harashobo.co.jp
振替・〇〇一五〇－六－一五一五九四
ブックデザイン――小沼宏之[Gibbon]
印刷――シナノ印刷株式会社
製本――東京美術紙工協業組合

ISBN978-4-562-05901-0
Printed in Japan